ESG 경영의 근간
컴플라이언스

글로벌 스탠다드 컴플라이언스·부패방지 경영 시스템

ESG 경영의 근간
컴플라이언스
솔루션.ZIP

용석광 지음

맑은샘

　대한민국은 전 세계 10위 규모의 경제 선진국으로 성장한 나라이다. 그러나 법 위반과 부패에 대한 뉴스는 차고 넘친다. 대한민국은 갈등, 대립, 마찰, 충돌 등의 분쟁을 뭐든지 법으로 해결하려 한다. "법대로 하자!", "경찰서 가자!" 등의 식이다.

　그러나 법이 모든 사회 문제를 해결하는 만병통치약이 될 수 없다. 항소율은 점점 높아지는데, 판단해야 할 판사는 한정적이다.

　개인뿐만 아니라 기업도 마찬가지이다.

　기업은 법이 만든 사람이다. 그래서 법인法人이라고 한다. 필요할 때만 인간 행세를 하거나 도덕과 윤리가 부재해서는 안 된다. 기업도 사람이기에 인격人格이 있다. 즉, 선함과 악함이 있다. 사실 여부를 떠나 윤리적이지 않거나 부패한 기업(인물)으로 비난받는 순간, 사회적 명성은 추락할 수밖에 없다.

　기업의 본질적 목적은 생존Survival과 지속적인 성장Sustainable Growth이다. 이 두 가지를 성취하는 것이 이윤 창출과 사업 확대이다.

　과거 기업들은 법률만 지키면 되었지만, 이제는 윤리적인 범위까지도 고려하여 투자자뿐만 아니라 다양한 이해관계자를 만족시켜야 한다. 사람으로 비유했을 때, 돈밖에 모르는 사람으로 낙인찍혀서는 안 되는 것과 같은 이유이다.

추천사

ESG가 경영계의 새로운 화두로 빠르게 확산되고 있습니다. ESG는 환경(E), 사회(S), 지배구조(G)의 합성어이며, 기업의 지속발전에 직간접적으로 영향을 미치는 비재무적 요소들을 통칭하는 용어입니다.

일각에서는 ESG 투자 열풍이 또 다른 거품일 수 있다고 경고합니다. 그러나 이해관계자의 ESG 요구와 기대는 예전과 확연히 다릅니다. 무엇보다도 국내외 주요 기관투자자들이 투자 철학과 기금 운영에 있어서 ESG를 중시하고 ESG 경영 정보의 공개를 적극 요구하고 있습니다. 소비자도 달라지고 있습니다. 예전에는 가성비가 구매 결정에 가장 중요한 변수였다면 이제는 가심비, 미닝 아웃을 중시합니다. 여기에 더하여 ESG 표준의 제정, 측정·평가, 투자 이니셔티브 등 ESG 경영을 압박하는 글로벌 생태계의 확산과 연대 또한 예사롭지 않습니다.

조금 과장하면 ESG가 회사의 목적을 비롯해서 경영의 문법을 바꾸고 있습니다. 몇 가지 사례를 살펴보면 먼저, 미국의 최대 경영자단체인 BRT<small>Business Round Table</small>는 2019년 8월에 '회사의 목적'을 재천명했습니다. 주주 우선주의를 견지했던 기존의 입장과는 다르게 읽힐 수 있는 선언입니다. 그리고 세계경제포럼<small>WEF</small>에서는 '다보스 선언 2020'을 통해 4차 산업혁명 시기에 회사의 보편적 목적을 강조하였습니다.

ESG 경영의 근간, 컴플라이언스 솔루션.ZIP

우리나라에서도 이와 비슷한 이벤트가 있었습니다. 2022년 5월, 대한상공회의소는 '신기업가정신 선포식'을 개최하고 재무적 성과를 넘어 사회적 가치를 강조한 바 있습니다. 이와 같이 최근에 국내외 경영계에서 회사의 목적을 다시 살펴보는 이유는 ESG 경영 및 그에 대한 사회적 평가·인정이 기업의 지속발전에 필수 요소이기 때문일 것입니다.

ESG 경영에서 컴플라이언스는 가장 고전적이고 근본적이며 필수적인 요소입니다. 컴플라이언스를 법령 준수[준법]로 보면, 컴플라이언스는 기업이 법인法人으로 탄생하는 그 순간부터 반드시 실천해야 하는 숙명과도 같습니다. ESG 용어가 대두하기 훨씬 이전부터도 그랬습니다.

심지어 '프리드만 독트린'의 맥락 안에서도 컴플라이언스는 필수적 의무입니다. 프리드만 독트린의 핵심은 '게임의 규칙the rules of the game' 안에서 이윤을 창출하고 증대하는 활동을 해야 한다는 것인데 여기서 게임의 규칙은 좁게는 법령·계약, 넓게는 사회적 규범을 의미하기 때문입니다.

이처럼 컴플라이언스는 기업 경영의 태생적 책무이지만 현실은 그렇지 않은 경우가 많았고 지금도 그러합니다. 기업지배구조 용어가 1976년 미국에서 첫 등장하고, 감사위원회 설치를 압박한 배경에는 그 당시에 기업 부패에 대한 사회적 우려가 높았기 때문이었습니다.

ESG 경영의 시대가 도래하기 때문에 컴플라이언스가 새삼 중요한 게 아닙니다. ESG 경영의 시대이기 때문에 과거보다 훨씬 더 효과적으로, 컴플라이언스를 잘해야 합니다. 불법·위법 행위 시에 회사와 이사에 대한 책임과 제재의 강도는 갈수록 높아져 갈 것입니다. 지금 우리 회사의 컴플라이언스 리스크를 충분하게 식별·분석·평가하고 효과적으로 통제·관리하는 내부통제시스템의 구축과 운용이 과거의 어느 때보다 중요해진 이유입니다.

이 책은 우리 기업들이 내부 준법 시스템을 어떻게 설계·구축하고 운용하는 것이 안으로는 컴플라이언스 리스크를 예방하고 밖으로는 사회적 인정을 받는 데 도움이 되는지를 자세히 기술하고 있습니다. 제가 오래 지켜봤던 용석광 저자가 ESG와 컴플라이언스에 대해 진지하고 열정적인 태도로 현장에서 수년간의 실무 경험과 노하우를 바탕으로 쓴 책입니다.

용석광 저자의 책 출간을 축하하며, 이 책을 통해 우리 기업들이 ESG 시대에 지속발전을 위한 내부 준법 시스템 구축과 운용의 새로운 전기를 마련하기를 기대합니다.

한국준법진흥원

황인학 원장

이 책을 집필하고자 마음먹었을 때, 처음에는 두 권에 나눠 출간하려고 하였으나 책의 내용을 구성하면서 생각이 바뀌었다. 컴플라이언스 기준서와 실무서를 나눠 주는 것이 좋을 것 같다는 판단에서였다. 이에 본서를 추가 집필하게 되었다. 『ESG와 윤리·준법경영.ZIP』이 컴플라이언스를 큰 범위의 기준에서 다뤘다면, 본서에서는 실무적인 관점에서 그 내용을 다뤄 보고자 한다.

본서는 기업에서 ESG, 컴플라이언스, ISO, CP 등의 업무를 하는 실무자, 컨설턴트, 강사, 법률 전문가뿐만 아니라 조직(회사)원 모두를 대상으로 쓰였다. 실제로 필자가 실무를 하면서 어렵게 느꼈던 부분을 중심으로, 누구나 쉽게 이해할 수 있도록 서술하였다. 아울러 기업 이 사회, 경영진이 기업을 효율적으로 사업을 운영하는 데 실질적인 도움을 주고자 집필하게 되었다. 또한, 양심良心과 욕심欲心을 헷갈리지 않도록 해야 할 모범 행동강령과 상식常識과 정도正道를 위반하면 안 되는 기준들을 내포하고 있어 조직원 누구에게나 도움이 될 것이다.

최근, 사업 운영에 있어 대내외적으로 많은 분야에서 컴플라이언스 (이하 '준법'과 함께 사용)를 강력히 요구하고 있다. 기업이 ESG를 모르면 사업을 하기 힘든 구조가 된 것처럼, ESG를 실천하기 위한 컴플라이언스를 이행하지 않으면 수출이 어려울 것이며, 사법당국에서 제재 시 막대한 벌금과 벌칙을 받을 것이다. 따라서 컴플라이언스 경영은 선택이 아닌 필수가 되어 가고 있다.

장기적인 성공을 목표로 하는 조직은 이해관계자들의 니즈Needs와 기대를 고려하면서 컴플라이언스 문화를 확립하고 유지할 필요가 있다. 수많은 컴플라이언스 리스크가 조직을 둘러싸고 있기 때문이다. 법률위반, 계약위반, 회계부정, 규정위반, 갑질, 담합, 횡령, 배임, 정보 누출, 내부자 거래, 도덕적 해이, 성비위, 오너 리스크, 안전위반 사건·사고 등 기업을 위협할 수 있는 요소는 무궁무진하다. 기업은 점점 거대화되고 사회 영향력은 막강해졌다. 자본주의가 견고해질수록 기업의 책임의 범위는 더 넓어지고 있다. 기업은 환경(E), 사회(S) 그리고 지배구조(G) 관점에서 밀접하게 연결되어 있다.

최근 기업의 사업 환경은 최근 「중대재해처벌에 관한 법률(이하 '중대재해처벌법')」 같은 징벌적 손해배상제도로 빠르게 변화하고 있으며, 이에 대응하지 못한 기업은 몰락하기 쉽다. 지금 글로벌 사업 환경은 변혁기를 거치고 있다. 생존을 위한 경제적 책임을 넘어 법적 책임은 기본이고

ESG 경영의 근간, 컴플라이언스 솔루션.ZIP

윤리적 책임과 자선적 책임을 강조하고 있다. 이 변혁기에 컴플라이언스 문제를 해결하지 못하면 많은 기업이 그래 왔듯이 몰락의 길을 걷게 된다.

역사의 뒤안길로 간 기업들은 전부 ESG 관점의 컴플라이언스 부재와 미작동에 기인한다. 그래서 조직의 경영진들은 후회하기 전에 컴플라이언스를 미리 준비하고 대응하여야 한다. 화재가 일어나 집이 모두 불타 버린 후에 화재경보기나 소화기를 설치하는 것은 아무 소용이 없다. 미리 화재가 날 수 있는 지점을 파악하고 화재경보기 설치와 안전교육, 관리자 선임, 점검, 모니터링, 개선을 통해서 불이 나지 않도록 미리 예방하는 일이 더 중요하다.

돌이켜 보면 과거 우리는 부정과 관련하여 이미 많은 것들에 대해 속수무책으로 속아 왔고, 감춰진 것들이 드러남으로 인하여 분노하여 왔다.

일부 기업과 정치인들은 검찰 조사를 앞두고 포토라인 앞에서 죄가 없다고 당당하게 말한다. 하지만 뒤에서는 값비싼 돈을 들여 호화 로펌을 거느리고, 판사 앞에서는 '악어의 눈물'을 흘리며 선처를 호소한다. 그러고는 사법적 징계 이후 언론 앞에 서서 당당히 윤리·준법 경영을 적극적으로 실천하겠다고 말할 것이다. 따라서 컴플라이언스 경영 시스템을 갖춘 조직과 그러지 않은 조직은 이해관계자의 평가는 물론, 조직원들이 이해하는 조직 문화 역시 다를 것이다.

컴플라이언스가 분명 좋은 제도임에는 틀림없다. 다만, 이는 조직 안에서 체계적으로 잘 설계되었을 때의 이야기다. 정말 좋은 제도이지만 못 만들면, 또 하나의 새로운 규제가 생기고 아쉽게도 귀한 시간과 비용을 들여 조직원들을 괴롭히는 제도로 전락하고 만다.

예를 들어, '컴플라이언스'라는 빌딩을 짓는다고 가정해 보자. 아무나 투입되어 단기간 안에 대충 짓는 건축물은 삼풍백화점 붕괴, 성수대교 붕괴 등의 참사처럼 무너지게 될 것이다. 즉, 조직에 도움이 되는 제도가 아니라 사업을 방해하는 제도로 전락하고 만다. ESG가 추구하는 방향처럼, 기업은 투명하고 지속가능한 성장을 해야 한다. 그러기 위해서는 효과적인 컴플라이언스 제도가 필요하다.

실질적이고 효과적인 컴플라이언스 제도를 운용하면서 인식 개선과 체계적인 실행 방안을 갖고 도입을 추진한다면 사업 운영에 있어 실보다 득이 클 것이다. 또한, 컴플라이언스 프로그램 도입하면 자율준수 노력을 통해 기업 경쟁력을 강화하고 지속 성장을 이룰 수 있다.

더불어 법 위반 행위가 적발될 시 안게 될 민·형사상의 책임, 과징금, 손해배상, 소송비용 등의 경제적 부담뿐 아니라, 사회적 이미지 실추 등 위반 사실이 대중에게 알려지면서 입게 될 유·무형의 경제적 피해에 대해서도 생각해 본다면, 컴플라이언스를 귀찮고 요식적인 행위라고 할 수 없을 것이다. 컴플라이언스 제도는 기업에 부담을 주는 것이 아니라, 발생할 수 있는 리스크를 미리 점검할 수 있게 해 준다.

가족 중 누군가가 병에 걸리면 그 가정은 위태로워지고, 많은 고통 속에서 존속存續을 걱정하게 된다. 코로나-19를 통해 경험하였듯, 무엇보다 질병에 대한 예방접종이 필요하다. 많은 변이 바이러스들로 인해 백신의 효과가 뚜렷하게 드러나지는 않았으나, 다행히 치병률致命率이 높아지지는 않았다. 여러 종류의 변수에 가려져 있으나 백신이 기여한 부분은 분명히 존재할 것이고, 예방의학으로서 역할을 해냈다고 본다.

컴플라이언스 제도 역시 이와 마찬가지다. 병에 걸려서 어려운 치료 과정으로 피폐해지고 가정 붕괴까지 갈 수 있는 리스크의 확률을 낮추는 백신의 역할과 같이, 이제 우리 사회에 백신의 역할로서 위험 요소에 항체를 심는 효과적인 컴플라이언스 제도가 제대로 집행되기를 기대한다.

이를 위해서는 사회 각 분야 구성원들의 인식 개선이 필요하며, 무엇보다 각 정부 부처와 기업에 혼재되고 복잡하게 얽혀 있는 탁상행정과 땜질식 처방과 같은 컴플라이언스 제도는 분명 개선이 필요하다.

따라서 본서에서는 『ESG와 윤리·준법경영.ZIP』과 다르게 ISO 37301:2021과 ISO 37001:2016 그리고 ESG 기준을 바탕으로 컴플라이언스 경영 시스템의 구축을 위한 7가지 요소와 ESG와 컴플라이언스를 연계한 시스템 구축 방법 기준서를 제공하고자 한다.

아울러, 어렵고 생소한 ISO(국제표준화기구)의 본질적 개념과 ISO 인증의 필요성 및 효과를 쉽게 사례를 들어 설명하고자 한다. 이와 관련하여 자동차 운전 면허증처럼 정상적인 컨설팅을 통한 ISO 인증은 누구나 취득할 수 있지만 유지와 발전이 더 중요하다는 사실을 사례를 통해 설명함으로써 부실인증의 위험성을 날카롭게 꼬집고자 한다.

이 책은 법률 전문가가 아니더라도 조직 활동을 하는 이라면 누구나 지켜야 할 컴플라이언스, ESG, ISO, CP 제도를 쉽고 편하게 읽을 수 있도록 사례 위주로 구성하였다. 컴플라이언스 실무를 하는 모든 이에게 작은 보탬이 되고자 실무 경험자로서 본서를 집필하였다. 글은 저자가 썼지만, 이 책을 읽고 난 후 얻는 모든 것의 주인은 독자가 되길 바란다.

이 책이 나오기까지 많은 도움을 주신 관계자들과 사랑하는 가족에게 감사 인사를 전한다.

2022년 8월

저자 용석광

〚 CONTENTS 〛

1

컴플라이언스 경영 시스템
구축을 위한 요소

요소 1: 시스템 설계를 위한 기초 절차

조직과 조직 상황에 대한 이해
(Understanding the organization and its context)

처음 시작하기에 앞서 컴플라이언스 경영 시스템은 어려운 법률 용어를 사용하지 않고서도 누구나 쉽게 그리고 어느 조직에서도 적용할수 있어 경영 시스템을 이해하는 데 도움을 준다.

ISO 37301:2021의 4장부터 10장(7가지)까지 그 내용이 하나하나 의미와 연결성을 갖추고 있어 구성이 쉽고 자연스럽다. 뒤에서 전개될 7가지 요소가 아무 의미 없는 것처럼 뒤섞여 있는 것 같지만, 그 안에 컴플라이언스에 대한 질서와 메시지를 담은 안전장치를 갖고 있다. 필자 역시 눈에 들어오지 않았던 컴플라이언스 제도를 퍼즐 그림 맞추기하듯 쉽게 이해할 수 있었다.

이를 위해서는 먼저, 조직과 조직 상황에 대한 이해가 제일 첫 번째요소이다. 이 책을 읽고 있는 독자라면 자신이 속한 조직이 안전하게 사업을 추진하고 있는지 항상 의심해 볼 필요가 있다. 그리고 혹시 모를 사고를 예방하기 위하여 안전벨트, 헬멧과 같은 안전장치들을 미리 구비하고 착용하고 있는지 점검해야 한다. 조직의 대표적 안전장치가 준법Compliance 경영 시스템이다.

기업이 상식, 양심, 공정, 원칙, 소신보다 당장의 이익에 눈이 멀어 사업을 한다면 반드시 사고는 일어난다. 그리고 사고가 난 뒤 모든 것을 잃고는 이 장치들이 얼마나 소중했는지 깨달았을 때는 이미 늦었다.

때때로 조직은 조직 자신의 상황을 글로벌 스탠더드라는 기준서를 통해 점검해 볼 필요가 있다. 그래야 조직 목표 수립과 달성에 영향을 미치는 다양한 리스크Risk와 기회Opportunity를 효과적으로 이해하고 관리할 수 있기 때문이다.

뒤에서 소개하겠지만, 요소 1~3은 PDCA 중 Plan(계획)을 전반적으로 다룬다. 컴플라이언스 위기는 작은 크랙Crack 같은 틈에서 발생하여 조직의 큰 위기로 이어진다. 막을 수 있는 여러 기회를 놓치는 데서 발생하는 것이다. 조직은 이를 방지하기 위해 컴플라이언스 체계를 구축해야 한다. 체계를 구축하기 위해서는 조직을 진단하고, 이해관계자를 식별하며, 담당 조직을 만들고, 규정과 프로세스를 만들어 교육과 의사소통을 하고, 컴플라이언스를 체크하여 그 성과를 평가한 후 부족한 부분을 개선하여야 한다.

경영 시스템을 처음 시작하기 위한 기초를 만들기 위해서는 조직과 조직의 상황을 제대로 이해해야 한다. 이해라는 것은 'Understand(Under, 밑에서/Stand, 선다)', 즉 위에서가 아닌 밑에서 위를 바라보는 존중의 의미이다. 따라서 우리 조직의 상황을 객관적으로 파악해야 한다.

동양의 『손자병법』에서는 '지피지기 백전불태知彼知己 百戰不殆'라고 하였다. 즉, 적을 알고 나를 알면 백번 싸워도 위태로움이 없으며, 적을 알지 못하고 나를 모르면 싸움마다 반드시 위태롭다는 뜻이다. 아마 이순신 장군의 23전 23승 불패 신화도 이와 마찬가지일 것이다. 서양의 소크라테스는 '너 자신을 알라'는 명언을 남겼다. 즉, 부족할 수 있음을 인정하고 그 부분을 채워 나가기 위해 노력을 해 보라는 것이다. 모두 성공적인 조직을 만들기 위한 기본적인 진리이다.

지금 내 재정 상황을 파악해야 집을 살 수 있고, 상황을 파악해야 이직을 할 수 있듯 먼저 상황을 파악해야 무언가를 할 수 있다. 건축 설계 프로세스로 봐도 좋다. 건물을 짓기 위해서는 상황 파악이 제일 우선시된다. 법규와 규모 등을 충분히 검토하고 현장 조사를 하여 설계 지침서를 만들고 대지를 분석한 후에야 전체적인 공정표가 만들어질 것이다.

2022년 4월 제정된 글로벌 스탠더드 ISO 37301:2021(Compliance Management Systems-Requirements with guideline for use)에서는 조직의 목적과 관련이 있으며 컴플라이언스 경영 시스템이 의도한 결과를 달성하는 조직의 능력에 영향을 주는 외부와 내부 이슈를 정해야 한다. 이는 뒤에서 설명할 컴플라이언스 의무 식별과 리스크 평가를 관리하기 위함이다. 컴플라이언스 리스크를 관리하지 못하면 조직은 풍전등화風前燈火가 될 수 있기에 미리 상황을 파악해야 한다.

아래 표를 참고하여 조직 컴플라이언스에 영향을 주는 내·외부 이슈를 종합적 상황을 고려하여 제한 없이 포함하여야 한다.

내부이슈(Internal issues)	외부이슈(External issues)
a) 지배구조(Governance)	a) 국가(Nation)
b) 이해관계자와의 관계(Relationships with stakeholders)	b) 지역적(Regional)
c) 조직문화(Organizations culture)	c) 정치경제(Political economy)
d) 역할과 책임(Role & responsibility)	d) 사회문화(Socialculture)
e) 방침 및 목표(Policies and objectives)	e) 언론(Media)
f) 자원(Resources)	f) 시장경제(Market economy)
g) 지식과 역량(Knowledge & Competency)	g) 자연환경(Natural environment)
h) 인프라(Infrastructure)	h) 신기술(New technology)
i) 시스템 & 제도(Systems)	i) 법률(Law)
j) 계약관계(Contractual relationships)	j) 규제(Regulation)
k) 근무형태 흐름(Information flows)	
l) 표준(Standards)	

체계적인 경영 시스템을 설계하기 위한 기초의 첫 단추에서는 조직의 광범위한 문제를 고려하여 파악하여야 한다. 비즈니스 모델, 제3자와의 비즈니스 관계의 특성과 범위, 법규 및 규제 상황, 경제 상황 등이 있을 것이다.

조직과 조직 상황에 대한 이해는 조직이 경영 시스템에 영향을 줄 가능성이 있는 중요한 문제에 대해 높은 수준의 이해를 확립하는 것이다. 이러한 상황 파악을 통해 얻은 지식은 경영 시스템의 PDCA 사이클[1]에 대한 접근 방법의 지침으로 사용될 수 있기 때문이다. 결국

---

1 PDCA(plan-do-check-act, Deming circle/cycle/wheel, Shewhart cycle, control circle/cycle, plan-do-study-act (PDSA))는 사업 활동에서 생산 및 품질 등을 관리하는 방법이다. Plan(계획)-Do(실행)-Check(평가)-Act(개선)의 4단계를 반복하여 업무를 지속적으로 개선한다. 월터 슈하트(Walter A. Shewhart), 에드워즈 데밍(W. Edwards Deming) 등에 의해 유명해졌다.

ESG 경영의 근간, 컴플라이언스 솔루션.ZIP

앞으로 전개될 사업, 장소, 방법, 이유 등에 관한 정보를 검토하는 프로세스라고 봐도 좋다.

이해관계자의 니즈Needs와 기대 이해
(Understanding the needs and expectations of interested parties)

'말뚝을 박아 놓은 사람들'이라는 뜻의 이해관계자의 어원은 미국에서 시작하였다. 세부적으로 해석해 보면 이해관계자Stakeholder에서 Stake란 '말뚝'이라는 뜻이고 holder는 '소유자, 소지인'으로 쓰인다. 즉, 서부 시대에 자신의 땅에 영역 표시를 하고 말뚝을 박아 놓아 땅을 소유하고 있는 사람이다. 서로의 영역에 말뚝을 박아 놓았으니 당연히 늘 민감하게 이런저런 득과 실이 교차했을 것이다.

간혹 외부 인원만을 이해관계자라고 오해하는 경향이 있다. 이해관계자는 폭넓은 개념으로 접근해야 된다. 이해관계자는 의사결정 또는 활동에 영향Affect을 줄 수 있거나 영향을 받을 수 있거나 그들 자신이 영향을 받는다고 인식할 수 있는 사람 또는 조직을 말한다. 조직을 둘러싼 이해관계자의 그 범위를 한정할 수 없이 넓고 방대하다.

최근 「공직자의 이해충돌방지법」(약칭 '이해충돌방지법')이 2022년 5월 19일 시행되었다. ○○ 부동산 투기 사태, 가족채용 비리, 퇴직자 전관예우 등 공직자의 사적 이해관계와 결부된 다양한 부패 사건의 지속적인 발생이 기폭제가 된 것이다. 2018년 공무원 행동강령에는 이해충돌방지 규정이 우선 도입되었으나 행정부에만 적용되고 정무직과 국회의원을 비롯한 선출직 공직자에게는 적용되지 않는 점에서 그 한계성이 드러났다.

대한민국과 이탈리아의 가장 큰 공통점은 엘리트형 부패 카르텔이 심한 나라라는 점이다. 대한민국이 경제 선진국임에도 불구하고 국제 사회의 눈높이에 맞는 공직자 행위 기준이 부족했던 것이, 다양한 사건·사고 이후 2022년이 되어서야 제정된 것이다. 결국 여러 사고가 터지고 난 뒤에 제정된 것이다.

직무관련자 (이해충돌방 지법)	가. 공직자의 직무수행과 관련하여 일정한 행위나 조치를 요구하는 개인이나 법인 또는 단체 나. 공직자의 직무수행과 관련하여 이익 또는 불이익을 직접적으로 받는 개인이나 법인 또는 단체 다. 공직자가 소속된 공공기관과 계약을 체결하거나 체결하려는 것이 명백한 개인이나 법인 또는 단체 라. 공직자의 직무수행과 관련하여 이익 또는 불이익을 직접적으로 받는 다른 공직자. 다만, 공공기관이 이익 또는 불이익을 직접적으로 받는 경우에는 그 공공기관에 소속되어 해당 이익 또는 불이익과 관련된 업무를 담당하는 공직자
사적 이해 관계자 (이해충돌방 지법)	가. 공직자 자신 또는 그 가족(「민법」 제779조에 따른 가족을 말한다. 이하 같다) 나. 공직자 자신 또는 그 가족이 임원·대표자·관리자 또는 사외이사로 재직하고 있는 법인 또는 단체 다. 공직자 자신이나 그 가족이 대리하거나 고문·자문 등을 제공하는 개인이나 법인 또는 단체 라. 공직자로 채용·임용되기 전 2년 이내에 공직자 자신이 재직하였던 법인 또는 단체 마. 공직자로 채용·임용되기 전 2년 이내에 공직자 자신이 대리하거나 고문·자문 등을 제공하였던 개인이나 법인 또는 단체 바. 공직자 자신 또는 그 가족이 대통령령으로 정하는 일정 비율 이상의 주식·지분 또는 자본금 등을 소유하고 있는 법인 또는 단체 사. 최근 2년 이내에 퇴직한 공직자로서 퇴직일 전 2년 이내에 제5조제1항 각 호의 어느 하나에 해당하는 직무를 수행하는 공직자와 국회규칙, 대법원규칙, 헌법재판소규칙, 중앙선거관리위원회규칙 또는 대통령령으로 정하는 범위의 부서에서 같이 근무하였던 사람 아. 그 밖에 공직자의 사적 이해관계와 관련되는 자로서 국회규칙, 대법원규칙, 헌법재판소규칙, 중앙선거관리위원회규칙 또는 대통령령으로 정하는 자

ESG 경영의 근간, 컴플라이언스 솔루션.ZIP

공직자의 직무	1. 인가·허가·면허·특허·승인·검사·검정·시험·인증·확인, 지정·등록, 등재·인정·증명, 신고·심사, 보호·감호, 보상 또는 이에 준하는 직무 2. 행정지도·단속·감사·조사·감독에 관계되는 직무 3. 병역판정검사, 징집·소집·동원에 관계되는 직무 4. 개인·법인·단체의 영업 등에 관한 작위 또는 부작위의 의무부과 처분에 관계되는 직무 5. 조세·부담금·과태료·과징금·이행강제금 등의 조사·부과·징수 또는 취소·철회·시정명령 등 제재적 처분에 관계되는 직무 6. 보조금·장려금·출연금·출자금·교부금·기금의 배정·지급·처분·관리에 관계되는 직무 7. 공사·용역 또는 물품 등의 조달·구매의 계약·검사·검수에 관계되는 직무 8. 사건의 수사·재판·심판·결정·조정·중재·화해 또는 이에 준하는 직무 9. 공공기관의 재화 또는 용역의 매각·교환·사용·수익·점유에 관계되는 직무 10. 공직자의 채용·승진·전보·상벌·평가에 관계되는 직무 11. 공공기관이 실시하는 행정감사에 관계되는 직무 12. 각급 국립·공립학교의 입학·성적·수행평가에 관계되는 직무 13. 공공기관이 주관하는 각종 수상, 포상, 우수기관 선정, 우수자 선발에 관계되는 직무 14. 공공기관이 실시하는 각종 평가·판정에 관계되는 직무 15. 국회의원 또는 지방의회의원의 소관 위원회 활동과 관련된 청문, 의안·청원 심사, 국정감사, 지방자치단체의 행정사무감사, 국정조사, 지방자치단체의 행정사무조사와 관계되는 직무 16. 그 밖에 국회규칙, 대법원규칙, 헌법재판소규칙, 중앙선거관리위원회규칙 또는 대통령령으로 정하는 직무

위 표와 같이 이해충돌방지법에서 공직자는 직무관련자(직무관련자의 대리인을 포함)가 사적 이해관계자임을 안 경우, 안 날로부터 14일 이내에 소속 기관장에게 그 사실을 서면으로 신고하고 회피를 신청하여야 한다.

이해관계자와 이해충돌방지법 모두 상호 호혜적인 관계Relationship에서 다양한 사건이 발생한다. 그렇기 때문에 폭넓은 개념으로 접근해야 효과적인 컴플라이언스 경영 체계를 잡을 수 있다.

> 조직은 컴플라이언스 의무와 리스크를 평가하기 위하여 다음과 관련된 이해관계자를 정의하여야 한다.
> - 컴플라이언스 경영 시스템과 관련된 이해관계자
> - 이해관계자와 관련된 요구사항[2]
> - 요구사항 중에서 컴플라이언스 경영 시스템을 통해서 다룰 요구사항

즉, 조직 활동과 관련된 이해관계자를 폭넓게 식별하고 그들의 니즈Needs와 기대하는 부분을 파악하여 관련 의무와 리스크를 도출하기 위한 것이다. 컴플라이언스의 궁극적 구성 요소는 기업이 사업을 운영함에 있어서 필수적Mandatory으로 준수해야 할 것과 자발적Voluntary으로 준수할 수 있길 선택Chooses하게끔 하는 것이다. 이 요구사항들을 지키고 예방하는 건전한 사업 활동을 할 수 있도록 구축한 통제 장치가 바로 컴플라이언스 제도이다.

여기서 나오는 요구사항은 조직이 효과적으로 컴플라이언스 경영 과제를 해결하기 위해 필요한 요건이라는 의미로 볼 수 있다. 즉, 업무의

---

2 요구사항(Requirement) : 명시적이고 의무적인 요구

바람직한 모습을 제시하는 지침인 것이다. 그리고 그것이 필수적Mandatory 요구사항과 자발적Voluntary 요구사항 준수로 나뉘는 것이다.

즉, 「중대재해처벌 등에 관한 법률」은 필수적Mandatory 요구사항이고 그와 관련된 이해관계자는 고용노동부, 조직원, 비즈니스 파트너 등이 될 수 있다. 그리고 그들이 기대하고 있는 것은 대부분 법의 목적에 제시되어 있다.

「중대재해처벌 등에 관한 법률」 제1조(목적)

이 법은 사업 또는 사업장, 공중이용시설 및 공중교통수단을 운영하거나 인체에 해로운 원료나 제조물을 취급하면서 안전·보건 조치 의무를 위반하여 인명피해를 발생하게 한 사업주, 경영책임자, 공무원 및 법인의 처벌 등을 규정함으로써 중대재해를 예방하고 시민과 종사자의 생명과 신체를 보호함을 목적으로 한다.

이해관계자는 내부와 외부 이해관계자로 나눌 수 있다. 내부는 조직원, 노조, 경영진, 이사회, 내부 감사인, 리스크 관리자, 인사 인원 등이 될 수 있다. 외부는 공급회사, 계약관계자, 파트너사, 소비자, 규제기관, 회원사, 언론, 경쟁사, 지역사회, NGO, 투자자 등으로 그 범위가 매우 광범위하다. 그래서 이해관계자의 범위를 1차(매우밀접), 2차(밀접), 3차(광범위)의 세 가지로 구분하여 그 범위를 집단화할 수 있다. 특히 부패(뇌물)방지에서는 이해관계자의 집단화가 매우 중요하다. 부패(뇌물)는 관계 속에서 발생하기 때문이다.

아울러 아래는 각 이해관계자에 관련된 법률 식별을 예로 정한 것이다.

고객	소비자기본법, 전자상거래 등에서의 소비자 보호에 관한 법률, 개인정보 보호법, 제조물 책임법 등
주주·투자자	상법, 기업구조조정투자회사법, 금융회사의 지배구조에 관한 법률 등
정부	개별소비세법, 관세법, 교육세법, 법인세법, 부가가치세법, 청탁금지법, 각종 업권법 등
비즈니스 파트너	민법, 상법, 공정거래법(독점규제, 하도급법, 표시 광고…) 등
NGO·NPO	비영리민간단체 지원법, 각 부처의 비영리법인의 설립 및 감독에 관한 규칙 등
시민	환경 관련법, 사회보장기본법 등
조직원	노동 관련법, 근로기준법, 고용보험법, 채용절차 공정화에 관한 법률 등

추가적으로 이해관계자를 식별하기 위한 체크리스트는 뒤에서 나올 'ISO를 활용한 ESG 구축 프로세스'를 참고해도 좋다.

컴플라이언스 경영 시스템 적용범위
(Determining the scope of the compliance management system)

적용범위Scope는 사막의 지도와 같이 컴플라이언스 경영 시스템이 가야 할 방향을 정해 줄 수 있다. 어떠한 일이건 적용하려는 범위가 정해지지 않았다면 땅 짚고 헤엄치기가 될 수 있다. 목적지와 타깃이 있어야 한다. ESG 역시 대기업만이 적용범위가 아니다. 이 땅에 살고 있는 우리 모두가 적용범위에 해당한다.

컴플라이언스 경영 시스템을 초기 설계하기 위해서는 적용범위를 명확히 설정해야 한다. 이는 경영 시스템의 경계 및 적용 가능성을 결정하기 위해 물리적 또는 조직적인 경계를 나누는 것이다. 여기서 범위는 크게 사업적, 지리적, 인적, 준법적인 4가지 영역으로 나눌 수 있다.

첫째, 사업적 범위에는 제조, 생산, 영업, 연구 등을 전개하는 사업 형태를 적시하고 있다. 둘째, 지리적 범위는 본사, 공장, 연구소, 영업 지점 등의 주소가 된다. 셋째, 인적 범위로는 사내외 정규직 및 비정규직, 아르바이트, 자원봉사자 등이 있다. 넷째, 컴플라이언스 범위에는 법, 규정, 규약, 허가, 라이선스 등 산업과 기능과 조직이 정한 범위가 있다. 이러한 범위를 정하기 위해서는 조직과 조직 상황에서 언급된 외부와 내부 이슈, 이해관계자의 니즈와 기대 이해 그리고 컴플라이언스 의무, 컴플라이언스 리스크 평가를 고려하여 문서화된 정보Documented information로써 이용 가능하게 하여야 한다.

즉, 경영 시스템의 범위는 조직이 정할 수 있다. 인증의 범위는 경영의 목적에서 볼 때 충분한 범위를 대상으로 하고 있지만, 제한적으로는 조직 일부분을 적용범위로 할 수 있다. 그래서 일반 소비자나 거래처 등이 해당되는 기업을 평가(실사)하기 위하여 인증의 여부를 이용하는 경우에는 대상 업무 등이 적용범위에 포함되어 있는지를 중요하게 체크해 봐야 한다. 즉, 인증을 받는 조직에 대해서는 중요한(사회적 영향이 큰) 활동은 적용범위에 포함된다는 것을 반드시 확인해야 한다.

단적인 예로 '우리 기업은 준법 경영을 하고 그에 적합한 인증을 받았습니다.'라고 공시를 할 것이다. 그러나 제한적인 중요 리스크 범위를 줄여 인증을 받았다면 사실 온전한 적용범위가 되지 않는 인증일 것이다. 간혹 리스크가 높은 영업, 인허가 관련 부서를 제외하고 인증을 받는 예도 있기 때문이다.

통상적으로 컴플라이언스(부패방지) 경영 시스템은 윤리적 행동을 포함하기 때문에 조직 전체에 적용하는 것이 맞다. 조직 전체에서 리스크의 성질과 정도를 고려하고 합리적이고 비례적으로 다뤄야 한다. 어느 하나의 범위를 정하여 인증을 받았다면 준법과 윤리는 올바르지 않다. 조직은 하나의 몸체이다. 기업은 법이 만든 사람人이다. 그래서 법인法人이라고 한다. 필요할 때만 인간 행세를 하거나 도덕과 윤리가 부재해서는 안 된다. 기업도 사람이기에 인격이 있다. 즉, 선함과 악함이 있다.

조직을 이루는 사람은 칼로 자르듯이 어느 하나로 쪼갤 수 없다.

컴플라이언스 경영 시스템
(Compliance management system)

경영 시스템을 도입한다고 하면 IT를 준비해야 한다고 생각하는 이들도 있다. ISO 용어와 정의에 의하면 "경영 시스템은 조직이 방침과 목표를 수립하고 그 목표를 달성하는 프로세스를 수립하기 위한 상호 관련되는 또는 상호작용하는 조직 요소의 집합이다. 경영 시스템은 단일 또는 다수 분야를 다룰 수 있다. 경영 시스템 요소는 조직의 구조,

역할과 책임, 기획 및 운용을 포함한다."라고 한다. 이게 무슨 말인가 싶은 분들이 많을 것이다. "조직 전체의 나무Tree 구조"라고 생각하면 훨씬 이해하기 쉽다.

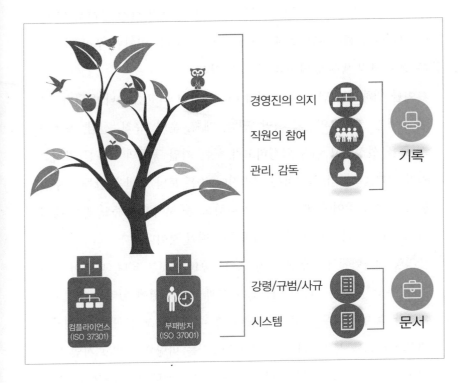

그림에서 보는 바와 같이 컴플라이언스와 부패(뇌물)방지 씨앗을 심는다. 시간이 지날수록 나무 몸통이 커지고 가지가 퍼져 나갈 것이다. 나뭇잎과 열매가 열릴 것이고 새들은 찾아올 것이다. 좋은 기업 문화가 작동하게 되는 것이다. 유능하고 전문적인 신입·경력 직원들이 입사하려고 할 것이고 성과가 나서 여러 파트너와 상생과 협력을 할 것이다.

이렇게 큰 나무와 작은 나무가 서로 어울려 숲을 이루고 오랫동안 보전이 되어 산림 생태계가 형성된다. 산림 생태계는 계속성을 유지하고 성장을 거듭하여야 한다. 소기업이 자라서 중소기업, 중견기업, 대기업으로 성장하는 생태계를 만들어야 한다. 혼자 욕심 부려서 될 일이 아니라 함께해야만 생태계가 형성될 수 있다. 이처럼 우리 기업들은 좋은 산림 생태계 환경을 갖출 수 있다.

이를 위해서는 먼저 우리 기업부터 씨앗이 되고 자라나야 한다. 그 안에 방침, 기능, 역할과 책임, 권한, 계획, 운영, 규칙, 신념, 프로세스 등을 설정하고 이를 달성하고자 하는 기업 공통의 목표를 가지고 가야 한다. 그러기 위해서는 경영진이 좋은 토양 기반을 만들어 주고 물과 거름을 주어야 한다. 때로는 바람도 불 것이고 태풍도 맞을 것이다. 그래도 버티고 이겨 내면 더욱 튼튼해질 것이다.

경영 시스템에서 경영진의 의지만큼 중요한 것은 없다. 더불어 우리가 다루고자 하는 컴플라이언스와 부패방지 경영에 있어서 경영진의 확고한 의지는 나무의 중심을 잡아 줄 수 있다. 조직원들은 경영진의 의식과 태도를 본받는다. 모범적인 경영진을 바탕으로 믿고 사업을 운영해 나가 본인도 이 나무에서 성장하는 한 가지로 뻗어 나갈 수 있다.

경영을 명사Noun로 정의하면 안 된다. 경영은 동사Verb로서 계속해서 발생할 수 있는 리스크를 사전에 줄여 나가면서 생존과 성장을 해내야 한다.

PDCA사이클
(Compliance management system)

경영 시스템은 지속해서 평가·재검토와 개선이 요구되어야 한다. 그러기 위해서는 계속해서 PDCA라는 사이클을 반복해야 한다. ① 방침·목표를 토대로 계획을 세운다Plan. ② 그것을 지속해서 실행한다Do.

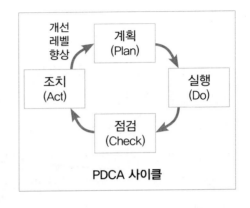

PDCA 사이클

③ 결과에 관하여 평가·재검토를 실행한다Check. ④ 경영자에 의한 개선·조치를 시행한다Act. 이러한 사이클이 반복적으로 이뤄져야 한다.

앞으로 전개될 과정을 Tree 구조로 간략히 소개하고자 한다. 요소 1~4(ISO 4~7장)는 전반적인 시스템 구축과 실행을 위한 준비를 다룬다. 이는 목표 및 프로세스인 나무 씨앗을 만드는 과정이다. 보통은 매뉴얼, 절차서, 지침서 등으로 구성하여 문서의 체계를 갖춘다. 요소 5(ISO 8장)에서는 해당 시스템을 위한 방침 채택 및 경영 시스템을 실행하는 단계로 씨앗을 심고 물을 준다. 이 단계에서는 문서화, 기록, 달성도를 분석한다.

요소 6(ISO 9장)에서는 해당 시스템의 수준 및 자체 검토, 보고로 거름을 주고 문제가 되는 가지는 쳐낸다. 내부심사와 경영검토처럼 심사 및 성과 보고, 시정조치가 요구되는 단계이다. 마지막으로 요소 7(ISO

10장)은 조치 차원에서 지속적인 개선을 하는 솎아내기와 나무 옮겨심기이다. 부적합 및 문제의 개선과 시스템을 보완(개정)해야 하는 단계이다.

이 나무가 잘 가꿔지면 홍수 조절, 갈수 완화, 수질 정화 등 우리 숲이 푸르게 푸르게 되는 것처럼 아름다운 조직 환경이 구현된다. 이산화탄소 흡수력은 향상되고, 숲이 울창해 동식물이 풍요롭게 되는 등 생태적 건강성이 향상된다. 그리고 열매가 열리고 묘목이 풍성해져 자연스럽게 경제적 가치가 증진되는 것이다. 결국, 이 PDCA가 조금은 힘들지만, 오르막길을 굴리는 공처럼 지속해서 개선되어 품질이 개선되는 것이다.

컴플라이언스 의무
(Compliance obligations)

의무라는 것은 누구 하나 빠짐없이 우리 모두에게 해당한다. 예를 들어, 어느 운전자가 있다고 가정하자. 이 운전자가 도로교통법, 신호체계, 안전띠 등의 규칙과 의무를 모르고 운전한다면, 살인 면허를 받고 도로에 나와 자신의 생명뿐 아니라 다른 누군가의 생명 또한 앗아갈 것이다. 우리 모두는 필수적이고 자발적인 의무Obligations를 따라야 한다. 규칙으로 만들어지는 것은 다 이유가 있다. 굳이 내가 그 규칙을 어길 필요는 없다.

따라서 컴플라이언스를 운영하고자 하는 조직은 그 활동, 제품 및 서비스로 인해 발생하는 컴플라이언스 의무를 체계적으로 식별하고,

ESG 경영의 근간, 컴플라이언스 솔루션.ZIP

조직의 운영에 대한 이들의 영향을 평가해야 한다.

비즈니스와 관련된 의무를 식별하지 못하고, 또 대응하지 못하면 컴플라이언스 실패가 발생한다. 아무리 윤리·준법 경영 활동을 유지하는 조직일지라도, 단 한 번의 컴플라이언스 위반으로 비도덕적인 조직 이미지를 가질 수 있기에 컴플라이언스 의무를 준수하는 것은 매우 중요하다. 컴플라이언스를 준수함에 있어 법규와 윤리를 모두 지키고 의무를 다하는 것은 매우 중요하다.

이를 잘 반영하는 것이 대한민국 공직사회이다. 공직사회에 대한 국민의 눈높이가 매우 높아짐에 따라 최근 공직자 등에 관한 반부패 관련 법령이 강화되는 추세이다. 과거 뇌물수수, 배임·횡령, 예산 낭비가 전통적 부패의 의미가 되었다면 대한민국이 글로벌 스탠더드화가 되면서 공직 사회를 중심으로 불공정, 불투명, 공익침해, 이해충돌, 무책임 등 부패의 개념이 확대되었다.

2003년 「공무원 행동강령」을 시작으로, 2008년 「부패방지 및 국민권익위원회의 설치와 운영에 관한 법률」, 2011년 「공익신고자 보호법」, 2015년 「부정청탁 및 금품 등 수수의 금지에 관한 법률」, 2019년 「공공재정 부정청구 금지 및 부정이익 환수 등에 관한 법률」, 2021년 「공직자의 이해충돌방지법」이 2022년 5월 19일 시행되어 청렴한 공직사회 기강을 확립하게 되었다.

실제로 여러 공공기관과 민간기업에 대한 심사·강의·평가 등을 통해 경험해 본 바를 명확히 단정 지을 수는 없지만, 그 차이점은 분명히 있다. 공공기관은 이미 과도할 정도로 윤리·준법을 실행하고 있으나 실행적인 부분에서 통일되지 못하고 탁상행적 이론에 그치고 있다는 점이다. 이슈 발생 시 국민들의 질타와 법적인 책임이 과하게 적용되기 때문에 모두 그 중요성을 인식하고 있다. 민간은 따로 언급하지는 않겠다. 공공이건 민간이건 대상만 다를 뿐 모두 적용되는 것이 법률적 책임이다.

법은 사회질서를 합리적으로 유지하기 위해 합의하에 의해 만들어진 최소한의 도구이다. 반면 윤리는 법을 초월하여 정직, 공정, 미덕 등을 우선 가치로 삼고 있기에 매우 광범위하고 포괄적이다. 따라서 기본적으로 조직이 컴플라이언스 경영을 하겠다고 하면 법뿐만이 아니라 윤리까지도 지켜야 하는 의무를 다루고 있다.

조직이 반드시 필수적Mandatory으로 준수하여야 하는 요구사항은 다음을 포함한다.
- 법령
- 허가
- 면허증(라이선스), 기타 허가 형식(수권서)
- 규제기관이 발하는 명령, 규칙, 지침
- 법원 또는 행정법원의 판결
- 조약, 협정 및 협약(의정서)

아울러, 조직이 자발적Voluntary으로 지킬 것을 선택하는 요구사항은 다음을 포함한다.
- 커뮤니티 그룹 또는 비정부 기관과의 협정
- 공공기관 및 소비자들과의 협정

ESG 경영의 근간, 컴플라이언스 솔루션.ZIP

- 방침들 및 절차들과 같은 조직의 요구사항
- 자발적 원칙 또는 실천규범
- 자발적 표시 또는 환경 선언
- 조직과의 계약적 합의로 발생하는 의무들
- 관련 조직 및 업계 표준

이같이 비즈니스와 관련된 넓은 범위의 의무를 체계적으로 식별하고, 조직 운영에 대한 이들의 영향을 평가하기란 쉽지 않다. 이를 해결하려면 조직은 지속해서 컴플라이언스를 보장하기 위한 신규 및 변경된 의무를 지속해서 식별하고, 식별된 영향을 조직에 맞게 리스크 평가하여야 한다.

방법으로는 컴플라이언스 서베이Survey, 의무사항 식별표 양식, 규제기관의 메일링 리스트 등록, 전문가 그룹의 구성원 의견, 관련 정보서비스의 구독, 산업 포럼 및 세미나 참석, 규제기관들의 웹사이트 모니터링, 규제기관과의 회의, 법률 자문 계약, 의무사항 출처에 대한 모니터링(판례 등) 등이 있을 것이다. 그리고 그에 상응하는 관리(통제)를 실행하고 문서화된 정보로써 유지하여야 한다.

이러한 의무를 모두 기재한 단일 문서를 설정하고 유지하여야 하며, 정기적으로 문서를 갱신하는 프로세스를 거쳐야 한다. 즉, 컴플라이언스 리스크의 일부로서 시스템화된 컴플라이언스 의무사항 라이브러리Compliance Obligations libraries를 유지하고, 최신 질문과 관련하여 업데이트를 지속해서 하여야 한다. 더불어 모니터링을 위한 프로세스를 체계적으로 다뤄야 할 것이다. 그리고 그에 맞는 관리자에 대한 책임을 할당한다.

예를 들어 중대재해처벌법이 2022년 1월 27일 시행되었다. 조직은 그에 맞는 리스크를 평가하고 관리책들을 다뤄야 할 것이다. 조직은 컴플라이언스 의무를 다룸으로써 그에 대한 영향, 관리, 발생 가능성을 체계적으로 통제할 수 있다.

본질은 결국, 조직을 둘러싸고 있는 다양한 의무사항Obligations을 철저히 준수하면서 지속가능경영을 하겠다는 것이다. 특히 그중에서도 법은 반드시 준수해야 하는 기본 가치이고, 이를 어겼을 경우 막대한 처벌·비용·시간 등이 따른다. 그렇기 때문에 컴플라이언스 의무를 식별하여 조직원들에게 알리고, 관리(통제)하고, 모니터링하고, 보고 및 개선하는 것이 앞으로 전개될 자발적인 컴플라이언스 경영 시스템이다.

컴플라이언스 리스크 평가
(Compliance risk assessment)

앞에서 다룬 조직과 조직 상황에 대한 이해, 이해관계자의 니즈와 기대 이해, 컴플라이언스 의무는 모두 본 단락에서 이야기할 컴플라이언스 리스크 평가를 다루기 위함이다. 리스크 평가는 기업의 지속가능한 경영 목적을 달성하기 위하여 직면하게 되는 내·외부로부터 발생하는 다양한 위험요인(법적, 경제적, 환경적, 운영적, 평판 등)들을 확인하고 분석해 나가는 절차를 말한다. 그리고 법률 위반Noncompliance(컴플라이언스 불이행)을 적발하기 위함이 아니라, 미래에 다가올 부정적인 요소로 작용할 수 있는 사항들을 미리 식별하여 '상당한 주의 감독, 적절한 절차'의 대상으로 삼기 위한 예방 차원이 강하다.

컴플라이언스 의무 중 법, 규제, 규약, 규정, 계약, 라이선스, 명령, 조약 등은 빠르게 변화한다. 이를 지키지 못할 경우 지속가능경영이 어렵기에, 이를 관리해야 할 분명한 이유가 있다. 리스크에는 크게 법원이나 사법당국의 민형사상 책임에 따른 법률 리스크, 행정 규제 당국의 행정상 변경, 영업 면허와 기회의 상실에 따른 감독 규제 리스크, 언론매체의 평판(명성) 리스크 등의 다양한 리스크가 있다. 이외에도 경제적 손실과 관련 비용은 증가한다. 그리고 조직원 개개인과 정부 그리고 그 피해를 걷잡을 수 없는 환경적 손해가 따른다. 이러한 컴플라이언스 변화를 관리할 수 없으면 효과적인 내부통제가 불가능하여 조직은 실패한다.

우리 조직이 어떤 리스크를 가지고 있는지 경영진들은 늘 궁금해한다. 그들은 늘 의사결정으로써 판단해야 할 위치에 있기에 컴플라이언스 리스크 평가는 그들의 경영 판단에 도움을 줄 수 있는 충분한 정보를 근거로서 제공해 줄 수 있다. 이러한 리스크를 관리하고 컴플라이언스 프로그램을 마련 및 운영하기 위해서는 법률 지식뿐만 아니라 비즈니스의 이해, 통제에 대한 실무 지식이 필요하다. 즉, 조직 내 컴플라이언스 리스크를 상시로 관리할 수 있는 역량 있는 자원으로 인원, 시스템, 예산 등이 필요하다.

만일 이러한 리스크를 관리하지 못하였을 경우 위와 같은 영향은 걷잡을 수 없게 된다. 만약 소송에서 승소하였다고 하더라도 그 사이에 상당한 피해가 누적되고 경쟁 시장에서 도태될 수밖에 없으며 결코 예상하지 못했던 해외 법률 처벌 또한 피할 수 없게 된다. 더불어 평판 리스크는 측정할 수 없는 손해를 가져온다. 이를 위해 조직은 컴플라이언스 리스크를 조직의 운영 측면과 연관 지어 컴플라이언스 리스크를 식별, 분석, 평가하여야 한다. 또 우리 조직의 리스크뿐만 아니라 외부 위탁(아웃소싱)된 프로세스 및 제3자 프로세스와 관련된 리스크를 평가하여야 한다. 그러기 위해 정기적으로 조직의 환경 변화에 맞게 그때마다 민감하고 세밀하게 접근하여 식별하여야 한다.

리스크는 고유 리스크Inherent compliance risks와 잔여 리스크Residual compliance risks로 분류할 수 있다. 고유 리스크는 통제되지 않은 리스크로 조직이 직면하게 되는 모든 컴플라이언스 리스크를 말한다. 즉, 컴플라이언스 의무를 식별한 리스크가 된다. 중대재해처벌법에 따른 조직의 법률 리스크, 감독 규제 리스크, 평판 리스크가 이에 해당할 것이다. 잔여 리스크는 통제된 리스크로 모니터링과 통제 책으로 관리되어 추가 관리되어야 한다. 자세한 사항은 프로그램의 적합성과 효과성을 위한 운영에서 다루고자 한다.

다음과 같은 경우에는 정기적으로 재평가되어야 할 것이다.
- 신규 또는 변경된 활동, 제품 또는 서비스
- 조직의 구조 또는 전략의 변경
- 재정적-경제적 상황, 시장 상황, 법적 책임 및 고객 관계 등의 중요한 외부 변화
- 컴플라이언스 의무의 변경
- 합병 및 매수
- 컴플라이언스 의무 불이행(컴플라이언스 의무 불이행 1건이 발생한

ESG 경영의 근간, 컴플라이언스 솔루션.ZIP

것만으로도 상황의 중대한 변화로 이어질 수 있다)과 위기일발 사태

이러한 리스크 평가 결과를 다루는 조치를 입증하기 위해 조직은 문서화된 정보로써 보유하여야 한다. 간혹 컴플라이언스 의무 범위를 줄여서 인증을 돕는 컨설턴트와 인증기관이 있다. 실제로 공정거래법, 근로기준법, 산업안전보건법, 부정경쟁방지 및 영업비밀보호에 관한 법률 등과 같이 일부 법률에 한정하여 의무를 식별하는 것이다. 인증기관은 범위를 그렇게 정하였으니 인증이 가능하다고 판단하는 것이다.

하지만 컴플라이언스 의무는 줄인다고 줄일 수 있는 것이 아니다. 조직에서 발생 가능한 법률 리스크를 우선순위로 특정하여 관리하는 것은 컴플라이언스 제도를 모르고 하는 컨설팅과 인증심사이다. 그렇다면 다른 정하지 않은 법률은 안 지켜도 된다는 것인가.

실무자 시절 컴플라이언스 국제 교류를 추진할 기회가 있었다. 다른 나라들은 반드시 컴플라이언스&윤리Compliance&Ethics라는 용어를 사용한다.

컴플라이언스 영역은 윤리까지 포함하여 매우 포괄적이고 그 범위Scope가 넓다. 그래서 제한적일 수 없는 것이다. 많은 나라 전문가들이 ISO 37301:2021(컴플라이언스 경영 시스템)을 연구·개발할 당시 그 넓은 범위의 컴플라이언스를 누가, 어느 범위까지, 어느 기관이 인증할 것이며, 어떻게 준비할 것이냐는 논란은 계속 이어져 왔었다.

그렇기 때문에 기업 내 모든 상황을 세세히 검토하여 어떠한 컴플라이언스 리스크가 있는지 지속적으로 사전에 꼼꼼히 파악하고 대처하는 것이 중요하다. 그리고 리스크를 최소화할 수 있는 모든 방안을

만들어서 잔여 리스크로 만들고 지속해서 목표를 세우며 모니터링 등 관리를 하여야 한다.

컴플라이언스 리스크 평가의 구체적인 정도와 수준은 조직의 리스크 상황, 조직 상황, 규모 및 목표에 따라 다르며 특정 하위 영역에 따라 더 세분된다. 따라서 리스크가 낮은 법률 리스크를 관리하지 않으면 안 된다. 단지 리스크가 높은 법률 리스크에 주된 주의와 집중을 할 수 있도록 지원하고 있을 뿐이다. 즉, 컴플라이언스 리스크는 제한적일 수 없다는 것이다.

리스크 관리 방법에 대해 세부적인 학습을 하고자 하는 이는 아래 ISO 31000:2018(Risk management - Guidelines)을 참고하기 바란다.

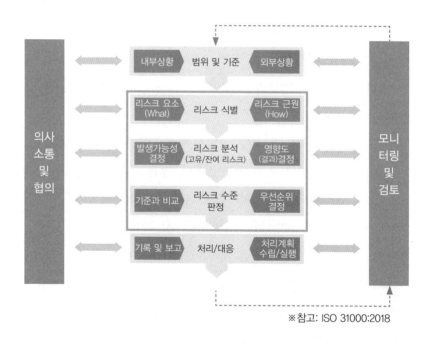

※참고: ISO 31000:2018

따라서 요소 1에 대한 관련 실무적 문서화된 정보는 다음과 같다.

부서 (4.1)	조직상황 (4.1) 부서별 활동/프로젝트, 서비스, 운영 업무 등 전반	이해관계자 (4.2) 업무관련 사람 또는 단체	내·외부 이슈 (4.1)	요구와 기대사항 (리스크 발생원인) (4.1, 4.2)	의무사항 (4.5)	리스크 평가와 통제방안				
						고유 리스크 (4.5)			리스크 통제(8)	
						발생 가능성	영향도	리스크 판정	통제유형/통제수단	잔여 리스크 (효과성 척도)
인사팀	채용업무	채용 대행업체	외부	개인정보 누출	개인정보 보호법 위탁계약	2	3	Medium (6)	재무적/계약서	Green (매우 낮음)
인사팀	성과평가	임직원	내부	성과평가 과정에 부정개입	인사규정	3	3	Medium (9)	비재무적/교육, 서약	Green (매우 낮음)

2

요소 2: 조직의 리더십 및 컴플라이언스 문화

조직 리더십과 의지 표명
(Leadership and commitment)

리더십과 의지 표명을 설명하기에 앞서 '경영'이라는 용어부터 생각해 보자. 경영은 조직을 지휘·관리하는 조정 및 활동이다. 그렇다면 지휘·관리하는 사람과 지휘·관리를 받는 사람이 있을 것이다. 조직을 지휘·관리하는 사람을 보통 최고 경영자라고 하며 지휘·관리를 받는 사람 또는 그룹을 조직원이라 한다. 둘 다 조화를 이뤄야 건강한 경영 활동을 하여 조직이 달성하고자 하는 성과를 이룰 수 있다. 그러기 위해서는 최고 경영자가 리더십을 발휘해야 한다.

보스Boss와 리더Leader에는 차이가 있다. 보스와 리더가 비슷한 맥락의 통칭을 의미하는 것은 사실이나 상대적으로 리더는 보스보다 긍정적인 이미지를 갖는다.

보스는 부정적 이미지로 항상 앞이나 위에 있으면서 조직원들을 도구와 수단으로 생각한다. 어떤 보스는 조직원들을 절벽 끝으로 몰아

세워 성과 우선주의적인 포지션을 취한다. 공리주의적 입장Position of utilitarianism(1870, 존 스튜어트 밀)을 취하고 있어 어느 정도 소수 희생을 감수하여서라도 최대 다수가 만족하면 괜찮다고 생각한다. 나는 뭐든지 괜찮다는 생각을 가졌기에 항상 나가 우선이다. 내로남불에다 앞과 뒤가 달라 뒤에서는 갖은 부정과 위선적 행동을 하며 본인은 깨끗하게 사업을 운영하고 있는 선량한 관리자라고 주장한다. 그러곤 위선적으로 다른 이에게 비난하며 책임을 떠넘기고 명령한다. 이러한 보스는 어느 조직에나 있다. 그리고 본인은 보스인 줄 모르고 있다.

반면 리더는 모두와 함께 앞에 서고 같이 가자고 하는 우리We라는 단어를 자주 사용한다. 모두가 동료이고 같은 수평선상에 놓여 있으며 함께 나누려고 노력한다. 일에 있어서도 먼저 모범을 보이며 헌신적인 자세로 업무에 임한다. 자신의 권한Authority은 낮추고, 책임Responsibility은 적극적으로 감내하면서 다른 이의 말을 충분히 경청하려 노력한다. 부하가 아닌 직장 동료로 그리고 지시가 아닌 설득으로 업무를 잘할 수 있게 독려하는 사람이 리더이다. 일을 잘할 수 있도록 임파워먼트Empowerment[3] 시키며 능력을 펼칠 수 있도록 뒤에서 적극적으로 지원Supporting해 준다. 하늘에서 뚝 떨어진 좋은 리더는 없다. 모두 노력을 거듭해 존경받는 리더가 되는 것이다.

---

3 조직 현장의 구성원에게 업무 재량을 위임하고 자주적이고 주체적인 체제 속에서 사람이나 조직의 의욕과 성과를 이끌어 내기 위한 '권한부여', '권한이양'의 의미이다. 최근 고객 니즈에 대한 신속한 대응과 함께 구성원이 직접 의사결정에 참여하여 현장에서 개선/변혁이 신속 정확하게 이루어지기 위해서 활용도가 높아지고 있다.

우리가 이번 요소에서 다룰 조직의 리더십과 컴플라이언스 문화는 경영 시스템을 설계하고 운영하는 과정에서 매우 중요하다. 효과적인 컴플라이언스 경영 시스템을 운영하고자 하는 조직에 중요한 것은 지배기구와 경영진의 적극적인 의지 표명이다. 그들의 노력은 단발성이 아닌 지속적이고 가시적인 형태로 의지 표명을 하여야 컴플라이언스 문화 형성에 대한 뼈대를 만들 수 있다.

리더십의 4P가 있다. 첫째는 가장 기반이 되는 People이다. 리더는 구성원을 소중하게 여겨야 한다. 조직을 운영하고자 하는 이에게 사람만큼 중요한 것은 없다. 둘째는 Power로 리더는 바람직한 영향력을 행사해야 한다. 셋째는 Process이다. 리더와 구성원들 간의 끊임없는 상호작용을 통하여 사업을 운영하여야 한다. 마지막인 넷째는 이전 3가지를 바탕으로 만들어 낼 수 있는 성과Performance이다. People, Power, Process가 성과 창출과 긴밀한 관계를 맺는다.

최고경영자는 조직 경영을 지휘·관리함에 있어서 명확히 인식하여야 한다. 보스가 되느냐 리더가 되느냐는 조직 내 사건이 발생하였을 때 명확히 드러난다. 특정한 사건으로 인해 권력을 잃은 보스에게는 갖은 비난의 화실이 쏟아질 것이다. 결과는 재판장에서 확인할 수 있다.

횡령과 같은 사건은 연이어 언론에 보도되고 있다. 만약 최고경영자가 횡령과 같은 사건의 주범이 될 때는 평생 약점을 잡히게 된다. 최고경영자가 혼자서는 횡령을 할 수 없다. 이러한 횡령에 대해서는 적어도 직원 3명 이상이 그 일을 알고 있다는 것이다. 누군가 단 1명이라도 배신을 한다면 모두에게 손해가 따르게 된다. 또한 최고경영자는 평생 약점이 잡힌다. 직원이 무능하거나 이해할 수 없는 행동을 한다고 해도 내보낼 수 없다. 그 사람이 내 약점을 잡고 있으니 평생 전전긍긍하며 묶여 다니게 된다.

결과적으로 리더와 보스는 풍기는 냄새부터가 다르다. 리더는 꽃처럼 향기가 난다. 그리고 주변에 벌과 나비처럼 좋은 임직원과 협력사들이 있어 원하는 성과를 달성할 수 있다. 조직 내 부정적 사건이 발생하면 뒤로 숨는 것이 아니라 정면으로 돌파하고 솔선수범하기에 임직원과 협력사는 믿고 따를 수밖에 없다. 더불어 사건이 발생할 가능성을 최소화할 수 있는 건강한 조직문화를 만든다. 퍼스트 펭귄First penguin 법칙이 있다. 무리 중에서 처음 바다에 뛰어든 펭귄이 대장이고 리더이다. 불확실성을 감수하고 용감하게 도전하는 사람이며 모범을 보인다.

반면에 보스 주변에는 늘 파리만 꼬여 있는 것처럼 충성경쟁을 하거나 겉과 속이 다른 기회주의자들만 있다. 이들은 사건 발생 시 책임 떠넘기기에 급급하다. 언젠가는 풍선이 터지는 것처럼 파국으로 치닫게 된다. 이로 인해 기업에 대한 모든 평판의 손상, 영업 면허와 기회의 상실 및 상당한 비용 등 사업에 부정적인 영향을 미치게 만든다. 사건이 발생할 가능성은 매우 높다.

컴플라이언스 경영을 하기 위해서는 지배기구와 경영진의 동원이 아닌 동참이 중요하다. 가끔 오로지 영업을 최우선으로 생각하는 경영자가 있다. 이들은 컴플라이언스 리스크가 매우 높기 때문에 반드시 컴플라이언스가 사업에 방해가 되지 않는다는 것을 실증하기 위해 교육에 참여하여야 한다. 즉, 조직 내 영업이 최우선이면 수단과 방법을 가리지 않고 사업을 할 것이고 보스처럼 컴플라이언스 위반 사고가 발생할 확률이 높아진다.

따라서 지배기구와 경영진은 다음 사항을 통해 컴플라이언스 경영 시스템에 대한 리더십을 실증하고 실행하여야 한다.

구분	실증(demonstrate)	실행, 각오·명령·지시(Shall)
보장	- 컴플라이언스 방침 및 목표가 수립되고 조직의 전략적 방향성과 일치됨을 보장 - CMS[4] 요구사항이 조직의 비즈니스 프로세스에 통합됨을 보장 - CMS에 필요한 자원이 사용 가능함을 보장 - 효과적인 통제의 중요성과 경영시스템 요구사항에 대한 적합함의 중요성을 의사소통 - CMS에 의도한 결과의 달성을 보장	- 컴플라이언스 목표를 달성하기 위한 방침, 절차 및 프로세스가 개발, 실행됨을 보장 - 의무 불이행 사례를 포함하여 컴플라이언스 문제에 대한 사항을 적시에 통지하고 적절한 조치가 취해지고 있음을 보장 - 컴플라이언스에 대한 의지 표명이 유지되고, 의무 불이행과 그 행동이 적절하게 처리됨을 보장 - 필요에 따라서, 컴플라이언스 책임이 직무 내용에 포함됨을 보장 - 우려사항(Raising concerns)을 제기하고 다루기 위한 시스템이 수립됨을 보장
지원	- 시스템이 효과성에 기여하도록 사람들에게 지시 및 지원 - 지속적인 개선을 촉진 - 책임 분야에 적용되는 리더십을 실증하도록 그들의 기타 관련 역할을 지원	-
수립 및 유지	-	- 조직의 가치 수립 및 유지

---

4 CMS : Compliance Management System

　　　　　　　　　　　ESG 경영의 근간, 컴플라이언스 솔루션.ZIP

구분	실증(demonstrate)	실행, 각오·명령·지시(Shall)
지명	–	– 컴플라이언스 기능 및 컴플라이언스 책임자를 임명하거나 지명

그리고 그 의지 표명에 대한 수준은 다음 정도에 따라 나타난다.

- 지배기구와 모든 수준의 경영진은 그들의 행동과 결정을 통해서 효과적이고 대응성이 높은 컴플라이언스 경영 시스템에 대한 의지 표명을 적극적으로 실증한다.

- 컴플라이언스 방침은 지배기구에 의해 정식 승인된다.

- 조직의 컴플라이언스 준수에 대한 의지 표명이 완전하게 실현되고 있음을 보장할 책임은 경영진에게 있다.

- 모든 수준의 경영진은 조직이 의무를 다한다는 명확한 메시지(말과 행동을 통해 실증된)를 조직원들과 일관되게 의사소통한다.

- 의지 표명은 명확하고 설득력 있는 성명에 의해 모든 조직원과 이해관계자에게 널리 의사소통된다.

- 적격성을 갖춘 컴플라이언스 책임자는 지배기구에 직접 접근할 수 있는 적절한 지위, 권한 및 독립성을 갖는다.

- 모든 조직원과 이해관계자들에 대한 인식을 제고시키는 활동과 교육 훈련을 통해 견고한 컴플라이언스 문화를 위한 충분한 자원들이 할당된다.

- 방침, 프로세스 및 절차는 단순히 법적 요구사항뿐만 아니라 자발적인 행동규범과 조직의 핵심 가치를 반영한다.

- 경영진은 조직의 모든 수준의 조직원과 이해관계자에게 컴플라이언스에 대한 설명책임이 있다.
- 컴플라이언스 경영 시스템의 정기적인 검토가 시행된다.
- 조직의 컴플라이언스 성과가 지속해서 개선된다.
- 시정조치Corrective action가 적시에 취해진다.
- 지배기구와 경영진이 조직의 컴플라이언스 경영 시스템을 따르고 있다.

지배구조와 경영진이 위를 실증하고 실행하기 위한 방법으로 두 가지가 있다. 하나는 보스와 같은 수직적 방향이고, 다른 하나는 리더와 같은 수평적 방향이다. 수직적 방향은 지배구조와 경영진이 하위 조직원에게 일방적으로 전달하는 방식으로 동원動員이 되는 강제성 서한, 이메일, 선포식 등으로 관심을 높이려 하나 반발감과 거부감이 든다.

반대로 수평적 방향으로 일방적 전달 방식이 아닌 조직원과의 의사소통 과정에서 의지를 끊임없이 보여 줄 수 있다. 동참同參의 성격으로 항상 경영진이 솔선수범하는 태도를 보이고 업무 회의에서 꾸준한 준법 의지를 표명하거나, 특정 사안에 대한 경영진의 준법 코멘트를 한다. 그리고 경영진이 먼저 교육과정에 참여하고 독려한다. 명확한 메시지로 모범을 보여 주는 것이다.

컴플라이언스 마일리지를 시행하는 조직도 있다. 윤리경영의 날을 운영하여 조직의 축제를 만들고 동원이 아닌 동참의 윤리·준법 문화를 만든다. 그리고 상벌제도를 명확히 구분하여 포상하고 원칙을 가지고 처벌하며 그 결과를 투명하게 공개한다. 컴플라이언스 경영을 하고자 하는 조직에서는 수평적 방향이 더 강력한 커뮤니케이션 방법으로 공감과 협력을 얻기 쉽다. 지배기구와 경영진 입장에서 컴플라이언스는 생존 전략이다. 그리고 불안한 것보다 불편한 것이 낫다. 불편하더라도 효과적인 컴플라이언스 경영은 필수 전제 조건이다.

컴플라이언스 문화
(Compliance culture)

조직(기업)의 문화는 그 조직의 뿌리이므로 매우 중요하다. 그렇다면 조직의 문화란 무엇일까? 네이버 국어사전에서는 '집단 안에서 개인과 집단이 협력하는 방식을 특징짓는 가치, 규범, 신념, 행동 양식의 구성'을 문화라고 표현한다. 그 어떤 뛰어난 시스템, 프로그램, 전략도 조직의 문화가 뒷받침되지 않으면 성공할 수 없다. 그래서 문화를 어렵게 설명하기보다 조직원 누구나 쉽게 이해할 수 있어야 한다.

필자가 기업의 문화를 쉽게 정의하면 이렇다. 조직 내에서 "왠지 그렇게 해야 할 것 같은 그럴 만한 분위기"가 조직의 문화가 아닐까 생각한다. 어떤 신입·경력자 그리고 전문경영인이 조직에 합류하더라도 고유하게 우리가 지켜야 하는 신념과 따라야 하는 준수사항이 모두 같은 것이다. 사람은 자신이 속한 환경과 문화에 영향을 받으면서 가치관을 형성한다. 정신적 뿌리인 기업 문화는 주로 CEO에 의해 영향을 받는다. 조직의 문화를 형성하는 데 가장 중요한 역할은 리더 계층이다.

언젠가 부모님을 모시고 가족과 외식을 할 일이 있었다. 식사 도중 중소기업 대표이사님 같은 분이 전화기를 들고 흥분한 목소리로 직원을 나무라고 있었다. 길고 긴 시간 동안 통화는 끊이지 않았고 누군가 그에게 공공장소 매너를 일러 주어야 했다. 그러나 식당에서 주인은 전혀 용기를 내지 않았고 그 손님이 빨리 나가기만을 바라는 눈치였다. 결국 필자가 정중하고 조용한 목소리로 부탁드렸다. 그러자 그 대표이사님은 통화 직원에게 조용한 목소리로 나지막하게 화를 내면서 '내가 지금 식당이니 더 이상 얘기할 수가 없다. 너 들어가서 가만 안 두겠다!'고 협박을 했다. 그러고는 식사도 마치지 않은 채 밖으로 뛰쳐나갔다.

필자는 곰곰이 생각했다. 과연 대표이사님에게 분노의 전화를 받고 있었던 직원은 그 회사의 고객에게 친절할까? 그 후배 직원과 제일 힘 없는 경비와 청소 근로자에게 어떻게 대할 것인가? 조직 문화는 이렇듯 제일 약자에게 전파된다. 대표이사에서 직원 그리고 고객과 협력사 또는 경비와 청소 근로자 등으로 점차 전파된다. 거기에 그치지 않고 우리의 삶에 흘러들어 친구, 가족, 자녀, 반려동물에게까지 영향을 미친다.

이러한 문화의 기능은 구성원들에게 자신이 속한 조직이 어떤 조직인지, 그 안에서 어떻게 행동해야 하는지에 대한 깊은 성찰과 이해를 만들어 낼 수 있다. 그리고 강력한 컴플라이언스 조직 문화를 통해 올바른 행동 선택과 판단에 필요한 시간과 노력의 낭비를 줄일 수 있다. 건강한 컴플라이언스 문화로 구성된 조직은 구성원으로 하여금 일체감을 갖게 함으로써 지속가능한 사업 확장에 기여할 수 있게 만든다. 다음에 문화를 형성하는 대표적 실험을 소개하고자 한다.

사람들은 의외로 범죄와 같은 부정적인 행동을 할 때 정교하게 계산을 하지 않는다. 미국에서 사람들의 부정·부패 행동에 대한 실험을 하였다. 기숙사 냉장고에 1달러 콜라와 접시에 놓인 현금 1달러를 놓고 학생을 대상으로 실험한 것이다. 학생들은 의외로 동일한 금액으로 환산된 접시의 1달러보다는 콜라를 더 많이 가지고 갔다. 콜라는 돈이 아니므로 절도가 아니라고 생각하는 것이다. 행동경제학 실험을 한 것인데, 주변 환경과 문화가 의외로 큰 생각 없이 전염된다는 결과가 나왔다. 무심코 '이 정도면 괜찮겠지'하고 넘어간다는 것이다.

실제로도 횡단보도에서 다른 사람들이 무단횡단을 하면 나도 무단횡단을 한다. 학교폭력도 마찬가지로 주변 친구들이 가담하니 모두 같이 가담한다. 회사에서도 소확행(소소하지만 확실한 횡령)이라고 하여 회사에서 휴대폰 충전을 하고 문구용품이나 커피는 집에 가져가도 된다고 생각한다. 사람은 주변 환경과 문화에 따라 얼마든지 변화한다. 대한민국은 이탈리아와 같이 엘리트 카르텔 부정부패가 심각한 나라이다. 어쩌면 권력층은 '사회 분위기가 횡령·배임하는데 나도 뭐 어때?'라고 생각하는 것인지도 모른다.

법 위반과 부패한 조직을 만드는 것은 그리 어렵지 않을 것이다. 묵인하는 문화, 파벌, 이타주의 감소, CEO 방관·탐욕, 직장 내 갑질, 직권남용, 매출 우선주의, 충성경쟁 등이 부정과 부패를 만드는 데 도움을 준다. 마치 COVID-19 바이러스처럼 나쁜 문화는 쉽게 전파·감염된다. 그게 미세플라스틱처럼 약자z에게 돌아갈 뿐이다. 위와 같이 대표이사의 분노는 직원에게 직원의 분노는 비정규직 근로자들 같은 경비, 청소용역 근로자에게 전파되고 고객들에게까지 영향을 미친다. 마치 시어머니가 며느리를 혼내면 남편에게, 남편은 자녀에게 자녀들은 친구들과 죄 없는 반려동물에게 악영향을 미치는 것처럼 말이다.

영화 〈신과 함께〉에 가택신家宅神으로 나오는 마동석이 이런 대사를 한다. "내가 가택신으로 500년 동안 살아왔는데 이 세상에 나쁜 사람은 없더라! 나쁜 환경만 있었을 뿐이지." 환경과 구조가 그러한 결과를 낳는다는 말이다. 사람은 환경에 지배를 받는다. 양심의 문제일 것이다. 돈과 권력에 내 양심을 파느냐 마느냐의 딜레마는 누구나 겪게 되는 양심의 문제이다. 조직의 문화는 왠지 그렇게 해도 괜찮을 것 같은 분위기에서 비롯된다. 뇌물처럼 주는 사람과 받는 사람 모두 그때 환경과 구조가 그럴 만한 분위기였기 때문에 아무렇지 않게 그런 행동을 하는 것이다.

컴플라이언스 문화Compliance culture란 조직 전체에 존재하며 조직의 구조 및 통제 시스템과 상호작용하여 컴플라이언스로 이어지는 행동규범을 만들어 내는 가치, 윤리, 신념과 행동을 말한다. 그러기 위해서는 조직 내 모든 레벨에서 컴플라이언스 문화를 개발, 유지 및 촉진하여야 한다.

지배기구와 최고경영자의 의지 표명은 그리 어렵지 않다. 조직 전체에서 요구되는 행동과 행위의 공통 기준(표준)에 대해 지배기구, 경영진은 솔선수범하여 적극적, 가시적, 일관적 및 지속적인 컴플라이언스 의지 표명을 실증하면 된다. 그리고 경영진은 컴플라이언스를 창조하고 지원하는 행동을 적극 장려하는 것이다.

제일 중요한 것은 컴플라이언스를 침해하는 행위를 예방하고 용인하지 않아야 한다는 것이다. 누구는 봐주고 누구는 덮어 주는 식이 되면 안 된다는 것이다. 컴플라이언스 문화를 실행하는 방법은 정말 다양하고 포괄적이며 정해지지 않는다. 기준을 정립하거나 공시를 하는

ESG 경영의 근간, 컴플라이언스 솔루션.ZIP

방법도 있다. 때론 인사평가에 반영하거나 인센티브를 적용하기도 한다. 어떤 기업은 문화를 확립하기 위해 자율진단 카드 제작, 마우스 패드와 같은 곳에 컴플라이언스 확립 문구 삽입, 화면보호기를 통한 방침 활용, 공문 양식에 반영, 볼펜 제작, 행동규범 부착, 마일리지 제도, 선포식, 컴플라이언스 만화, 컴플라이언스 인식 안내 계단 등 다양한 노력을 기울인다.

앞서 설명한 것처럼 컴플라이언스 문화를 확립하는 데에 경영진의 역할은 매우 중요하다. 또한, 컴플라이언스는 조직의 문화와 조직에 종사하는 사람들의 행동이나 태도에 뿌리를 내림으로써 지속가능한 경영을 도울 수 있다.

그렇기에 경영진은 컴플라이언스 문화를 발전시키고 지지하는 요인으로 만들기 위해 다음을 실행하여야 한다.
- 공개된 가치의 명확한 설정
- 경영진이 적극적이고 가시적인 형태로 가치를 실행하고 따를 것
- 지위와 관계없는 컴플라이언스 의무 불이행 처리의 일관성
- 모범적인 멘토링, 코칭, 지도
- 실사Due diligence를 포함한 중요한 기능을 위한 잠재적 인원의 적절한 고용 전前 평가
- 컴플라이언스와 조직의 가치를 중시하는 유인 또는 오리엔테이션 프로그램
- 모든 인원과 관련 이해관계자에 대한 교육 훈련의 갱신을 포함한 지속적인 컴플라이언스 교육 훈련

- 컴플라이언스 이슈에 대한 지속적인 의사소통
- 컴플라이언스 행동의 평가를 고려하고 주요 성과지표와 결과를 달성하기 위해 성과 보수를 고려하는 성과평가시스템
- 컴플라이언스 관리와 결과에 대한 가시적 인식
- 고의 또는 부주의(과실)로 컴플라이언스 의무를 불이행한 경우의 신속하고 적절한 징계
- 조직의 전략과 개인의 역할과의 명확한 관련성, 조직의 성과를 달성하기 위해서는 컴플라이언스가 필수적이라는 점을 강조
- 사내·외를 포함한 컴플라이언스에 관한 개방적이고 적절한 의사소통

컴플라이언스 문화의 증거는 다음의 정도에 의해서 나타난다.
- 위 항목이 실행된다고 믿는 정도
- 이해관계자들이 위 항목이 실시되었다고 믿는 정도
- 조직 의원들이 자신들의 활동과 사업부의 활동과 관련되는 컴플라이언스 의무들의 관련성을 이해하는 정도
- 컴플라이언스 의무 불이행을 다루는 시정조치가 확인되고 필요에 따라 조직의 모든 적절한 수준에서 실시되는 정도
- 컴플라이언스 기능(책임자)의 역할과 그 목적이 평가되는 정도
- 조직원들이 경영진이나 지배기구 등 적절한 수준의 경영진에게 컴플라이언스 우려를 제기하는 것이 가능하고 장려받고 있는 정도

컴플라이언스 문화를 구축하기 위해서는 제일 먼저 윤리경영 실천을

앞세워 이를 후원하는 컴플라이언스(준법) 운영의 공감대가 형성되어야 한다. 조직원들은 컴플라이언스 의무에 대해 책임감을 느끼고 그에 알맞은 행동을 하여야 한다. 그리고 두려움과 보복 없이 신고할 수 있어야 한다. 그러기 위해서는 경영진의 강력한 의지 표명만큼 중요한 것은 없다. 경영진의 생각과 행동은 직원들의 공감대를 충분히 만들어 낼 수 있기 때문이다. 즉, 컴플라이언스 문화 구축의 성공 열쇠는 경영진의 진정성 있는 모범적인 말과 행동이다.

위와 같이 컴플라이언스 문화의 증거는 측정할 수 있어야 한다. 성과관리에 컴플라이언스 문화 지표를 포함하여 그 정도를 파악할 수 있다. 1점에서 5점까지 다양한 점수표로 구분하여 연도별 측정을 할 수 있을 것이다. 그리고 구조화된 프로세스를 갖추 위해 공식화된 ISO 37301:2021과 같은 글로벌 스탠더드인 컴플라이언스 제도나 시스템으로 시작할 수 있다. 특히 어느 정도 강제력을 가진 시스템은 문화에 장착할 수 있는 도구가 된다. 컴플라이언스, 부패방지, CP, AML, 내부회계 관리제도 등 내부통제의 나무가 가지를 뻗어 나가야 혁신적인 변화가 생긴다.

이 모든 것들은 사람이 하는 것이다. 어떤 물질, 장소, 생물 등의 주체가 법 위반과 부패를 만드는 것이 아니라 사람이 법을 위반하고 사람이 부패를 일으킨다. 사람의 인식은 하루아침에 이뤄지지 않는다. 그렇기에 주기적이고 맞춤형 교육이 필요한 것이다. 제도나 시스템 설계 과정에서도 업무 현장 상황에 맞게 적용해야 한다. 그리고 조직원들이 가장 어려워하고 불편한 점들을 고민해야 한다.

즉, 모든 것들은 업무에 녹아 들어갈 수 있어야 하고 그에 맞는 업무 프로세스를 개발해야 한다. 그런 다음 성숙기를 기다려야 한다. 그러면 뿌리가 잘 내려 건강한 조직 문화 꽃이 피고, 새와 벌들이 다가와 좋은 조직원과 사업 파트너가 생길 것이다.

G, 컴플라이언스 거버넌스
(Compliance governance)

기업 패러다임이 변화하고 있다. 과거 조직의 우선순위는 주주, 고객(소비자), 직원이었다. 그 무엇보다 주주 자본주의 우선 정책이었다. 그러나 포용적 자본주의로 다양한 이해관계자를 고려하고 만족시키겠다는 것이다. 그 변화의 우선순위는 직원, 고객, 주주로 변화하고 있다. ESG, CSR처럼 이제는 궁극적으로 착한 기업이 되라고 강요하고 있다. 그리고 그 중심에는 거버넌스가 있다.

조직 거버넌스Organizational governance는 조직이 목표 추구를 위한 의사결정을 내리고 실행하는 시스템을 말한다. 그렇다면 우리는 흔히 거버넌스를 언급할 때 지배기구Governing body를 빼놓지 않는다. 지배기구란 조직의 활동, 지배구조 및 방침에 대한 최종 책임과 권한을 소유하며, 최고 경영자로부터 보고를 받고 최고 경영자에게 책임을 부여하는 그룹 또는 기관이다. 이들은 대부분 이사회, 감사위원회, 수탁자나 감독기관 등을 말하기도 한다. 여기서 이사회는 보통 조직의 주요 경영사항을 의결하는 기능 역할을 수행하고 있다.

물론 기업 운영 구조상 사주가 꼭 하려는 일을 누구도 막을 수 없다.

그럼에도 불구하고 사주가 하려는 나쁜 일을 막을 수 있는 견제 장치가 이사회의 기능이다. 일은 결국 사람이 하고 법률 위반도 사람이 한다. 권력자(사람)의 불법적인 외압, 강압이 있어도 회사의 컴플라이언스 장치를 반드시 거쳐야 한다. 그리고 이사회는 내부 실무적 컴플라이언스 기능(윤리·준법 책임자)을 지지Supporting해 주어야 한다. 이사회는 컴플라이언스 경영 시스템 체제의 총괄 기구이다. 조직 내 건강한 지배기구(선주)가 있다면 배에 탑승한 선원들은 안심하고 항해를 하여 끝까지 목적지에 도달할 것이다. 그래서 배의 선주처럼 조직 내에서도 지배기구의 역할이 매우 중요하다.

특히 컴플라이언스 거버넌스는 다음의 기본 원칙에 근거하고 있다. 컴플라이언스 기능(책임자)은 지배기구에 의해 의결사항으로 임명되고 지원받아야 하는 존재이다. 컴플라이언스 기능은 지배기구와 최고경영자에게 직접 접근할 수 있는 존재이다. 여기서 직접 접근이란 지배기구에의 직접 보고체계, 지배기구에의 정기적인 보고서 제출 및 지배기구 회의 참가 등이다. 때로는 대표이사가 아닌 이사회에 실행 계획과 보고를 하여 경영진으로부터 최소한의 독립성을 확보할 수 있다.

어느 조직이건 구조상 이사회와 경영진 간의 상호 견제와 균형이 필요하다. 모든 건강한 권력은 스스로 통제할 수 있는 장치를 마련해 두기 마련이다. 민주주의의 꽃은 견제와 균형이다. 막강한 권력을 가진 정부 기관이나 공무원이 시민을 협박하고 횡포를 부리는데도 이를 막을 수 있는 아무런 장치가 없다면 시민들은 믿지 않고 일어날 것이다. 이 견제의 장치가 컴플라이언스 거버넌스이다. 그리고 그 임무를 수행하는 것이 컴플라이언스 기능(책임자) 정도라고 봐도 좋다.

이 기능은 필요에 따라 조직 내 다른 사람을 우회할 수 있고, 조치할 가장 권한 있는 사람 또는 사람들과 직접 소통할 수 있는 기능이다. 이 접근 권한은 계획적이고 체계적이어야 할 것이다. 예를 들면 컴플라이언스 기능은 최고 경영자에게 직접 보고하고 감사위원회, 의장 또는 이사회 전체에 '직접' 보고할 수 있다. 지배기구 또한 컴플라이언스 운영에 대해 보고를 받을 의무와 감독 책임이 있다.

컴플라이언스 기능은 독립되어 있어야 하며 조직 구조나 기타 요소와 충돌되어서는 안 된다. 가끔 어떤 조직은 영업 본부장의 지시를 받아야 하는 컴플라이언스 기능이 있는데, 이는 잘못된 조직 운영의 접근 방법을 취하고 있는 것이므로 즉시 개선이 필요하다.

컴플라이언스 기능은 경영진에 의해 간섭받지 않고 자유롭게 행동할 수 있는 기능으로, 자기보다 권한이 있는 상급자에 의해서 지배되거나, 보고나 정보가 변경될 수도 있는 하위직 역할도 아니다. 즉, 누구에게도 부당한 간섭 또는 압박 등이 있을 수 없다. 컴플라이언스 기능은 컴플라이언스 우려사항을 주장하고 제기하는 '발언권'을 가져야할 것이다. 더불어 컴플라이언스 경영 시스템이 조직의 목표를 달성하기 위해 포괄적이고 효과적으로 지원하는 기술에 대한 접근을 포함하여, 조직이 제한 없이 시스템에 필요한 업무와 책임을 수행하는 것을 지원하는 충분한 자원이다.

결국, 컴플라이언스의 여러 중요한 열쇠 중 하나는 컴플라이언스 거버넌스이다. 지배기구와 최고경영자의 진정성 있는 리더십 의지가 중요하다. 결과는 강력하게 무관용 원칙Zero tolerance을 세워 누구에게나 적용하여야 한다. 건강한 조직 문화를 구축하기 위해서는 누구 한 명에게 특혜란 있을 수 없다. 누구나 공통된 가치관을 가져야 조직 내 컴플라이언스 거버넌스를 완성시킬 수 있다.

컴플라이언스 방침
(Compliance Policy)

조직의 방침Policy이란 무엇일까? 방침이란 조직의 최고 경영자에 의해 공식적으로 표명된 조직의 의도 및 조직이 가고자 하는 방향성을 말한다. 여기서 컴플라이언스 방침은 조직이 따르고 지켜야 할 컴플라이언스 의무에 대한 적절하고 포괄적인 원칙과 조치Action에 대한 의지 표명이다. 이 방침은 조직의 지배기구에 의해 공식적으로 표명될 수도 있다.

지배기구가 배의 선주이고, 최고 경영자가 선장이면 방침은 배의 나침판이다. 따라서 단순히 홈페이지나 벽에 걸어 놓고 사용하지도 않는 뜬구름 잡는 방침은 필요 없다. 검정색으로 된 글씨(방침)를 조직원들이 이해하고 적용할 수 있도록 지속적인 교육을 통해 알려 윤리·준법 문화 인식을 확산시켜야 한다. 쓰지 않는 나침판은 만들 필요가 없다. 구체적이고 실현 가능하며 사용 가능한 것이 방침이다.

컴플라이언스 방침은 최고 경영자와 지배기구에 의해 공식적으로 표명된 조직의 의도 및 방향을 설정한 것이기 때문에 조직 전원이 반드시 따라야 하는 의무사항이다. 이는 컴플라이언스 경영의 필수 요소로서 조직이 추구하여야 하는 윤리적 가치관이 무엇인지를 설명하고 내·외부 이해관계자에게 명확히 공표하여 조직의 방향성을 표방하는 것이다. 또한 조직원들에게 이사회와 대표이사의 준법 의지를 보여 주는 것이다.

피라미드 구조처럼 제일 상단에 이사진과 경영진의 강력한 방침Policy이 있고, 그 아래 임원급의 튼튼한 목표Object가 있다. 그 아래 팀장급에서 절차Process가 전달되며, 마지막으로 조직원들의 이행Employee Involvement이 되어 업무를 수행하게 될 것이다. 그리고 조직을 둘러싸고 있는 다양한 이해관계자는 이 방침에 따라 해당 조직의 컴플라이언스 의지를 확인할 것이다.

기업은 사업 수행 중 수많은 법률과 부딪칠 수밖에 없다. 그러나 방침을 세우고 정하면 그 약속을 유지할 수 있게 해 주는 원칙이 생기게 된다. 이 방침을 수립하기 위해서는 조직의 목적에 적절해야 한다. 그리고 컴플라이언스 목표를 설정하기 위한 틀을 제공할 수 있도록 큰 틀의 기업의 윤리 강령(Code of ethics, Code of conduct)과도 일치하여야 한다. 본격적으로 시스템을 운영하고자 하는 조직은 컴플라이언스 경영 시스템의 요구사항을 충족하는 의지와 지속적인 개선에 대한 의지를 표명하는 것이 좋다.

따라서 방침은 다음과 같아야 한다.
- 조직의 가치, 목표 및 전략과 중합될 것
- 조직의 컴플라이언스 의무의 이행을 요구할 것
- 컴플라이언스 거버넌스 원칙을 지원할 것
- 컴플라이언스 기능(책임자)을 참고하고 설명할 것
- 조직의 컴플라이언스 의무, 방침, 프로세스 및 절차를 따르지

않을 경우의 결과 개요를 설명할 것
- 우려사항의 제기를 장려하고 어떠한 형태의 보복도 금지할 것
- 모든 이해관계자가 원칙과 의도를 쉽게 이해할 수 있도록 쉬운 언어로 기술될 것
- 적절히 실행되고 시행될 것
- 문서화된 정보를 이용하는 것이 가능할 것
- 조직 내에서 의사소통될 것
- 필요에 따라, 이해관계자가 이용 가능할 것

앞서 설명한 바와 같이 단지 문언적인 선언에 그치면 이 방침은 효과적으로 작동하지 못한다. 모든 이해관계자에게 공표하고 조직원들은 반드시 이 방침의 중요성을 깨달아 나침판처럼 옳고 그름을 판단하여 업무를 수행하여야 한다. 이를 어길 시 엄격한 처벌을 받을 수 있음을 인식하고 관련 서약을 이행하여야 한다. 그러기 위해서는 반드시 컴플라이언스 방침에 대한 교육은 필수조건이다.

컴플라이언스 방침과 유사한 다음과 같은 것들이 있다.
- 사명mission 성명서
- 일반적인 방침 성명서
- 관리 전략 및 책임과 자원의 할당
- 표준적인 컴플라이언스 절차
- 심사Audit, 실사 및 컴플라이언스

일반 글로벌 스탠더드ISO와는 달리 ISO 37301:2021에서는 특별히 컴플라이언스 방침을 어떻게 만들라고 정한 요구사항은 없다. 다만, 컴플라이언스 방침을 만들어 '조직원들이 컴플라이언스 의무에 대해 우왕좌왕하지 않고 조직이 가고자 하는 목적지에 도달할 수 있도록 만들어야 한다.'고 명시한다. 목적지까지 가는 동안 조직 문화가 생겨나고 여러 의사결정 과정에서 조직원은 옳고 그름을 판단할 수 있게 된다.

이를 위해 방침은 첫째, 구체적이어야 한다. 추상적이라고 느끼게 되면 조직원들은 따르지 않는다. 구체성을 담보하고 있어야 조직원의 공감을 불러일으키고 그 영향력을 발휘할 수 있다. 둘째, 공개적으로 조직원을 포함한 이해관계자에게 설명해야 한다. 글로 써서 걸어 놓거나, 홈페이지에 올려놓으면 읽지 않고 공감하지 못한다. 최고 경영자는 반복적으로 설명하고 알려야 할 책임이 있다.

셋째, 단순하고 명쾌해야 한다. 이제 막 입사한 신입사원이 들어도 금방 이해할 수 있어야 한다. 넷째, 조직원들이 공감되도록 만들어야 한다. 조직원들이 이해하고 동의하지 않는 방침은 공허한 외침이다. 직원들이 자발적으로 참여를 이끌지 못하면 의미가 없다. 그래서 반복적으로 설명하고 안내해야 한다.

다섯째, 컴플라이언스 방침이 현실에서 구현되는지 꼼꼼히 체크해야 한다. 방침과 현실의 구분 없이 일관성 있게 나아가야 한다. 먼 바다를 항해하다가 망망대해茫茫大海에서 길을 잃을 수 있고 위기 상황에 초심을 놓칠 수 있다. 이처럼 컴플라이언스 방침은 조직과 조직원을 지켜 줄 수 있는 중요한 나침판이다.

ESG 경영의 근간, 컴플라이언스 솔루션.ZIP

컴플라이언스 방침에 관한 문서화된 정보의 사례는 다음과 같다.

우리는 생명 존중의 정신을 바탕으로 안전하고 품질이 우수한 의약품을 개발하여 국민과 인류의 삶의 질 향상에 기여하는 제약기업의 사명을 가지고 있다. 또한 '고객으로부터의 가장 사랑받는 기업, 임직원 모두의 독특하고 차별화된 역량과 개개인의 최고 경쟁력 보유'라는 핵심가치 아래, '공정한 경쟁을 통한 성장만이 지속가능한 진정한 경쟁력'이라는 신념을 바탕으로 正道경영을 실천하고, 지속가능한 강한 기업, 신뢰받는 기업으로 도약하고자 한다. 이에 임직원의 제반 법규 및 사규의 준수와 윤리적인 직무 수행을 위하여 컴플라이언스 방침을 제정하고 이를 선언한다.

제1조 (컴플라이언스 의무사항 준수)
회사와 임직원은 국내·외의 적용 가능한 모든 컴플라이언스 의무사항을 준수한다.

제2조 (컴플라이언스 의무사항 미준수 시 조치)
임직원이 컴플라이언스 의무사항을 위반하거나 위반을 알고도 방지하기 위한 합리적인 조치를 취하지 않은 경우, 회사는 임직원을 대신하여 책임지지 아니하며, 회사의 규정에 따라 징계조치를 취할 수 있다.

제3조 (컴플라이언스 보고)
모든 임직원은 컴플라이언스 이슈를 관리하고 컴플라이언스 책임자에게 보고할 책임이 있다.

제4조 (컴플라이언스 제보자 신분 보호)
회사는 임직원의 컴플라이언스 의무사항의 미준수를 신고할 수 있는 제도를 마련하고, 그 신고 내용 및 신고자의 인적사항을 비밀로 유지하며, 신고를 이유로 불리한 대우를 받지 않도록 보호한다.

제5조 (조직 목적에의 적합)

회사는 컴플라이언스 경영의 목적을 달성할 수 있는 컴플라이언스 경영시스템을 구축하여 지속적으로 관리하고 개선한다.

※ 위는 제약사로 ISO 37301:2021을 인증받은 기업의 홈페이지를 참고한 내용이다.

역할, 책임 및 권한
(Roles, responsibilities and authorities)

지배기구와 경영진은 적극적으로 투명한 윤리·준법 경영을 실천해야 한다. 솔선수범하지 않는 리더는 조직원들에게 신뢰를 주지 못한다. 컴플라이언스 경영 시스템의 성공 여부는 지배기구와 경영진에게 달려 있다. 이들이 관심을 가지고 다음 컴플라이언스 관련 역할의 책임과 권한이 조직 내에서 부여되고 의사소통됨을 보장하여야 한다. 따라서 다음 표와 같이 여러 가지 지원하고 참여하여야 한다.

1. 지배기구와 경영진의 책임과 권한 부여

지배기구(Governing bod)와 경영진(Management)은 다음 사항에 대한 책임과 권한을 부여하여야 한다.	
보장	CMS의 요구사항에 적합함을 보장
보고	CMS의 성과에 대해서 지배기구와 경영진에게 보고

2. 지배기구의 실행사항

지배기구(Governing bod)는 다음 사항을 실행하여야 한다.	
보장	최고경영자의 컴플라이언스 목표 달성에 비추어 측정됨을 보장
실시	CMS의 운용에 관해 최고경영자에 대한 감독 실시

최고경영자(Management)은 다음 사항을 실행하여야 한다.	
할당	CMS을 수립, 개발, 실행, 평가, 유지 및 개선하기 위한 충분하고 적절한 자원을 할당
보장	– 컴플라이언스 성과에 대한 적시 보고를 하기 위한 효과적인 시스템 정비를 보장 – 전략 목표와 운용 세부 목표 및 컴플라이언스 의무 간의 정합성을 보장 – 컴플라이언스 성과를 조직원 성과 평가에 통합함을 보장
유지	징계 조치 및 결과를 포함한 설명책임(Accountability) 메커니즘을 수립하고 유지

3. 경영진의 책임

경영진(Management)은 자기 책임 범위 내에서의 컴플라이언스에 대하여 다음의 책임이 있다.	
장려	컴플라이언스 기능(책임자)에 협력 및 지원하고 같은 일을 하도록 조직원에게 장려
보장	– 자신들의 관리 아래에 있는 모든 조직원이 조직의 컴플라이언스 의무, 방침, 프로세스 및 절차를 준수하고 있음을 보장 – 시정조치의 필요성이 식별된 경우에는 적절한 시정조치가 권고되고 실행됨을 보장
의사소통	운용에 있어서 컴플라이언스 리스크의 식별과 의사소통
통합	컴플라이언스 의무를 자신의 책임 범위에 있어서 기존의 비즈니스 관행과 절차에 통합
지원	컴플라이언스 교육 훈련 활동에 참여하고 지원

지도	컴플라이언스 의무에 대한 조직원의 의식을 높이고 교육훈련과 적격성 요구사항을 충족하도록 조직원을 지도
예방	조직원이 컴플라이언스에 관한 우려사항을 제기하도록 장려하고 어떠한 형태의 보복도 예방
참여	필요에 따라서 컴플라이언스 관련의 사건 및 이슈의 관리와 해결에 적극적으로 참여

4. 조직원의 이행

조직원(Personne)은 다음을 이행하여야 한다.	
준수	조직의 컴플라이언스 의무, 방침, 프로세스 및 절차에 대한 컴플라이언스 준수
보고	컴플라이언스에 관한 우려사항, 이슈 및 실패를 보고
참가	필요에 따라 교육 훈련에 참여

위 표의 4처럼 이사회와 경영진뿐만 아니라 모든 조직원에게 컴플라이언스 의무의 이행이 요구되고 있다. 조직원들은 준법 책임을 인식하고 효과적으로 수행하여야 한다. 이들은 교육 훈련, 방침과 절차, 그리고 행동규범 등과 같은 컴플라이언스 경영 시스템의 요소를 통해서 지원될 것이다. 더불어 컴플라이언스 경영 시스템의 성과를 지원할 수 있는 통찰과 개선에 적극적으로 기여해야 할 것이다. 컴플라이언스 문화는 누구 하나에 의해서 성장하지 않는다. 모두의 역할, 책임 및 권한이 있어야 한다.

아울러, 최고경영자와 지배기구의 컴플라이언스 의무와 책임은 면제 사항이 아니다. 그리고 잠재적 법적 책임도 위임된 인원에게 전가되지 않는다. 최근 이를 보여 주는 것이 소액주주들의 권리인 주주대표소송제이다. 회사 경영에 문제가 생겼을 경우 소액주주들의 권리를 보장하고자 생긴 제도가 바로 주주대표소송이다. 최근 이사회를 대상으로 주주대표소송에서 승소하는 사례가 종종 발생하고 있다.

상법 제403조는 발행주식의 총수의 1% 이상을 보유한 소액 주주가 회사 경영을 제대로 수행하지 못하는 이사의 책임을 추궁할 수 있도록 정하고 있다. 이는 이사의 권한 남용을 견제하고, 소액 주주의 권한을 보호하기 위한 것이다. 지배기구와 최고경영자는 과거의 관행에서 벗어나 컴플라이언스에 대한 역할, 책임 및 권한에 최선을 다해야 한다. 예방하지 않으면 개인적으로 막대한 소송비용, 시간, 정신적 고통 등이 따를 수밖에 없는 환경이 만들어지고 있다.

新 암행어사, 컴플라이언스 기능
(Compliance Function)

많은 조직에는 컴플라이언스 관리를 담당하는 전임 조직이 있다. 그리고 조직 전체에서 컴플라이언스를 총괄하는 위원회를 설치하고 있는 조직도 있다. 따라서 상법, 금융사 지배구조법, 공정거래법과 관련하여 컴플라이언스 책임자들의 제도를 비교해 보자.

명칭	준법감시인	준법지원인	자율준수 관리자
근거법규	금융회사지배구조법 (강제규정)	상법(강제규정)	공정거래법규(자율규정)
주무관청	금융위·금융감독원	법무부	공정위·공정거래조정원

명칭	준법감시인	준법지원인	자율준수관리자
업무 범위 기준	내부통제기준 (Internal-control standard)	준법 통제기준 (Compliance-control standard)	자율준수규범 (Compliance program)
업무 범위	내부통제 관련 업무 (총괄)	법적 리스크 관리 관련 업무	공정거래 CP관련 업무
법적 지위(성격)	사내이사 또는 업무 집행책임자	이사 겸직 명시 없음	규정 없음
보고기관	감사위원회	이사회	이사회

　법적 지위, 업무 범위, 책임구조는 위의 표와 같다. 독립성은 모두 같아 대부분이 임원급에서 이 임무를 수행한다. 한국의 컴플라이언스 제도가 직접적으로 도입된 것은 IMF 이후이다. 사외이사제도, 내부회계관리제도, 감사위원회, 준법감시인, 준법지원인, 자율준수관리자, 외부감사인에 관한 법률 등 많은 제도적 장치가 생겨났다. 그러나 이러한 장치는 지금 여러 횡령·배임 사건 등과 비추어 볼 때 제대로 작동되지 못하고 있다. 더불어 IMF 이후 기업지배구조 개선을 목적으로 연성규범에 의한 기업지배구조 모범규준이 생겼지만, 아직도 이 기능은 현저히 부족하다.

　여기서 주목할 점은 한국의 컴플라이언스 제도는 모두 사람人에 집중되어 있다는 점이다. 단순히 사람만 임명하면 법과 윤리를 포함한 컴플라이언스 문제가 모두 해결된다는 것은 잘못된 접근일 수 있다. 컴플라이언스는 사람을 선임하여 해결되는 것이 아니라 조직원 모두가 동참 할 수 있도록 돕는 사람을 선임·임명하는 것이다. 즉, 컴플라이언스 인식이 부족한 상태에서 책임자 1인을 선임하는 것은 형식적 요구사항에 그칠 수 있다.

그렇다고 모든 조직에서 반드시 컴플라이언스 기능Function을 만들어야 하는 것은 아니다. 일부 조직에서는 이 기능을 기존 직위에 할당하거나 해당 기능을 위탁하는 예도 있다. 아울러 할당 또는 아웃소싱 되어 활동한다고 하여 사건 발생 시 조직의 책임이 컴플라이언스 기능 또는 아웃소싱에 있다는 것은 더욱더 아니다.

기본 바탕은 경영 시스템 관점으로 전환하여 사람은 바뀌어도 시스템은 돌아갈 수 있도록 컴플라이언스 프로세스화를 만들어 놓으면 된다. 사람의 생각과 조직이 처한 환경 그리고 컴플라이언스 의무는 제각각이다. 사람이 모든 것을 다 해결할 수 없다. 맨손으로 해결하기보다 조직에 맞는 시스템이라는 도구가 사람을 도와줄 수 있다.

금융회사에 있어서 컴플라이언스 기능은 '금융회사 조직원이 직무를 수행하는 것에 있어 법규를 준수해 나가도록 하는 준법 감시체제를 마련하고 이를 운영·점검하는 활동'을 말한다. 즉, 건전한 경영 활동을 할 수 있도록 자체 점검 또는 관리하는 활동 및 체계라고 할 수 있다. 이와 마찬가지로 컴플라이언스 기능도 조직의 모든 수준에 컴플라이언스와 관련된 의사결정 프로세스의 초기에 활동할 권한이 있다.

컴플라이언스 기능은 임기를 보장받고 그동안 독립적인 업무를 수행하여야 한다. 이들은 인사명령의 대상자가 되어서는 안 된다. 인사명령이 된다면 최고 경영자가 일방적으로 해임할 수 있는 법적 근거가 되기 때문에 이사회 결의를 통해 임면받아야 한다. 임면에는 임명과 해임이 포함된다. 아무리 사유가 명백하다고 하더라도 일방적으로 임무에서 배제하는 해임은 이사회의 결의 없이 이뤄질 수 없다.

컴플라이언스 기능은 조직 내에서 급여를 받지만, 독립성을 최우선으로 하는 포지션임을 잊지 말아야 한다. 그러기 위해서는 이 기능은 체계를 갖추고 있어야 한다. 필요한 문서화된 정보 및 데이터를 생성하여야 하며 관련 법규, 규칙, 코드 및 조직 기준에 대한 전문가의 조언을 할 수 있도록 하여야 한다. 그리고 이들에게는 세 가지 운용, 감독, 제공의 책임이 있다.

첫 번째, 컴플라이언스 운용에 대한 책임이 있다.
- 컴플라이언스 의무식별의 촉진
- 컴플라이언스 리스크 평가 문서화
- 컴플라이언스 경영 시스템과 컴플라이언스 목표와의 정합성
- 컴플라이언스 성과 모니터링 및 측정
- 시정조치의 필요성을 식별하기 위한 컴플라이언스 경영 시스템의 성과 분석 및 평가
- 컴플라이언스 보고 및 문서화 시스템 수립
- 계획된 간격으로 컴플라이언스 경영 시스템이 검토됨을 보장
- 우려사항 제기를 위한 시스템 수립 및 우려사항이 다루어짐을 보장

두 번째, 컴플라이언스에 대한 다음 사항을 감독할 책임이 있다.
- 식별된 컴플라이언스 의무를 달성하는 책임이 조직 전체에 적절하게 할당됨

ESG 경영의 근간, 컴플라이언스 솔루션.ZIP

- 컴플라이언스 의무가 방침, 프로세스 및 절차에 통합됨
- 요구에 따라 모든 조직원이 훈련을 받음
- 컴플라이언스 성과지표가 설정됨

세 번째, 컴플라이언스에 대해 조직원에게 제공할 책임이 있다.
- 컴플라이언스 방침, 프로세스 및 절차에 대한 자원에 접근할 수 있는 조직원
- 컴플라이언스 관련 문제에 대해 조직에 조언

컴플라이언스 활동을 하려면 조직과 조직 상황을 파악하고 이해관계자의 니즈와 기대상황 등을 종합적 고려할 수 있는 기능이어야 한다. 조직 내 각 기능에서 업무가 구체적으로 어떻게 프로세스화되는지 등을 파악하고 법적인 문제점과 의무 그리고 리스크를 식별할 수 있는 능력이 있어야 한다. 그래야 컴플라이언스 문화를 선도할 수 있다. 아는 것이 힘이다. 모르게 되면 조직원이 다치게 되므로 이 부서에는 큰 노력이 필요하다. 그러기 위해서는 다양한 설문 조사, 리스크 평가, 인터뷰, 교육, 테스트, 실사, 내부심사, 모니터링 등을 통한 접근 방법으로 조직원들을 도와주어야 한다.

역할, 책임 및 권한에서 가끔 컴플라이언스 책임자를 대표이사가 맡는 경우가 있다. 물론 대표이사가 책임과 권한을 가지고 컴플라이언스 제도를 개혁하는 것은 좋은 취지가 될 수 있다. 그러나 다양한 역할, 책임 및 권한으로 인해 바쁜 대표이사에게는 부적합할 수 있다.

간혹 CP 등급평가와 같이 높은 등급을 받기 위하여 대표이사가 책임자를 맡는 경우가 있다. 컴플라이언스 제도를 명확히 모르는 평가자 또는 전문가(컨설턴트)가 부추기며 조언해 준 덕분이다. 준법 책임자가 된다면 그 의자가 높아진다고 판단하는 것은 잘못된 접근 방법이다. 대표이사가 책임자가 될 경우, 지속적인 컴플라이언스 업그레이드가 아니라 좋은 말로만 끝나는 선언적인 경우가 대부분이다. 따라서 컴플라이언스는 전문가에게 위임하고 그 책임과 권한을 충분히 지원해 주어야 한다.

동서고금을 막론하고 권력이 있는 곳에는 어김없이 부정부패가 있었고 지금도 그러하다. 오늘날의 정치 제도가 삼권분립을 토대로 하는 것도 권력의 독점을 막기 위해서이다. 행정부는 사법부와 입법부를, 사법부는 행정부와 입법부를, 입법부는 행정부와 사법부를 견제해야 한다. 견제와 균형은 모두를 위한 지속가능한 성장을 도울 수 있다.

과거 암행어사는 왕이 민정을 제대로 알아보기 위해 당하堂下 시종문관侍從文官을 몰래 파견하는 제도였다. 백성들의 억울함을 풀어 주어 왕도를 밝히려는 것이다. 그리고 왕의 잘못에 대해 용기 있게 친필을 올리게 되어 있다. 암행어사는 민본정치民本政治의 표상이다. 절대권력은 절대 부패하게 되어 있다. 이를 견제할 수 있는 역할이 필요하다. 이처럼 청렴결백한 컴플라이언스 기능을 가진 조직 또는 사람이 지배구조로부터 적절한 위임을 받아 조직과 조직원을 위해 암행어사처럼 일해야 한다.

ESG 경영의 근간, 컴플라이언스 솔루션.ZIP

요소 3: 컴플라이언스 리스크와 기회(기획)

리스크와 기회를 다루는 조치를 하려면
(Actions to address Risks and Opportunities)

여기서 설명할 컴플라이언스 경영 시스템에서는 기획Planning을 다룬다. 기획의 목적은 잠재적인 시나리오와 결과를 예측하는 것으로, 컴플라이언스를 올바르게 설계하여 사전에 리스크를 예방하기 위함이다. 리스크Risk가 있으면 반드시 기회Opportunities도 있다. 리스크를 기회로 만드는 전략은 회복 탄력성Resilience을 얻으면 된다.

경영하는 과정에서 크고 작은 다양한 역경과 시련의 실패에 대한 인식을 도약의 발판으로 삼아 더 높이 뛰어오르는 전략을 세우면 된다. 그래서 조직은 컴플라이언스 리스크 평가 결과를 바탕으로, 바람직하지 않은 영향이 발생하기 전에 대처하는 방법과 대응 능력을 뒷받침할 수 있다. 그리고 유리한 조건이나 상황으로부터 이익을 얻는 기회를 가질 수 있다.

부패방지의 관점에서 리스크와 기회로 나눠 보자. 부패방지를 제대로 실행하지 못하였을 경우, 윤리적 리스크로 모든 관련 이해관계자의 시선이 악화되고 조직원의 도덕성은 감소해 컴플라이언스 문화 형성이 어렵게 된다. 법적 리스크는 민·형사상 처벌을 받고 정부의 부패 척결 의지를 증가시킬 뿐만 아니라 다양한 이해관계자에게 부정적 이미지를 각인시켜 사업 활동에 제약이 걸린다. 경제적 리스크는 기업 경영 및 조달 비용을 증가하게 만들며, 상당한 벌금 부과 및 계약 해지로 이어진다. 또한, 거래 금지 등 경제적 손실 등이 발생한다.

마지막 평판 리스크는 가장 큰 리스크로 회복하기 힘들다. 조직에 대해 한번 형성된 나쁜 이미지는 쉽게 변형되지 않기 때문에 조직은 이미지 형성에 매우 신중할 필요가 있다. 많은 기업을 보아 왔듯이 나쁜 이미지는 단기적으로 주가에 타격을 입히며 장기적으로는 브랜드 평판이 하락하여 사업 몰락을 겪을 수 있다.

반면 부패방지를 적극적으로 실행함으로써 청렴 이미지를 구축하여 거래 간 확실성을 제공할 수 있다. 이로 인해 높은 윤리 기준을 갖췄다는 신뢰를 형성하게 된다. 이러한 법규 준수로 다양한 이해관계자가 해당 조직을 신뢰 있는 거래의 입지로 바라볼 것이다. 또 조직을 이용하는 고객과 조직 내부의 근로자는 인식이 향상되어 자부심이 늘어날 것이다. 궁극적으로 지속가능경영을 하게 되어 인재 확보와 기업 거래의 확실성이 증가한다. 당연히 사회적, 경제적, 환경적으로 발전된다.

따라서 리스크와 기회를 다루는 조치에는 컴플라이언스 경영 시스템에 필요하거나 유익하다고 생각되는 조치를 사업 활동 및 프로세스에 통합하는 방법에 대한 결정도 포함하여야 할 것이다. 그리고 효과성을 평가하기 위한 통제수단도 계획되어야 할 것이다. 그 방법에는 교육, 목표, 우려제기, 모니터링, 실사, 내부심사 또는 경영검토가 포함될 수 있다. 아래 SWOT 분석으로 본 컴플라이언스 정의를 참고하기 바란다.

S (Strength)	강점은 무엇인가?	약점은 무엇인가?	W (Weakness)
	− 지배기구 및 CEO의 강력한 윤리강령 의지 입증 − 기존 CP 등 관련 업무 수행 경험 − 내부 관련 전문 인력 확보 − 사내 규정(내부제보 등) 확보 − 정부 조사와 감사 대응 경험	− 예방 비용에 따른 비용 부담 − 해외 적용을 위한 인프라 미흡 − 경영 시스템 이해 부족 − 담당 업무 증가 − 관련 인프라 부족 − 영업위축 우려	
	− 정부 정책 부패 척결 대응 − 기업 이미지 및 가치 상승 − 지속가능한 사업 경영 − 이사회 등 이해관계자의 인식 향상 − 외부 신뢰 및 투자 유입 가능 향상 − 우려 제기를 통한 내부 문제점 해결 − 내부통제 강화 − 양벌규정 대비	− 지속된 COVID-19 상황 − 관련 업계의 불황 지속 − 고객 요구 다양화, 복잡화 − 외부 리스크 요인 증가 − 정부의 강력한 법 위반 처벌 의지 − 위반 행위 거래 금지 및 중지	
O (Opportunities)	기회는 무엇인가?	위협은 무엇인가?	T (Threats)

컴플라이언스 목표 및 목표 달성 기획
(Compliance objectives and planning to achieve them)

목표는 컴플라이언스 경영 시스템이 가고자 하는 방향으로 설정할 수 있어야 한다. 그래서 조직은 관련된 기능과 관점에서 컴플라이언스 목표를 수립하여야 한다. 컴플라이언스 방침과 일관성 있게 결과가 측정

될 수 있도록 구체화되어야 한다. 그러기 위해서는 적용되는 요구사항을 고려할 필요가 있다. 목표의 상태와 진척 상황은 필요에 따라 정기적으로 모니터링, 기록, 평가 및 갱신되고 문서화된 정보로 이용 가능해야 한다. 예를 들어 관련 인원에게 교육 훈련을 실시하여 대상, 필요한 자원, 책임자, 목표 달성 시기, 결과의 평가 방법 등을 구체적으로 결정하면 된다.

컴플라이언스 변경 기획
(Planning of changes)

조직이 컴플라이언스 경영 시스템의 변경 필요성을 결정한 경우에는 계획된 방법으로 실시하면 된다. 그러기 위해서는 변경의 목적과 그 잠재적인 결과를 고려하여 시나리오를 짜야 한다. 컴플라이언스는 매우 다양한 영역과 연계되어 있다. 변경 시 신중하지 못하였을 경우 변경의 실패로 인한 행정 낭비가 있을 수 있다. 실제로 준법통제(금융), 내부통제(상법), CP(공정거래), ISO 37301:2021(컴플라이언스) 등이 혼재하여 많은 기업에서 어느 기준을 통합하고 관리해야 할지에 대해 많은 변경과 과도기를 겪기도 한다.

따라서 결론은 컴플라이언스 경영 시스템 설계와 운용의 효과성을 신중히 파악하여 변경하여야 한다. 그러기 위해 충분한 자원의 사용 가능성과 책임과 권한의 할당 또는 재할당될 수 있다.

따라서 요소 3 컴플라이언스 목표 및 목표 달성 기획에 관한 실무직 문서화된 정보는 다음과 같다.

목표 설정 (6.2)	책임자	필요 자원	달성 기한	결과의 평가 방법
(공통) 준법 교육 (비공통) 권고 및 부적합 통제	인사 부서장	예산지원 통제 지원	1/3분기	문서

요소 4: 기준 및 절차에 대한 교육과 의사소통

컴플라이언스 전문 자원
(Resources)

앞서 요소 1~3까지는 PDCA 중 Plan을 다뤘다면 이 장에서는 경영 시스템의 Do(실행) 지원을 전반적으로 다룬다. 어떤 것이든지 무엇을 만들 때는 자원Resources이 있어야 한다. 자원이 있어야 조직은 컴플라이언스 경영 시스템에 대한 수립, 실행, 유지 및 지속적 개선을 할 수 있다.

그러기 위해서는 제일 먼저 적격한 인원人이 필요할 것이다. 여기서 적격성Competence이란 의도한 결과 및 기능을 효과적으로 달성하기 위해 지식, 경험, 스킬을 적용하는 사람의 능력을 말한다. 이러한 인원은 조직 내 컴플라이언스 성과에 영향을 미치는 모든 인원에 해당한다. 가령 컴플라이언스 기능의 책임자, 담당자, 리스크 평가자, 강사, 모니터링 담당자, 각 부서의 핵심 Key-man 등이 될 것이다. 이러한 업무를 수행하는 데 필요한 전문지식, 경험, 스킬을 적격하게 갖추고 있어야 한다.

필자의 경험으로 이 적격성을 갖추지 않은 주니어_{Junior}급에서 책임자가 되거나 대표이사 아드님이 내부제보를 접수하는 경우가 일부 있었다. 앞서 설명한 것처럼 우리나라 컴플라이언스 제도는 준법지원인, 준법감시인 등의 법률 제도에서는 대부분 변호사가 수행한다. 어떤 기업에서는 이제 막 로스쿨을 졸업한 20대 변호사가 컴플라이언스 기능을 맡아서 그 역할과 책임 그리고 권한을 담당하고 있다. 적격성은 단순히 자격_{Certification}만 갖추었다고 해서 그 일에 알맞은 능력을 증명하는 것이 아니다.

적격한 인원을 보장하기 위해서 이들은 적격한 학력, 교육 훈련, 경험을 토대로 다시 한번 그 조치의 적절한 효과성을 평가받아야 한다. 가령 과거 컴플라이언스를 지키지 않았던 법률 위반자 또는 준법 리스크가 높은 인원이 교육 훈련을 받고 컴플라이언스 기능을 담당하는 것은 맞지 않을 수 있다. 그리고 이러한 적격성의 증거로서 충분하다고 믿는 정도의 적절한 문서화된 정보로 이용할 수 있게 해야 한다.

아울러 조직은 사업 운영에 적절한 자원을 확보하기 위하여 향후 고용되는 조직원들에 관하여 고용 프로세스를 개발, 수립, 실행 및 유지하여야 한다. 즉, 고용 단계에서부터 기업이 추구하는 윤리적·준법적 가치에 맞는 조직원을 채용하여 부정 리스크를 낮추어야 한다. 드라마 〈SKY 캐슬〉 중에 이러한 대사가 나온다. "연장은 고쳐 써도 되지만 사람은 고쳐 쓰는 게 아니다." 즉, 사람은 고쳐 쓰는 것이 아니라 올바른 사람을 선택해야 한다.

인사가 만사라고 한다. 사람을 채용하고 배치하는 인사人事와 만 가지의 일, 다시 말해 모든 일을 뜻하는 만사萬事라고 한다. 올바른 인재를 채용하여 적시적소에 배치하는 것이 모든 일을 잘 풀리게 하는 순리대로 돌아가야 한다. 재능과 인품을 골고루 갖춘 조직원을 채용하기란 쉽지 않다. 예를 들어, 과거 성과가 높은 경력직 중 일부 후배들에게 채찍질과 부정한 방법으로 성과를 올리는 인원들이 있다. 사람의 본성은 쉽게 바뀌지 않으며, 그걸 쉽게 바꿀 수도 없다. 기본적으로 올바른 자원을 확보해야 한다. 그러기 위해서는 고용 조건으로 조직원들에게 조직의 컴플라이언스 의무, 방침, 프로세스 및 절차를 지킬 것을 요구하도록 근로계약서, 서약서 등을 작성할 수 있어야 한다.

그리고 고용이 시작된 이후 합리적 기간 내에, 조직원에게 컴플라이언스 방침에 대한 사본 제공 또는 접근 권한을 부여하고 방침과 관련하여 충분히 교육시켜야 한다. 이러한 조직원이 조직의 컴플라이언스 의무, 방침, 프로세스 및 절차를 위반한 조직원에 대해서는 적절한 징계 조처를 할 수 있음을 알려 주어야 할 것이다.

특히 인사 부서에서는 고용 프로세스의 일부로서 역할과 조직원에 의해 초래되는 컴플라이언스 리스크를 고려하여 고용 전, 전보 전 그리고 승진 전 필요에 따라 실사實査, Due diligence 절차를 적용하여야 한다. 여기서 실사는 부정적인 영향을 회피 및 완화하기 위한 목적이다. 또한, 어떤 프로젝트나 조직 활동의 전 과정에 걸친 조직의 의사결정 및 활동의 실질적이고 잠재적·부정적·사회적·환경적·경제적 영향을 식별하려는 포괄적이고 능동적인 프로세스이다. 그리고 리스크의 성질 및 정도를 심도 있게 평가하여, 조직의 특정 거래, 프로젝트, 활동, 비즈니스 관련자나 인원에 관한 결정을 하도록 돕기 위한 프로세스를 말한다.

여기서 실實은 열매를 말한다. 즉, 나무 위에 열매가 열렸는지 열리지 않았는지 직접 눈으로 세심히 심도 있게 들여다봐야 한다는 것이다. 그러나 실사는 완벽한 도구가 아닐 수 있다. 실사를 하였다고 하여 그 조직 및 조직원에게 문제가 없다는 것이 아니기 때문이다. 그럼에도 불구하고 실사를 통하여 리스크를 한 단계 더 최소화할 수 있다. 성과 목표, 성과급 및 기타 인센티브를 정기적으로 검토하는 프로세스인 실사를 실행하고, 컴플라이언스 의무 불이행을 예방하는 적절한 조치가 진행되고 있는지 검증하는 역할을 하기 때문이다.

때로는 인원을 채용하거나 기존 임직원을 승진시키기 전에, 정보를 찾아보거나 신원조사를 포함한 실사를 진행할 수 있다. 이러한 조치는 우리 조직이 올바른 컴플라이언스 문화를 확립하려는 전제 조치로, 향후 함께하게 될 인원과 내부 인원에 대해 명확한 메시지를 줌으로써 컴플라이언스 의지를 표명하는 방법이다.

컴플라이언스 교육훈련과 인식

(Training and Awareness)

우리 인간은 많은 교육을 받으며 살아간다. 그렇다면 왜 우리는 시간과 큰 비용까지 지급하면서까지 배우는가? 정보를 얻어서 옳고 그름을 판단하기 위해서이다. 특히 윤리·준법은 알아야 지킬 수 있는 것이다. 컴플라이언스 교육 훈련의 목표는 조직의 컴플라이언스 문화와 컴플라이언스에 대한 의지 표명과 일치하는 방법으로 조직원들이 직무를 수행하는 데 적절한 정보를 제공하기 위함이다.

적절하게 설계된 교육 훈련은 조직원이 이전에는 식별되어 있지 않았던 컴플라이언스 리스크에 대해 의사소통하는 효과적인 방법을 제공할 수 있다. 그런데도 많은 글로벌 기업의 약 75%가 이사회와 최고 경영자에게 컴플라이언스와 윤리에 대한 교육 훈련을 실시하지 않고 있다. 그리고 사건이 일어나면 요식행위에 가까운 교육을 진행할 뿐이다. 미리 대응하였으면 그러한 사건이 일어나지 않았을 텐데 한 발 늦게 후속 조치 교육을 실시한다.

통섭의 과학자, 최재천 이화여대 석좌교수가 쓴 『최재천의 공부(어떻게 배우며 살 것인가)』에서는 다양한 교육에 대해 논한다. 그중에서 최재천 교수가 독서 강연을 할 때 코끼리 똥 누는 사진을 화면으로 띄운다고 한다. 생각해 보면 코끼리 똥은 양이 엄청나다. 그리고 또 엄청 먹는다. 들어간 게 있어야 나오는 법이다. 독서를 안 하는데도 글을 제법 쓴다는 말은 맞지 않다는 메시지를 주는 것이다.

여기서 교육도 마찬가지다. 태어날 때부터 죽을 때까지 배워야 할 것들이 많다. 윤리·준법도 끊임없이 배워야 한다. 윤리는 이미 초등학교 때 배웠지만 그 이후로는 국·영·수에 밀려 중요도가 줄어든다. 우리가 배우지 못하면 몰라서 못 지키거나, 인식 부족 또는 유혹에 못 이겨 윤리·준법을 어기고 만다. 그리고 후회한다.

이에 컴플라이언스 교육은 효과적인 컴플라이언스 경영 시스템을 운영하기 위하여 중요한 열쇠 중 하나이다. 기업의 컴플라이언스 의지를 명확히 표명할 수 있을 뿐만 아니라 윤리경영 문화로 발전시킬 수 있으며 조직원의 위법행위에 대한 사전적 예방과 대처 방법에 대해 알려 줄 수 있다. 또한, 교육 훈련을 통해 조직원들에게 무엇을 준수해야 하고 무엇을 하면 안 되는지에 대해 명확한 준법 메시지를 줄 수 있다. 그리고 왜 필요한지, 어떻게 대처해야 하는지, 위반하였을 때 어떠한 처벌을 받을 수 있는지도 명시해야 한다.

그러나 필자의 경험에 의하면, 윤리·준법 교육에 대한 조직원의 냉소적 시각도 일부 존재한다. 강사의 스킬 부족 또는 이론 위주의 재미없는 교육은 시간만 낭비하는 교육 훈련이 되고 만다. 내·외부 사건과 외부의 강요로 마지못해 받는 경우도 그렇다. 교육의 내용은 좋지만, 이벤트성이라는 생각과 결국 기업은 이윤을 추구할 거면서 왜 교육을 필요로 하는지에 대해 의구심까지 갖기도 한다. 이러한 냉소적인 시각은 조직의 윤리·준법 문화가 뿌리내리지 못한 데서 발생하는 의견들이다. 그렇기에 컴플라이언스 교육의 효과를 높이기 위해서는 교육 대상, 수준, 방법, 내용 등을 신중하게 고민하여 설계하여야 한다. 단적인 예로 임원진에게는 교육보다는 설명회가 더 어울릴 수도 있다.

사실 윤리·준법은 가르치거나 정해진 문제의 답을 제시하는 과정이 아니라 올바른 의사결정을 돕기 위한 반복적 훈련이다. 그래서 컴플라이언스 기능은 조직원에게 조금 더 쉽고 편하게 이해할 수 있도록 제공하여야 한다. 또한, 지속적이고 반복적으로 훈련을 제공하여 그 효과성을 높이도록 설문지 등으로 결과를 평가하고 개선하여야 한다. 반복적인 윤리·준법 교육은 조직원들을 차츰 변화시켜 건강한 조직의 토대를 마련할 수 있다. 그리고 교육을 통하여 윤리·준법의 부족한 부분을 개선할 수 있다.

교육 대상은 내부와 외부로 나눌 수 있다. 내부는 경영진, 팀장급, 실무자급, 신입직원 등에 따라 차등적으로 그들의 역할과 책임에 맞는 교육을 진행할 필요가 있다. 반면 외부는 거래처, 아웃소싱업체, 계열사, 자회사 등을 대상으로 컴플라이언스의 중요성과 인식 그리고 관계에서 발생할 수 있는 리스크 교육이 필요하다. 교육의 결과물로는 교육 과정에 대해 참석 현황, 교육 자료, 설문지, 결과보고서 등을 기록·보관하여야 향후 법 위반에 대한 입증 가능한 컴플라이언스 데이터가 마련된다. 어렵고 냉소적인 시각의 컴플라이언스 교육 참여에 대해서는 KPI(핵심성과지표)로 업무 평가 시 반영된다면 효과적인 참여를 이끌 수 있다. 필자가 경험한 바로 효과적인 컴플라이언스가 운영되는 기업은 대부분 교육훈련을 KPI에 반영하여 동원이 아닌 동참 효과를 높이고 있다.

교육내용은 각 기능(부서)의 업무와 관련하여 실무적으로 흥미를 유발할 수 있도록 쉽고 재미있는 사례 위주의 교육이 되어야 한다. 그리고 경각심을 불러일으킬 수 있도록 다양한 사례 위주의 교육도 효과적일 것이다.

컴플라이언스에서 법률 교육은 필수적이다. 대한민국이 정한 법정 의무 교육은 필수 의무사항이다. 직장 내 성희롱 예방 교육(남녀고용평등법), 개인정보보호 교육(개인정보 보호법), 직장 내 장애인 인식개선 교육(장애인고용촉진 및 직업재활법), 산업안전 및 보건교육(산업안전보건법), 퇴직연금교육(근로자퇴직급여 보장법)이 있다. 이외에도 윤리·준법 교육은 무수히 많다. 반부패, 갑질, 인권, 성희롱, 정보보안, 직권남용, 내부제보, 공정거래, 자금세탁 등 정기적인 기본교육이 필요하다.

또한, 특별 교육과정을 개설하여 리스크가 높은 부서나 이슈 발생 시 그 직급과 기능에 맞는 교육과정을 개설·운영할 수 있다. 교육 훈련의 종류는 다양하다. 교육과정으로 나누어 본다면 일반적으로 컴플라이언스 방침, 내부제보 방법, 의무식별 및 컴플라이언스 리스크 평가, 컴플라이언스 이슈, 통제 방법 등이 있을 수 있다. 교육훈련을 통해 임직원들은 컴플라이언스를 인식Awareness할 수 있다.

> 컴플라이언스 인식의 향상은 다음과 같은 방법으로 달성될 수 있지만, 이에 국한되지는 않는다.
> • 교육훈련(대면 또는 비대면)
> • 최고경영자로부터의 의사소통
> • 쉽게 따라 할 수 있고 쉽게 접근할 수 있는 참고 자료
> • 컴플라이언스 이슈에 대한 정기적인 업데이트

교육훈련과 더불어 조직은 경영층의 컴플라이언스 경영 의지에 대한 내·외부 의사소통의 내용, 실시 시기, 대상자, 방법 등을 결정하여야 한다. 그리고 입증 가능한 문서화된 정보로서 의사소통의 결과를 보유하여야 한다.

먼저 대상자는 조직의 다양한 이해관계자를 포함하여야 한다. 좁은 범위로 임직원과 이사회가 있을 수 있다. 더 넓은 범위로는 규제기관, 고객, 계약자, 공급업자, 금융기관, 투자자, 언론, 비정부기구 및 지역주민 등 다양한 이해관계자가 있을 수 있다. 컴플라이언스는 그만큼 영영이 광범위하다. 그렇기 때문에 컴플라이언스 기능에서는 상호작용을

조정하고 촉진하기 위해 적절한 지식과 커뮤니케이션을 갖춘 제너럴 리스트Generalist를 배정해야 한다. 특정 분야에만 목적의식을 가지고 자신의 분야에 집중하는 스페셜 리스트Specialist보다 다방면에 걸쳐 많이 아는 박학다식한 제너럴 리스트Generalist가 조직을 둘러싸고 있는 다양한 이해관계자와 의사소통하기 수월하다.

의사소통 방법에는 웹사이트와 이메일, 보도자료, 광고와 정기 뉴스레터, 연례(또는 다른 정기적인) 보고서, 비공식 토론, 공개일(일반 참관일), 포커스 그룹, 지역사회와의 대화, 지역사회 행사 참여와 전화 핫라인을 포함할 수 있다. 이러한 접근 방법은 컴플라이언스에 대한 조직의 의지 표명을 이해하고 수용하도록 촉진할 수 있다. 의사소통은 투명성, 적절성, 신뢰성, 대응성, 접근성 및 명확성의 원칙에 따라야 컴플라이언스 문화를 확산시켜 나갈 수 있다. 또한, 컴플라이언스 의사소통의 요구를 고려할 때 다양성과 잠재적인 장벽의 측면을 생각해 볼 수 있다. 예를 들면 언어 또는 문화가 다르거나 이해도가 높고 낮을 수 있다.

의사소통 프로세스는 컴플라이언스에 관련된 정보를 외부로 전달하고 컴플라이언스 문화, 목표 및 의무에 관한 의사소통을 포함하는 것이다. 예를 들면 내부제보 시스템에 대한 교육은 필수이다. 내부의 문제점을 내부에서 처리하여 개선할 수 있는 좋은 제도이기 때문이다. 이 시스템이 제대로 작동하지 않는다면 임직원들은 외부 채널에 의존하게 된다. 즉, 부풀어 오르는 풍선의 바람을 내부에서 빼는 것이 아니라 외부에서 터트리게 된다.

그러나 필자가 경험한 바로는 이러한 교육을 제대로 하지 않는 경우가 대부분이다. 대부분 자사 홈페이지에 게시하고 실적은 전무한 경우가 대부분이다. 대부분의 임직원은 자사의 홈페이지에 잘 들어가지 않는다. 경영진 또한 이러한 메시지를 장려하지 않거나 관심이 없다. 임직원들은 내부제보 시스템이 있는지도 모르고 어떻게 신고하고 보호받는지에 대해 인지하지 못하는 경우가 많다.

컴플라이언스의 문화 확산은 어려운 것이 아니다. 지속적이고 반복적인 윤리·준법 교육이 정답이며 필수이다. 마치 우리 몸에 물이 필수인 것처럼 조직이 지속적인 성장을 하기 위해서는 교육훈련이 반드시 이루어져야 한다.

문서화된 정보
(Documented information)

살면서 깨달은 것이 있다. 규칙으로 만들어지는 것은 다 이유가 있다는 것이다. 이유가 있어서 만들어진 규칙을 나 스스로 깰 필요는 없다. 세상은 나 혼자 살아갈 수 없는 곳이기 때문이다. 조직에서도 다양한 규정을 만든다. 그리고 그것을 '문서화된 정보'라고 한다.

조직에서 문서화된 정보는 조직에 의해 생산, 접수, 관리하는 모든 정보를 포괄적으로 의미한다. 이는 문자를 포함한 여러 표현의 수단으로 저장 가능한 매체에 수록된 정보를 의미하기도 한다.

회사는 혼자 일하는 조직이 아니다. 무엇인가 절차적으로 만든 문서가 필요하다. 모두가 이해했고, 모두가 약속했고, 모두가 따라야 하는 것을 규정으로 만드는 것이다. 보통 규정은 경영진과 이사회의 승인하에 모든 임직원이 따라야 하는 정보를 담고 있다. 그리고 임직원 누구나 쉽고 편하게 접근할 수 있도록 배포되고 있다.

그러나 문서화된 정보, 즉 규정을 잘못 만들면 늪에 빠질 수 있다. 가령 한 가지 일에 여러 문제가 관여되었을 때 그 나름의 질서를 지키고 생산성을 유지하기 위해 머리를 맞대어 여러 규정을 만든다. 하지만 규정은 시간이 흐르고 일의 규모가 커지면서 현실과 맞지 않는 부분이 드러난다. 결국, 형식적 규정은 껍데기만 남고 실제론 '눈 가리고 아웅' 식으로 규정을 편리하게 빠져나가는 경우가 늘어난다. 사람들은 그런 문제를 해결하기 위해 또 다른 방법을 생각해 내고 규정을 개선하거나 새로운 틀을 만든다.

> *"모든 일엔 모순이 내재돼 있어 시간이 흐를수록 대립이 생겨난다.*
> *인간은 끊임없이 그 모순과 대립을 해결하려 노력하는 존재이기*
> *때문이다."*

19세기 독일 관념 철학자 헤겔 *Georg Wilhelm Friedrich Hegel*(1770~1831)이 남긴 이 말은 규정이 지닌 역설을 잘 보여 준다. 실제로 헤겔은 역사 History 를 질서 형성, 모순 심화, 해결 노력, (그에 따른) 변화 등이 이어지는 과정으로 해석했다. 컴플라이언스 분야도 예외가 아니다. '기업은 현대 사회에서 가장 막강한 힘을 가진 존재 중 하나인 만큼 사회적 영향에 대해서도 기업 스스로 책임져야 한다.'라는 사실을 이제 누구나 인정하게 됐다. 대부분 기업은 그 점을 받아들여 사회적 책임과 같은 노력을 다하려 한다.

결국, 문제는 어떻게 하면 기업이 사회에 끼치는 영향력을 좋은 방향으로 이끌 수 있는지, 그리고 그 성과를 일반인이 알 수 있게 하는 방법은 무엇인지 하는 것이다. 이를 반영하고 있는 트렌드가 ESG이다. 산업화를 거치면서 기업의 영향력은 점차 막강해졌다. 그리고 이해관계자는 기업이 욕심내어 이윤만 추구할 게 아니라, 재무적 성과(정보)뿐만 아니라 비재무적 성과까지도 투명하게 공개하라고 요청한다. ESG를 적극 실천하기 위해 효과적인 컴플라이언스 경영 시스템이 도와야 하며 그것이 곧 문서화된 정보로 반영되어야 한다는 것이다.

조직이 효과적인 컴플라이언스 경영 시스템을 작동하기 위해서는 일련의 작성 절차 및 양식 등을 제정하고 관리하여야 한다. 또한, 구체적인 항목에서 빠짐없이 보고할 수 있어야 한다. 그래야 컴플라이언스 경영 시스템의 효과성을 신뢰성 있게 입증할 수 있다. 더불어 중요 개정사항이 발생 되는 경우 이사회 의결사항으로 거쳐 개정 승인을 받아야 한다. 지배기구(이사회)의 참여는 좀 더 효과적인 컴플라이언스 경영 시스템을 갖출 수 있는 탄력을 받게 된다.

덧붙여 다른 규정과의 관계에서 컴플라이언스 경영 시스템을 최상위 규정으로 정하고 세부 규정들은 각 기능(부서)의 상황과 연계시키면 좋다. 예를 들어 인사 채용과 관련하여 고용 프로세스상에서 실사 기준을 컴플라이언스 경영 시스템과 연계하면 좋을 것이다. 새롭게 입사하는 인원과 기존 조직원을 필터링하여 사람이 일으키는 문제를 최소화할 수 있다.

따라서 문서화된 정보는 단지 선언적 의미와 장롱면허처럼 사용하지 않는 규정으로 그쳐서는 안 된다. 실제 각 기능과 계층에서 실제

업무를 통제할 수 있도록 설계되어야 하며, 적절한 시기에 수정, 보완되면서 최신본을 유지해야 효과적인 컴플라이언스 경영 시스템이 될 수 있다.

조직의 컴플라이언스 방침과 절차는 다음을 포함해 만들어야 한다.
- 컴플라이언스 경영 시스템의 목표, 세부 목표, 구조 및 내용
- 컴플라이언스 역할과 책임의 할당
- 관련된 컴플라이언스 의무 등록
- 컴플라이언스 리스크 등록과 리스크 평가 프로세스에 근거한 대처의 우선순위 부여
- 컴플라이언스 의무 불이행, 위기일발 사태 및 조사의 등록
- 연간 컴플라이언스 계획
- 교육 훈련 기록을 포함하나 이에 국한되지 않는 인사 기록
- 심사 프로세스, 심사 일정 및 관련된 심사 기록

간혹 문서화된 정보의 개념을 모르는 심사원/평가자는 출력된 종이만 문서화된 정보로 오해하는 경우가 있다. 디지털 시대에 뒤떨어진 생각이다. 문서화된 정보는 모든 종류의 미디어(디지털 및 비디지털)로 구성할 수 있다.

그리고 이 문서화된 정보는 식별되고 갱신되어야 한다. 이를 위해 적절성 및 충족성을 입증하려는 검토 및 승인이 이뤄져 신뢰성을 입증할 수 있다. 관리 측면에서는 필요한 장소 및 시기에 사용할 수 있고 사용하기에도 적절하여야 한다. 그리고 누군가로부터 훼손되지 않게

충분하게 보호되어야 한다. 컴플라이언스는 기록 관리가 중요하다. 기밀 유지에 실패하거나, 부적절한 사용 또는 완전성의 훼손으로부터 보호를 받지 못한다면 효과적인 컴플라이언스 경영 시스템을 운영하였다고 보기 힘들 것이다.

컴플라이언스에 대한 문서화된 정보는 회사의 업무 데이터와는 차원이 다르다. 법과 규정 등을 다루는 문서이기에 함부로 외부에 공개되어서도 안 되며 절대로 훼손되어서는 안 된다. 그렇다고 모든 컴플라이언스 문서가 공개되면 안 된다는 것은 아니다. 예를 들면 방침Policy은 최고의 경영자에 의해 공식적으로 표명된 조직의 의도 및 방향이다. 이 방침은 이사회의 의결사항으로써 정식 승인받아야 하고 전 조직원들이 따라야 하는 헌법과도 같은 것이다. 그리고 이해관계자에게 공표되어야 한다. 조직이 추구하고자 하는 준법에 대한 의지 표명이기 때문이다.

대부분의 ISO 규격의 7.5항(문서화된 정보)에서도 이를 반영하고 있다. 과거 ISO 9001(품질 경영 시스템)과 ISO 14001(환경 경영 시스템)의 2008년 버전 규격에서는 '매뉴얼'을 반드시 요구하였으나 규격이 업그레이드되면서 2015년 버전 이후에서는 요구하지 않는다. 현재는 조직이 정하여 매뉴얼, 절차서를 만들거나 조직의 내재화된 규정으로 녹여 내어 운영되고 있다. 예를 들어 매뉴얼, 절차서, 지침서 등을 만들고자 하면 다음과 같다.

- 매뉴얼Manual은 상호 관련되거나 상호 작용하는 요소의 집합체이다. 법을 국회에서 제정하는 것처럼 회사에서도 경영자가 만들고

이사회에서 승인받는 것이다.

- 절차서Procedures는 활동 또는 프로세스를 수행하기 위하여 규정된 방식으로 순차적인 로직Logic이다. 시행령과 같이 명령으로 법이 있을 때 그에 대한 상세한 내용을 규율하기 위한 것이다.
- 지침서Instructions는 상위 절차서에서 정한 세부 활동Activity을 정한 것이다. 시행규칙이다.

어느 정도 시스템이 고도화되길 바라는 조직은 별도의 매뉴얼 형식이 아닌 사내 CP, 윤리강령 및 윤리 규범, 사내규정, 체크리스트 등 규정에 통합하여 운영할 수 있다. 이렇게 되면 내재화가 되어 각 부서에서 쉽게 적용 가능한 모두의 시스템이 될 수 있다. 하지만 초기 사내규정 등을 변경하면서 시스템에 녹여 내기란 쉽지 않다. 대부분 사내규정은 이사회 승인 건이므로, 각 부서와의 의견 차이도 있을 수 있다. 앞서 설명한 바와 같이 빠른 기간 내에 만들면 규정의 함정에 빠질 수 있다. 더불어 컴플라이언스 경영 시스템이 도입된 역사가 그리 길지 않다. 따라서 초기 매뉴얼 형태로 구성하여 운영한 후 시스템을 내재화하여 문화로 만드는 것을 추천한다.

앞서 언급한 것과 같이 시스템을 반드시 매뉴얼, 절차서, 지침서로 만들 필요는 없다. 조직이 요구사항에 알맞은 방식과 형태로 직접 정하면 된다. 추가적으로 문서화된 정보와 관련하여 더 알고자 하는 독자는 ISO 30301:2019(Information and documentation - Management systems for records - Requirements)를 참고하기를 바란다. 이 규격은 조직 비전 달성을 위한 표준이다. 2019년 이 규격으

ESG 경영의 근간, 컴플라이언스 솔루션.ZIP

로 인하여 ISO가 문서관리 수준에서 경영 시스템 측면으로 전면 변경되었다. 즉, 기록 업무가 문서 창고 수준에서 체계화된 경영 시스템의 차원으로 향상된 것이다. 또한, 다른 ISO 경영 시스템과 호환 및 상호 보완하여 기록경영에 대한 한 차원 높은 지식을 전달받을 수 있다.

제도란 현실에 기반을 두고 만들어야 한다. 그렇지 않으면 가끔 규정의 함정에 빠지고 만다. 컴플라이언스 제도는 분명 좋은 제도이다. 그러나 잘못 만들면 돈만 쓰고 조직원들을 괴롭히는 시스템으로 전락하고 만다. 충분하게 고려하여 효과적인 컴플라이언스 경영 시스템을 만들어야 한다.

요소 5: 실무적이고 효과적인 컴플라이언스 운용

컴플라이언스 운용 기획 및 관리(통제)
(Operational planning and control)

공교롭게도 이 책을 쓰고 있는 시점에 임직원이 회삿돈을 대규모로 빼돌린 내부통제 실패(횡령 사건)가 최근 언론을 통해 보도되고 있다. 그것도 강력한 내부통제시스템을 갖춘 금융권에서 2021년 한 해에 확인된 내부 금전비리 사고만 약 40건 이상인 것으로 파악되었다. 4차 산업을 앞둔 현재 놀랄 만한 사건이 벌어지고 있다. 모두 부실한 내부·준법통제에 기인한다.

세계에서 가장 장대한 규모의 군사시설인 만리장성의 경우 축조하는 데만 약 2천 년 이상 걸렸고 막대한 세금과 노동력으로 완성되었다. 기원전 220년 중국을 통일한 진시황은 거대한 제국을 북방민으로부터 지키기 위해 축조하였다. 외부의 적으로부터 몇 번의 위기가 있었지만 결국 뚫린 것은 외부의 적보다는 내부의 관리(통제) 부족으로 인해서였다. 이에 대해 런던 버벡대의 줄리아 러벨*Julia Lovell* 교수는 "위대한 성벽

건설자인 명나라는 북동쪽에 있는 만주족 침입으로부터 전혀 보호를 받지 못했고, 이에 불만을 품은 중국의 한 장군은 왕조에 불만을 품고 만주족이 명나라로 들어오도록 문을 열어 주었다."고 설명했다. 러벨 교수는 "이로 인해 19세기까지 중국의 많은 사람들은 만리장성을 돈과 시간을 들이고 엄청나게 값비싼 실패를 겪은 '전략적 어리석음의 결과'로 보았다."고 말했다.

그만큼 우리는 내부관리(통제)가 중요함을 인식하여야 한다. 내부·준법통제는 지배기구와 경영진의 주요 업무이다. 그러나 안타깝게도 오히려 지켜야 할 그들이 이슈를 일으키는 경우가 종종 발생한다. 내부·준법통제가 비효율적이면 기업 지배구조가 부실해지고 기업의 생존에 위협을 받게 된다. 이 책을 읽는 컴플라이언스와 관련된 업무를 수행하는 이들은 그 경각심을 잊지 말고 지배기구, 경영진, 조직원을 동참시켜야 한다.

이에 본 장은 요소 5(리스크와 기회, 합리적인 기획)에서 결정한 계획을 실행하는 데 필요한 프로세스를 실행 및 관리(통제)하는 것에 관해 다룬다. 더불어 요소 1(컴플라이언스 경영 시스템 설계를 위한 기초 절차)의 컴플라이언스 의무식별 및 리스크를 관리하는 통제책에 대해서도 언급하고자 한다.

컴플라이언스 경영 시스템의 궁극적인 목적은 최소한의 노력으로 발생 가능한 다양한 컴플라이언스 리스크를 방지하거나 최소화하기 위한 조직 및 활동으로 해석된다. 시스템은 리스크를 분석, 평가, 통제하는 업무에 대한 관리 정책, 절차, 지침 등을 체계적으로 적용하여 의도하는 목적과 목표의 달성 가능성을 높일 수 있다.

따라서 조직은 컴플라이언스 경영 프로세스가 계획대로 시행되었음을 보장될 수 있도록 문서화된 정보로 입증 가능하게 하여야 하며 외부에서 제공되는 프로세스, 제품 또는 서비스가 관리되고 있음을 보장하여야 한다. 즉, 외부에서 제공되는 제3자 프로세스인 외부 위탁(아웃소싱)이 관리되고 모니터링되도록 보장하기 위함이다. 큰 조직(대기업)이 홀로 모든 것을 만들고 서비스할 수 없다. 우리가 알고 있는 대기업들은 홀로 독립적으로 운영되지 않는다. 그래서 대기업은 공급망 관리를 중요하게 여기고 협력사와 함께 성장해야 한다.

최근 글로벌 스탠더드에서 중요하게 보고 있는 부분은 공급망 관리이다. 그도 그럴 것이, 최근 EU는 '기업 공급망 실사법A Directive on Corporate Due Diligence and Corporate Accountability'을 공식화했다. 공급망에 대한 인권 탄압, 환경오염, 안전보건 등의 이슈 시 수입이 전면 금지되고 막강한 처벌이 내려지는 법이다.

협력사와 함께 성장해야 한다. 특히 대기업은 공급망 ESG를 관리해야 한다. 공급사슬에서 최상의 포식자로 그 역할을 다하지 않는다면 그 이미지는 고스란히 대기업에 영향을 미칠 것이다.

자동차는 서로 다른 약 2만 개의 크고 작은 부품이 결합되고 완성되어 움직일 수 있다. 모든 부품이 협업의 결과가 '자동차'라는 명사가 되어 움직이는 것이다. 안전하게 운전하기 위해서는 모든 부품이 제 역할을 충실히 움직여야 하고, 목적지까지 안전하게 도달해야 한다. 그러나 어느 하나 문제가 생긴다면 큰 사고로 이어진다.

조직도 마찬가지이다. 조직이 정한 목표로 가기 위해서는 조직과 조직원이라는 한쪽 날개와 협력사·파트너사 등의 반대쪽 날개가 제 역할을 충실히 해 줘야 새의 좌우 양 날개처럼 훨훨 날아갈 수 있으며 이들이 협력적으로 적극적으로 참여해야 서로의 발전이 가능할 수 있다. 혼자 욕심을 부리면 날 수도 없고 목적지까지 갈 수도 없다.

서로의 자발적이며 적극적인 상생을 통해 협업 관계가 이뤄지는 것이다. 아웃소싱은 제조, 건설, 수리, 용역 등 다양한 영역에서 외주 처리가 된다. 여기서 주목할 점은 조직 운영 일부를 외부 위탁한다고 해서 조직의 법적 책임이나 컴플라이언스 의무가 면제(경감)되는 것은 아니라는 점이다. 즉, 외주 업무에 대해 외주업체가 윤리·준법 이슈를 일으켰다고 '우리 조직은 전혀 문제가 없습니다.'라고 하는 것은 아니라는 것이다.

그래서 조직은 외주 처리 프로세스가 관리됨을 보장하여야 한다. 그리고 컴플라이언스(준법)을 전파하고 확산시켜야 한다. 실제로 글로벌 기업들은 사업 파트너 선정 시 윤리·준법 의무에 대해 입증 가능한 증빙자료를 요구하는 경우가 있다.

따라서 이 장에서는 대부분 외주업체뿐만 아니라 우리 조직의 운용에 관한 관리와 통제Control를 다룬다. 컴플라이언스 경영 시스템(ISO 37301:2021)에서는 Control을 11번 언급하는 반면 부패(뇌물)방지 경영 시스템(ISO 37001:2016)에서는 27번을 다룬다. 그만큼 부패(뇌물)방지의 통제책은 필요하다. 부패(뇌물)은 통제되어야만 리스크를 낮출 수 있다.

반면 컴플라이언스는 이미 통제책이 정해져 있다. 각 법률에서는 이미 벌칙 조항이 있어 양벌규정, 과태료뿐만 아니라 계약에서도 의무사항, 손해배상, 관할법원 등의 통제책을 규정하고 있기 때문이다.

그러나 통제는 대부분 부정적인 시각이 많다. 그래서 통제라는 단어 보다는 관리Management가 어울릴 수 있으나 ISO 37301:2021과 ISO 37001:2016의 8항에서는 운용 기획 및 관리이므로 통제Control가 더 어울린다.

이를 반증하듯 부패(뇌물)방지 경영 시스템의 재무적 통제와 비재무적 통제를 살펴보자. 재무적 통제 방법은 조직의 재무 거래를 적절하게 통제하기 위해 거래를 정확하고, 완전하며, 적시에 기록하고자 조직이 실행하는 경영 시스템이자 프로세스이다. 조직과 거래의 규모에 따라, 부패 리스크를 감소시키기 위해 조직이 실행하는 재무적 통제 방법에는 예를 들어 다음의 방법들이 포함된다.

a) 같은 인원이 지불계획의 수립과 승인을 모두 할 수 없도록 직무를 분리

b) 지급 승인 권한에 대한 적절한 계층화 실행(큰 거래일수록 더 높은 상급 관리자의 승인을 요구)

c) 조직의 승인체계에 따라 적절히 승인되었는지를 검증하는 절차

d) 지급 승인 시 최소한 2명의 서명을 요구

e) 지급 승인 시 적절한 증빙 문서를 요구

f) 현금 사용을 제한하고, 효과적인 현금관리 방법을 실행

g) 회계상 지출 계정과목과 설명이 정확하고 명료하도록 요구

h) 중요한 재무적 거래에 대해 주기적으로 경영검토

i) 주기적이고 독립적인 재무감사를 시행하고, 규칙적으로 감사 수행 인원 또는 감사 수행 조직을 변경

ESG 경영의 근간, 컴플라이언스 솔루션.ZIP

비재무적 통제는 조직이 실행하는 경영 시스템이자 프로세스로, 조달, 운용, 상업적 및 기타 조직 활동의 비재무적 측면이 적절히 통제되고 있음을 보장하는 데 도움을 주려는 것이다. 조직과 거래의 규모에 따라, 부패 리스크를 감소시킬 수 있도록 조직이 실행하는 조달, 운용, 상업적 및 비재무적 통제 방법이 포함되며, 예를 들면 다음의 방법들이 포함된다.

a) 부패에 연루될 가능성이 있는 계약업체, 협업체, 공급자 및 컨설턴트 등에 대해 실사를 포함하는 사전 자격검토 프로세스
b) 평가
   1) 조직에 제공하는 비즈니스 관련자 서비스의 필요성 및 합법성에 대한 평가
   2) 서비스가 적절히 수행되고 있는지에 대한 여부
   3) 비즈니스 관련자에게 지급되는 모든 비용이 합리적이고 비례적인지 아닌지 평가. 따라서 조직은 비즈니스 관련자에게 서비스를 합리적이고 비례적으로 제공했음을 입증하는 문서를 요구할 수도 있다.
c) 공정하게 운영될 수 있도록 최소 3명 이상의 경쟁자가 참여하는 투명한 경쟁입찰을 거친 이후에만 계약을 체결
d) 최소한 2명의 인원이 입찰을 평가하고 계약체결을 승인토록 요구
e) 계약 승인자와 계약 요청자가 서로 다르게 하고, 이들이 계약을 관리하거나 계약 업무의 완료를 승인하는 부서나 기능과는 다른 부서나 기능에 소속되도록 하는 직무의 분리를 실행

f) 계약서상 문서에는 최소한 2명 이상의 서명을 요구

g) 잠재적인 부패 리스크가 높은 거래에 대해서는 보다 높은 수준의 관리 감독을 수행

h) 접근 권한을 적절한 인원으로만 제한함으로써 입찰의 완전성이나 기타 가격에 민감한 정보를 보호

i) 수행하는 인력을 지원하기 위한 적절한 도구와 양식을 제공(예: 실무지침, 해야 할 것과 하지 말아야 할 것, 승인 절차, 체크리스트, 양식, IT 업무 흐름)

여기서 통제는 공통과 비공통으로 관리할 필요가 있다. 각 조직의 역할과 기능에 맞는 통제 절차를 구축하여야 한다. 예를 들어 전 부서 조직원에게 같은 교육을 하였다고 통제가 완전한 것은 아니다. 그 직급과 기능에 맞는 차별화된 교육이 필요하다. 특히 컴플라이언스 교육이 더 그렇다. 이제 막 입사한 신입사원에게 어려운 법률 용어를 설명하여 교육하였다면 이들은 받아들이기 힘들 것이다. 이러한 인식을 적용할 수 없다.

서약서 또한 각 책임과 권한에 맞는 서약이 필요하다. 같은 서약 내용보다는 각 위치에 따른 책임과 권한이 다르기에 맞춤형으로 하여야 한다. 이사회, 경영진, 실무자 등으로 차별화된 서약이 필요하다. 그리고 재무적 관리에서 돈을 사용하는 위치가 다르기에 재무적 통제책은 위치에 따라 달라야 할 것이다. 이 모든 통제책은 사람과 관련 있다. 즉, 사람에게 집중하여 통제책을 만들어야 한다. 그걸 도울 수 있는 것이 시스템일 것이다. 앞서 언급한 것과 같이 조직은 기계를 다루는

것이 아니라 존중받아야 하는 사람을 다뤄야 한다.

내부통제에서는 3차 방어선 모델3 Line of defense이 있다. 자금이 흐르는 과정에서 횡령 등 부정이 발생하지 않도록 3중 방어선을 만들어 통제하는 방법이다. 우선 회사 자금을 활용하는 구매팀을 비롯하여 현업 부서에 자금 통제 담당자를 둔다. 내부 담당자는 자금 흐름을 점검하는 동시에 수상한 거래가 발생하면 경영진에게 바로 보고하는 역할을 만든다. 이어 회계·재무부서가 2차 방어선 역할을 담당한다. 한 달에 한 번씩 회사 거래 내역을 점검하면서 횡령 등 부정이 발생하는지 점검하는 방식이다.

점검 결과는 바로 경영진에게 알리도록 체계를 확립한다. 마지막 내부감사 부서에서 최종 점검을 진행한다. 이때 내부감사 부서는 경영진 외 이사회나 별도의 감사위원회에도 점검 사항을 알려야 한다. 감사부서는 이사회 등으로부터 독립성을 강화 지원을 받아 경영진 주도로 일어나는 부정을 막을 수 있어야 한다. 이처럼 재무·회계 차원의 내부회계관리 방식과 같은 통제를 이용하여 조직의 컴플라이언스 부정을 막을 수 있다.

통제력을 갖는다는 것은 원하는 방향으로 이끌어 가거나 방향을 바꿀 수 있음을 의미하는 권한의 영향력 행사이다. 과거 우리는 통제를 받는 것에 익숙해 있었다. 일제강점기, IMF 경제 식민지, 군 생활 그리고 직장 생활을 겪으면서 상사, 선배, 동료, 거래처 담당자 등 많은 억눌림을 받아 왔기 때문이다. 동시에 누군가를 통제력으로 행사한다면 상대방은 저항과 반발심만 생긴다. 그 어떤 누구도 통제받기 좋아하는 사람은 없다. 군 생활에서도 마찬가지이다. 모범을 보이지 않은 선임이 후임을 강력하게 통제만 한다면 마음속에 싹튼 분노는 추후 그 자리에 도달하였을 경우 하급자에게 똑같이 전파된다. 그렇게 악순환은 반복된다.

그렇다면 조직 내에서 부정부패 그리고 준법을 통제할 방법이 있다. 바로 자율 컴플라이언스 시스템을 Nudge 방식으로 연계시키면 된다. Nudge는 부드러운 개입을 통해서 결과를 끌어내는 것이다. 필자는 과거 유럽 여행에서 자동차로 운전할 일이 있었다. 그 당시 유럽의 많은 교차로는 회전교차로였다. 차량의 지체도, 통행속도, 정지율, 사고 건수, 부상자 수 등을 낮출 수 있는 모든 면에서 자율적인 교통 시스템을 가지고 있었다. 우리나라와 같이 일반 교차로에서 신호 통제에 맞춰 움직이는 교통 시스템이 아니었다. 현재 대한민국 교통 시스템도 자율적인 회전교차로 방식으로 바뀌어 가고 있다.

이러한 교통 체계처럼 컴플라이언스 통제책은 자연스럽게 컴플라이언스 문화가 녹아 들어갈 수 있도록 하는 것이 좋다. '동원'보다는 '동참'이 될 수 있도록 당근과 채찍을 주면 된다. 대표적으로 KPI(핵심성과지표)에 컴플라이언스 목표를 반영한다면 나침반이 될 수 있다. 목표를 달성하는 과정에서 현재 위치를 알려 주고 미래의 방향을 제시할 수 있다. 조직 구성원 모두는 컴플라이언스를 쉽게 이해할 수 있는 객관적인 기준을 제시받게 되는 것이다.

예를 들어 컴플라이언스 교육 KPI가 반영된다면 교육 성공의 의미를 구체적으로 정의받게 된다. 그리고 교육에서 우선순위를 파악하고 끊임없이 방향을 조정하여 현실 상황에 맞게 교육 훈련을 받을 수 있다. 이는 객관적 숫자로 교육 결과에 대한 투명성에 기여한다. 주관

ESG 경영의 근간, 컴플라이언스 솔루션.ZIP

부서에서는 교육 결과에 대한 패턴을 분석하여 그들의 요구에 맞는 방향을 설정할 수 있다.

또한 인사 제도에서도 반영될 수 있다. 진급 대상자 성과평가에 있어서 영업 성과만 높다고 진급이 되는 것이 아니라 윤리·준법도 잘 지키고 있는지를 함께 평가하는 것이다. 단단하면 부러질 수 있기에 부드러운 컴플라이언스식 Nudge를 활용해 보자.

그 어떤 누구도 통제받기 좋아하는 사람은 없다. 스스로 통제할 수 있는 자율적인 장치들을 만들어 놓아야 한다.

컴플라이언스 문제·우려사항 제기
(Raising concerns)

컴플라이언스 경영 시스템의 문제·우려 제기는 내부제보 또는 내부고발 둘 다 모두 포괄적으로 다루고 있다. 조직 내 무엇인가 문제점이 있다면 묵인하지 말고 우려사항Rasing concerns을 제기하라는 것이다. 여기서 내부제보와 내부고발 제도의 차이점을 알아보자. 내부제보는 내부의 문제를 내부채널에 알리는 것이고, 내부고발은 내부의 문제를 외부채널에 제보하여 해결하고자 하는 것이다. 여기서 내부고발자 제도를 좀 더 상세히 알아보자.

내부고발은 원래 정치, 공직자의 부패 등에서 유래되었다. 그리고 고발자告發者가 들어간 내부고발자 제도는 진실을 알리는 정의로운 영웅으로 외면하지 않는 양심적인 사람을 일컫기도 한다. 내부고발자Whistle Blower는 호각을 불어 경각심을 일깨운다는 의미로 쓰인다. 공익이 자신이 소속된 조직의 이익보다 앞선다고 믿고 그 조직이 관여하고 있는 부패, 불법, 사기 또는 유해한 활동에 대해 호각을 부는 행위라고 미국의 저명한 환경운동가 랠프 네이더_Ralph Nader_가 제시하였다. 현대에 와서는 모든 문제를 익명이 보장되는 상황에서 언제든지 자유롭게 상담하고 보고할 수 있는 개념으로 확장되고 있다.

사실 국내외를 가리지 않고 내부고발자에 대한 인식은 그리 곱지 않다. 그리고 용기 낸 그들의 결말은 쓸쓸하다. 보복에 대한 두려움, 미움받을 두려움, 망신당하는 두려움, 대가를 치르게 될 두려움 등이 항상 존재한다. 실제 여러 가지 사례를 보아도 내부고발의 대가는 가혹했다. 그리고 아직도 많은 임직원들의 인식과 문화가 크게 근절되지 않아 제기하지 않는 경우가 많다.

현재에도 많은 내부고발이 일어나고 있으며 그 처리 과정은 매끄럽지 않은 경우가 많다. 실제로 ○○기관에서 실제 일어났던 사건이다. 팀장과 팀원이 조직 내에서 높은 성과 인정과 적극 지원을 받고 있었다. 둘은 공교롭게도 같은 엘리트 학교 동문으로 좋은 선후배 관계였다. 그러던 중 회식 이후 팀장은 팀원을 택시 안에서 성추행하였고, 이 팀원은 고민 끝에 내부제보를 하였다. 내부제보라는 것이 쉬운 선택은 아니었을 것이다.

그러나 ○○기관은 이 사안을 원칙 없이 처리한 것이다. 안이하게 해당 팀장을 전보 발령만 시켰고, 이로 인해 대부분 조직원이 알게 되고 해당 팀원은 조직 내 배신자라며 손가락질 당하고 말았다. 결국 이 팀원은 청와대 국민 청원을 넣게 된다. 그 이후 내부제보가 아니라 내부고발이 되어 언론과 국정감사 등으로 이어졌다. 공공기관 경영평가 결과는 최하였고 임직원들의 성과급은 바닥이었으며 조직의 이미지는 실추되어 그 꼬리표는 지금도 달고 있다.

드라마 〈미생〉에서 장그래는 정규직을 갈구하는 인턴 신분임에도 불구하고 내부제보를 한다. 그리고 대표이사는 참고인 자격인 장그래에게 묻는다. '왜 그 위험을 감소하면서까지 내부제보를 하였나요?' 그러자 장그래는 짧고 굵게 답한다. '우리 회사이니까요!' 그 말 한마디에 대표이사를 비롯한 경영진은 할 말을 잃는다. 인턴으로서 소속감도 없고 곧 떠날 수밖에 없지만 회사를 위하여 내부제보를 한 것이다.

이처럼 내부제보는 건강한 조직을 위한 필수사항이다. 그리고 문제점을 개선할 수 있는 기회를 잡을 수 있다. 앞서 설명했듯 부풀어 오르는 풍선이 터지기 전에 바람을 빼는 것처럼 조직 문제를 내부에서 해결할 수 있는 기회가 내부제보 시스템이다. 그러나 대부분의 회사에서는 이 좋은 기능이 제대로 작동하지를 않고 신뢰감을 주지 못한다. 그래서 임직원들은 믿을 수 없는 내부제보 채널보다는 대부분 블라인드 앱과 같은 외부채널을 활용한다. 장그래처럼 소속감을 느끼고 용기 내어 신고하지만 결국 결과는 배신이 되어 억울하고, 아프고, 잔인하다는 느낌을 받는다.

내·외부 제보와 관련된 법률을 살펴보자. 현재 「공익신고자 보호법」에서는 공익을 침해하는 행위를 신고한 사람 등을 보호하고 지원함을 목적으로 하고 있다. 공익신고자 보호법은 많은 개정을 거듭하면서 강력해졌지만 아직도 많은 국민은 모르고 있으며 조직원들은 제보를 꺼린다. 「상법」에서는 감사제도를 통하여 부정행위를 방지하도록 하고 있으나 사실 대부분의 금융관련 회사에서는 유명무실한 제도이다. 「주식

회사 등의 외부감사에 관한 법률」에서는 회계 정보로 한정하고 있다. 그러나 점차 개정을 거듭하면서 부정행위 신고자의 보호 등을 다뤄 그 의무와 역할을 확대하고 있다. 내·외부 제보와 관련된 법률은 점차 개정을 거치면서 강력해지고 중요해질 것이다. 그리고 반드시 그래야 한다.

현대 사회에서 기업은 거대 조직화되어 있으므로 내부의 문제점들을 외부에서 인식하는 것이 사실상 어렵다. 이사회와 준법 감사제도 등이 있지만 제 식구 감싸기 형태로 부정적인 뉴스를 외부에 알리려 하지 않는다. 그럼에도 불구하고 용기 있는 내부고발자에 의한 제보가 실마리가 되어 밝혀지는 경우가 점차 증가하고 있다.

원칙을 가진 효과적인 내부제보 제도가 있는 조직과 없는 조직은 확연한 차이를 보인다. 당연히 효과적이면 제보에 의한 적발 비율이 높아 부정 적발의 가장 유용한 수단이 될 것이다. 그러나 효과적이지 않다고 생각하면 이들은 외부 채널을 이용한다. 직장인 커뮤니티 앱인 '블라인드'는 익명 소통의 앱이다. 이 앱이 점점 확산하면서 조직은 조심스럽게 눈치를 본다.

군대도 마찬가지일 것이다. 이제는 장군도 이병의 눈치를 볼 수밖에 없다. 과거 관행적으로 해 오던 군대 내 문제를 Z세대들은 참지 않는다. 그들은 소셜 미디어와 같은 디지털 환경에서 자라 왔고 문제를 느끼면 즉시 말하는 세대이다. 특히 블라인드 앱과 같은 외부소통 채널에 휴대폰으로 찍고 녹음하고 공개한다.

특히 블라인드 앱은 미투 운동과 ○○항공, ○○○○ 항공 사태가 기폭제가 되었다. '○○○○ 항공 회장님 의전'에 대한 글이 철저히 익명성이 보장되면서 직장인이 믿고 하소연하는 커뮤니티가 된 것이다. 즉, 조직원들에게 신뢰를 주지 못하면 이 채널을 폭발적으로 활용하게 된다. 그러면, 기업은 통제 불가능하고 내부에서 점점 부풀어 오른 풍선이 외부에서 터지게 되어 경영진부터 전 조직원이 사회적으로 손가락질을 받고 만다. 조직은 Good news보다 Bad news의 데이터를 관리해야 한다. 조직을 위하는 신호를 신중히 들어야 한다.

효과적인 내부제보는 컴플라이언스 경영 시스템의 필수 요소이다. 실제로 미국 연방 양형 가이드라인에도 효과적인 컴플라이언스 프로그램 중 내부고발제도를 명시적으로 요구하고 있다. '회사의 잠재적 또는 실제로 발생한 위법 행위를 조직원이 보복에 대한 두려움 없이 익명 또는 실명으로 고발할 수 있는 제도를 이용해야 한다.'라고 명확히 명시하고 있다. 이는 신고제도 설치를 필수 의무화하고 있다. 따라서, 내부제보 프로세스에 관한 7가지 모범사례Best practices를 소개하고자 한다.

첫째, 제보자를 보호하라!
제보자(협조자 포함)에 대한 익명성과 비밀보장은 윤리·준법 제도의 가장 중요한 요소 중 하나이다. 제보자는 비밀보장과 보복에 대한 두려움이 항시 있다. 이들은 익명 제보는 상대적으로 신뢰성이 낮은 것으로 간주한다. 이를 해결하기 위해 제보자 보호 정책을 컴플라이언스 방침, 윤리강령 등에 포함하고 지속적이고 강력한 메시지로 인지시켜야 한다. 특히 경영진의 경영진들은 직원들이 질문하거나 문제·우려사항을 제기할 경우 리더들은 그에 따른 응답을 즉각 해야 한다.

여기서 분명한 것은 내부고발자는 유령의 존재로 봐야 한다. 알면 안 되는 존재인 것이다. 공익신고자 보호법, 이해충돌방지법 등 신고자 보호가 강화되어 '신고자등의 인적사항 등을 공개·보도한 자는 5년 이하 징역 또는 5천만 원 이하의 벌금'이라는 강력한 처벌을 내리고 있다. 절대 유추할 수 있거나 짐작해서도 안 되는 존재가 내부고발자이다.

그리고 용기 내어 제기한 것에 대해 감사를 표해야 한다. 그리고 주의 깊고 신중히 경청하여야 할 것이다. 그들의 목소리를 잘 들어야 우리 조직의 아픈 곳을 치료할 수 있기 때문이다. 마지막으로 가장 중요한 것은 반드시 원칙을 가지고 신속하고 정확한 조처를 해야 한다는 것이다.

둘째, 제보 시스템 인지도를 제고하라!

조직은 모든 조직원이 신고 절차, 권리와 보호를 인식하고 이를 활용할 수 있도록 장려하여야 한다. 익명 신고를 받고 접수된 제보가 즉각적으로 취해질 것이라는 점을 알려 주고 실제로도 그렇게 해야 한다. 그리고 기밀로 취급되며 법률 전문가(변호사 등) 안심 제도를 통해 제보자가 편안하게 조언을 받을 수 있다는 것을 알려 주어야 한다. 그러기 위해 내부제보에 대한 부정적인 인식을 개선할 수 있도록 지속적인 교육을 제공하고 그들이 쉽고 편하게 제보할 수 있는 환경을 만들어 줄 필요가 있다.

모든 임직원에게 조직이 정한 컴플라이언스 위반이 있는 경우, 묵인하지 않고 즉시 조치할 수 있도록 그들에게 책임과 역할을 주어야 한다. 어쩌면 위반 가능성을 목격하거나 의심할 수 있는 유일한 사람일 수도 있다. 만약 묵인한다면 그 유일한 목격자가 없어 위반이 일어나 더 큰 사고로 이어진다. 제보는 비윤리적 행위를 예방하고 적발하는 가장 중요한 도구임을 인식시켜 주어야 한다. 스스로 컴플라이언스를 준수하려는 노력과 자발적 준수를 이끌 수 있는 내부제보를 활성화하고 내부제보자를 보호할 수 있는 효과적인 내부제보 제도가 필요하다. 내부제보가 선의의 제보는 잘못된 것이라도 처벌되지 않아야 하며, 오히려 인지된 비윤리적 행위를 제보하지 않는 것도 회사의 규정 위반이라는 점을 알려 주어야 한다.

셋째, 내부제보 채널을 언제 어디서든 누구나 쉽게 접근할 수 있도록 개방하라!

내부제보 중 업무 시간 중에 이뤄지는 경우는 거의 드물다. 대부분 회사 내부에서 제보를 달갑지 않아 한다. IT 관련 부서는 IP 주소를 찾아 누가 제보하였는지 색출해 낼 수 있어 익명성이 전혀 보호되지 않는다는 점이다.

조직은 보고 채널을 다양하게 해야 할 필요가 있다. 상급자, 인사부, 윤리실, 법무팀, 보안팀, 환경안전보건팀, 내부 감사 등 다양한 채널을 활용할 수 있는 환경 조건을 만들어 주어야 한다. 그리고 365일, 24시간 접근 가능한 채널을 구축하고 적극 홍보하여야 한다. 다양한 언어, 다양한 접근방법을 제공하여 임직원뿐만 아니라 고객, 공급자, 주주, 경쟁자 혹은 제3자에게도 개방하여 그들의 목소리를 들어야 한다. 그리고 불이익에 대한 추가적인 신고가 가능하도록 연이은 제보 라인을 만들어 주어야 한다.

우리는 내부제보자의 심리를 짐작해 볼 필요가 있다. 그들은 외롭고 쓸쓸하고 두려울 것이다. 혼자 동굴로 숨으려 들 것이고 혼자 있고 싶어 한다. 군 생활을 해 본 이들은 기억날 것이다. 혼자만의 공간인 화장실에서 초코파이를 먹던 기억이 있을 수 있다. 개인적인 공간인 화장실과 같은 곳에 내부제보 채널을 신고할 수 있도록 언제 어디서든 쉽게 접근할 수 있게 개방해야 한다.

넷째, 보고체계를 미리 정의하라!

믿고 신고할 수 있도록 체계적인 채널을 유지하여야 한다. 경영진(독립적이고 신뢰할 수 있는 임원급)이나 내·외부 감사위원회에 직접 보고가 이뤄질 수 있도록 하여야 한다. 그리고 경영진에 관련된 사항은 이사회나 감사위원회에 직접 보고가 가능한 채널이 이뤄져 이중 보고체계가 이뤄져야 한다.

보고에서도 즉시 보고 항목을 정의할 필요가 있다. 예를 들면, 신체적 안전에 관한 사항과 안전·보건에 관한 사항이다. 사람의 생명만큼은 예외가 없다. 그리고 사업 중단을 초래할 수 있는 사항, 리스크가 높은 사건이 발생할 가능성이 높은 사항, 기타 중요한 부정 사건(회사기밀 유출, 회사 자료의 위·변조, 악성 언론 보도 등)은 즉시 보고 항목으로 정하여 신속하고 정확히 원칙을 가지고 처리하여야 한다.

이러한 보고는 정말 중요하다. 군대에서 적군이 나타났는데 보고 체계가 많아 신속 대응하지 못했다는 뉴스를 접해 보았을 것이다. 내부제보는 외부로 터질 수 있는 사고를 미연에 방지할 수 있는 좋은 제도이다. 이 비밀스러운 제보가 누구에게나 알려져서는 절대 안 된다.

다섯째, 제보 채널의 효과성을 정기 점검하라!

필자가 컴플라이언스 관련 심사 시 늘 피심사조직에게 물어보는 사항이다. 대부분은 내부제보 건수가 미미하거나 한번 만들어진 내부제보 채널을 점검하지 않고 있다. 즉, 내부제보가 활성화되지 않는 이유를 검토하지 않는 것이다. 초기 경영진과 컴플라이언스 기능의 적극적인 취지가 지속해서 이뤄지기 위해서는 정기 점검이 필요하다. 익명의 조직원 설문 조사, 타사/산업 벤치마킹 등으로 그 원인을 파악하고 점검하여 채널을 개선하여야 한다.

때로는 표적 집단 면접법Focus Group Interview을 활용하여 퇴직자 면담, 제보자 면담, 일상적인 내부 감사 과정에서의 면담 등에서 점검할 수 있다. 또한, 반드시 그 대표이사는 이직 또는 퇴직자를 반드시 면담하여 조직 내부의 문제점에 대해 논의하는 시간을 가져야 한다. 조직을 나가려는 조직원은 내부의 문제를 가감 없이 폭로할 수 있고 신고에 대한 부담이 덜하기 때문이다. 그들의 속 이야기를 듣고 개선하는 것만으로 조직은 건강해질 수 있다.

여섯째, 제보에 대한 보상과 책임감면제도를 검토하라!

실제로 부정사건 발생 회사의 보상제도는 미미하다. 위에서 장그래처럼 '우리 회사이니까요!'라고 말할 수 있는, 조직을 진심으로 위하는 조직원은, 특히 MZ 세대를 비롯하여 앞으로도 드물 것이다. 그래서 조직에 미칠 다양한 사후적 컴플라이언스 리스크(법률, 평판 등)를 사전 보상제도를 통하여 막을 수 있다.

상당한 성과에 대한 제한적인 보상으로 조직과 제보자는 모두 만족할 수 있는 조건을 만들어 주어야 한다. 이러한 보상제도는 제보 건수를 늘리고 제보의 신뢰성 제고를 위해 필요하다. 외부에 직접 제보의 충격 완화에 대한 효과를 극명히 보여 줄 것이다. 그러나 조직원들에게 보상도 중요하지만 '당연히 해야 하는 일'이라는 준법 문화를 만들어 주는 것이 더 중요하다.

부패·공익신고자 보호·보상제도(법)에서는 형벌의 감경·면제, 징계 및 행정처분의 감경·면제, 직무상 비밀준수 의무 배제, 손해배상의 청구금지 등을 구체적으로 정하여 용기 낸 내부고발자의 책임을 감면해 주고 있다.

위의 법에 따르면 법 위반행위 신고로 인해 공공기관에 재산상 이익을 가져오거나 손실을 방지한 경우 또는 공익을 증진시킨 경우에는 포상금은 최대 2억 원이며, 포상금과 별도로 보상금은 최대 30억 원과 불이익 시 피해에 대한 구조금이 별도로 신고자에게 보상된다. 하지만 세상을 바꾸는 용기인 내부고발(공익신고)에 대해서는 선진국 미국에 비해 보상, 포상 금액이 현저히 낮은 실정이다.

일곱째, 편안한 분위기를 만들어 주어라!

내부제보, 핫라인 등 부정적인 뉘앙스를 제거하도록 '칭찬합시다' 등을 만든다. 반드시 Bad news만 신고하는 것이 아니라 Good news도 조직에 도움이 될 수 있기 때문이다.

'돈쭐내다'라는 말이 있다. 이는 '돈'과 '혼쭐내다'의 합성어다. '혼쭐내다'라는 단어는 매우 강하게 혼을 내어 꾸짖음을 묻는 것이지만, 이에 대한 반어법과 변형으로 어떠한 사람이 사회적으로 옳은 행동을 했을 때 '이 사람은 돈으로 혼나야 한다.'라는 뜻에서 생긴 신조어이다. 즉, 선행을 베푸는 선행자가 자신의 금전적인 손해를 막론하고 타인에게 의로운 행위를 하였을 때, 주변 사람들이 저 선행자에게 '너 같은 건 돈 버느라 바빠야 정신 차리지!'라며 돈을 주어 선행자를 바람직하게 혼낸다는 것이다. 이는 윤리경영에 민감한 MZ 세대의 선한 영향력 행사이다. 특히 MZ 세대는 비윤리적이라면 언제든 내치고, 그 반대라면 즉각 호응을 보인다.

이처럼 내부제보를 부정적인 시각이 아니라 긍정적인 트렌드 문화로 이끌 필요가 있다. 명칭부터 대나무숲, 헬프라인, 클린센터, 상담센터 등의 명칭을 사용하여 이미지를 개선하는 것도 큰 도움이 될 것이다.

조직은 (정보가 진실이라고 믿을 만한 타당한 근거가 있는 경우) 컴플라이언스 방침 또는 의무Obligations사항 위반의 시도, 혐의 또는 실제 위반을 신고하도록 장려하고, 신고할 수 있도록 프로세스를 수립, 실행 및 유지하여야 한다.

컴플라이언스 조사 프로세스
(Investigation processes)

여기서 설명하는 조사Investigation는 내부조사를 다루는 프로세스를 말하며, 이 내부조사는 조직에서 준법 문제가 발생한 경우, 징계 절차나 수사 의뢰 등 법적 조치를 할 것인지를 결정하기 위해 그 사실관계를 파악하고 필요한 증거를 확보해 나가는 과정이다. 최근 들어 컴플라이언스 경영 이슈가 강조됨에 따라 많은 기업에서 내부조사를 진행하고 있으며, 기업으로서는 문제가 더 커지기 전에 이슈를 막으려 한다. 또한 내부조사는 사실관계를 명확히 하고 그 근거를 확보함으로써 추후 기업이 부담하게 될 법적 부담을 최소화하는 장점이 있다. 실제로 내부조사를 통해 정확한 사실관계를 파악해야 경영진은 적절한 의사결정이 가능해진다.

이번에는 단계적으로 내부조사와 수사를 참고하여 보자.

단계	내부조사	수사
1단계	내부제보 접수	고소, 고발장 접수
2단계	조사팀 구성	사건 배당
3단계	조사계획 수립	수사계획 수립(임의수사, 강제수사)
4단계	증거수집 및 보전	압수수색 등 증거수집
5단계	증거분석 및 조사	수집된 증거의 분석 및 증거조사
6단계	관련자 면담, 신문	피의자 심문, 참고인 조사
7단계	현장 조사	현장검증 내지 탐문 조사
8단계	조사결과 보고	수사결과 보고

ESG 경영의 근간, 컴플라이언스 솔루션.ZIP

단계	내부조사	수사
9단계	후속 조치	송치 내지 기소 여부 판단
10단계	재발 방지 대책 수립 및 시행	–

이 내부조사 프로세스는 조직의 인원 또는 관련된 제3자에 의한 위법행위의 주장 또는 혐의를 적시에 철저히 조사하기 위한 적절한 메커니즘이다. 조사 결과 취해진 징계 조치나 구제조치를 포함한 조직의 대응에 대한 분서화된 정보는 매우 중요한 기록물이 된다. 조직은 내부조사가 공정하고 독립적인지 확인하여야 할 것이다. 조사를 처리하는 인원은 독립적이며 충분한 역량이 있고, 이해충돌 없이 조사를 수행하여야 한다. 사실 내부조사는 쉽지 않다. 같은 동료라는 점에서 항상 딜레마를 겪게 된다. 이를 위해 경영진을 비롯한 조직원의 적극적인 지원이 필요하다.

조사 수행 시 다음 사례와 같은 방법들을 통해 신속히 사실관계를 파악하고 모든 필요한 증거를 수집하여야 한다.

a) 사실관계를 파악하기 위한 질문
b) 모든 관련 문서와 기타 증거의 수집
c) 목격자의 증언 확보
d) 가능하고 합리적인 경우, 발생한 이슈에 대한 서면 보고서를 작성자들의 서명과 함께 요청

위와 관련지어 잠깐 '명령 휴가' 제도를 소개하고자 한다. 증권 등 금융사고 발생 우려가 큰 업무를 수행하는 조직원을 대상으로 금융당국이 권고사항으로 하는 것이다. 해당 증권사들의 내부통제 강화 차원에서 일정 기간 긴 휴가를 명령하고 해당 시기에 휴가자의 금융거래 명세, 업무용 전산기기, 책상, 사무실 등을 실시하는 제도이다. 본인의 연차와 휴가를 제외하고 추가로 금융사에서 휴가를 불시에 명령한다. 즉, 강제로 조직원에게 휴가를 명하고 업무에 관한 수색을 하는 것이다. 사전에 반강제적 보안서약서 등에 동의하에 실시하고 있어 일각에서는 반발감도 만만치 않다. 그리고 인권침해 논란도 있지만, 내부통제 입장에서는 가장 강력한 조치가 될 수 있다.

조사자와 피조사자 모두 보호를 받아야 하는 존재이며 공정성, 공평성의 원칙에 입각한 프로세스가 이뤄져야 한다. 그리고 조사 결과를 지배기구 또는 최고경영자에게 보고해야 한다. 필요에 따라 조사를 감독하고 그 완전성과 독립성을 보증하는 별도 위원회의 설치를 고려할 필요도 있다. 또한, 내부조사를 마쳤다면, 조직은 적절한 후속 조치를 실행하여야 한다.

이슈의 상황이나 심각성에 따라 후속 조치는 다음 중 하나 이상이 된다.
   a) 프로젝트, 거래, 계약을 종료하거나, 철회하거나, 조직의 참여 내용을 변경
   b) 모든 부정한 이익을 환급하거나 회수
   c) 책임자 징계(이슈의 심각성에 따라, 가벼운 위반에 대한 경고에서 심각한

위반에 대한 해고까지 이를 수 있음)

d) 관계 당국에 사건 신고

e) 부패가 발생하면, 모든 가능한 후속적인 위법행위(예: 뇌물을 회계 장부에 위조 기재함으로써 발생할 수 있는 회계부정, 뇌물을 부정하게 수입에서 공제함에 따른 세법 위반, 또는 범죄수익금의 자금세탁)를 회피하거나 다루려는 조치

사실 징계와 처벌보다는 사전 예방이 더 중요하다. 문제가 발생하지 않도록 컴플라이언스의 중요성을 인식하고 노력하는 것이 최선이다. 그러나 발생하였다면 예방 못지않게 적절한 사후조치와 대응도 중요하다. 이를 위해 조직 절차의 부적절함 때문에 이슈가 발생하였는지를 다시 한번 진단해 봐야 한다. 그리고 검토하여 해당 절차를 개선하기 위한 신속하고 적절한 조치를 취해야 한다.

실패에서 배우지 못한 것이 진정한 실패이다. 세계적인 물류회사 페덱스FEDEX의 1:10:100 이론이 있다. 불량을 즉각 고치면 1의 비용이 들지만, 책임소재 등을 이유로 숨겨지면 10의 비용이 들며, 이것이 고객 손에 들어가 클레임이 되면 100의 원가가 든다는 법칙이다. 사소한 문제도 놓치면 안 된다. 호미로 막을 것을 가래로 막는다.

6

요소 6: 컴플라이언스 점검, 성과 및 징계 조치

모니터링, 측정, 분석 및 평가
(Monitoring, measurement, analysis and evaluation)

이 장에서는 경영 시스템의 PDCA Cycle 중 성과 평가Check에서 모니터링, 측정, 분석 및 평가를 먼저 다룬다.

모니터링Monitoring은 시스템, 프로세스, 활동의 상태를 결정하는 것으로서, 상태를 결정하기 위해서는 확인, 감독 또는 심도 있는 관찰이 필요하다는 것이다. 그렇다면 측정Measurement은 값을 결정하는 프로세스를 말한다. 현대 경영학의 대가로 꼽히는 피터 드러커(1909~2005)가 그의 명저 『자기경영 노트』에서 언급한 내용은 이렇다. "정보를 유용한 것으로 활용하려면 해당 정보의 가치를 정량적으로 측정하는 절차가 전제되어야 한다." 그리고 "측정할 수 없으면 관리할 수 없다."고 하였다. 나머지 분석 및 평가는 따로 다루지는 않지만 모두 컴플라이언스 목표가 달성되어 있는지를 보장하고자 모니터링을 돕기 위한 프로세스라고 봐도 좋다.

모니터링은 주기적으로 조직의 컴플라이언스 운영 성과에 대해 제대로 운용되고 있는지에 대한 평가 절차를 의미한다. 효과적인 컴플라이언스 경영 시스템이 운영되고 있는지 이행 여부를 점검하기 위하여 작동할 수 있다. 즉, 교육 훈련을 충분히 시켰다면 이를 알고 있는지, 업무에 적용하고 있는지를 점검하는 효과성 검토 방안이 모니터링이다. 이러한 효과성을 평가하기 위해서 정보를 수집하여야 한다. 이를 위해 적정한 단위(부서별 또는 부문별)로 체크 리스트를 활용할 수 있고 이를 토대로 점검 결과를 보고하여야 한다. 그 예시는 아래와 같다.

- 교육 훈련의 효과성
- 목표 달성의 여부
- 통제의 효과성
- 컴플라이언스 의무를 이행하기 위한 책임 할당
- 컴플라이언스 의무의 수용 여부
- 이전에 식별된 법위반에 대한 대처의 효과성
- 내부 컴플라이언스 프로세스가 일정대로 실행되지 않는 경우
- 적절한 갱신을 가능하게 하는 리스크에 대한 비즈니스 전략 검토

아무리 훌륭하게 고안된 통제 절차라고 할지라도 철저한 모니터링이 없다면 효력이 없다. 이러한 모니터링은 일정한 간격으로 지속해서 이뤄져야 하고 또한 통제 절차들이 계속 효과가 있는지 점검하여 필요하다면 개정이 이뤄지는 연계성이 있어야 한다. 그리고 기존 통제 절차의 장단점은 무엇인지, 보완점은 무엇인지 등을 분석해야 지속적인

개선 작업이 이뤄져야 한다.

따라서 요소 6 컴플라이언스 모니터링에 관한 실무적 문서화된 정보는 다음과 같다.

측정기준 및 대상 (9.1)	수행방법				보고방법	측정결과			
	질문	관찰	문서 검토	체크 리스트		1Q	2Q	3Q	4Q
(공통) 법률사항 (비공통) 계약사항	●		●	●	책임자 서면보고			●	

컴플라이언스 지표개발 및 기록보관
(Sources of feedback on compliance performance)

컴플라이언스 기록은 양벌규정의 단서를 통해 위법 행위 방지를 위한 법인의 상당한 노력으로 평가될 수 있다. 이를 입증하기 위해 교육훈련, 리스크 평가, 모니터링, 목표, 실사, 내부제보, 징계 등의 기록은 매우 중요한 법률적 입증 근거가 된다.

십시일반+匙一飯은 열 사람이 한 수저씩 보태면 한 사람 먹을 분량이 된다는 뜻으로, 여러 사람이 힘을 합하면 한 사람을 돕기 쉽다는 의미이다. 마찬가지로 조직의 성공적인 컴플라이언스 경영을 하기 위해서는 모든 조직원이 힘을 합하여야 한다. 단적인 예로 '내부회계 관리제도'도 마찬가지일 것이다. 내부회계 관리제도에서 '회계'라는 용어는 빼서 '내부 관리제도'라고 사용해도 좋다. 회계는 비즈니스의 언어이다.

언어를 모르고 비즈니스를 하지 못하는 것처럼 컴플라이언스도 반드시 담당 부서가 해야 하는 업무가 아닌 모두가 지키고 따라야 할 컴플라이언스가 되어야 한다.

그러기 위해 다양한 출처로부터 조직의 컴플라이언스 성과에 대한 피드백을 구해야 한다. 조직원들로부터는 내부제보와 헬프라인, 설문조사 등의 피드백을 통하여 이슈 및 불평불만을 모두 포착하고 정보를 분류 및 분석해야 한다. 때로는 비공식 토론, 워크숍 및 표적 집단 면접법Focus Group Interview 등이 도움이 될 수 있다. 아울러 고객으로부터 불평, 불만 등 처리 시스템을 들어 컴플라이언스 리스크 평가에 반영하기 위한 비판적인 평가를 진행할 수 있다. 미스터리 쇼핑[5]과 같은 샘플링 및 테스트도 좋은 자각 조사 결과가 된다. 그 이외 제3의 공급자, 규제기관 등 다양한 제안을 들어 시스템을 개선할 수 있다.

이러한 십시일반 정보는 컴플라이언스 지표 개발에 도움이 된다. 지표를 통하여 컴플라이언스 의무 불이행의 근본 원인을 식별하고 적절한 조치가 취해지고 있음을 보장하고, 정기적인 리스크 평가에 반영하기 위해 분석될 수 있다. 그리고 조직은 조직의 컴플라이언스 목표의 달성 및 성과를 평가하는 데 도움이 되는 일련의 적절한 지표가 되어

---

5 미스터리 쇼핑(Mystery shopping)은 업무 성과, 규제 컴플라이언스를 측정하고 제품과 용역을 포함한 시장 또는 경쟁사에 관한 특정 정보를 수집하고자 하는 마케팅 연구 기업과 단체들이 사용하는 방식이다. 관련 용어로 미스터리 쇼퍼, 미스터리 컨슈머, 미스터리 리서치, 시크릿 쇼퍼, 시크릿 쇼핑 등이 있다. 미스터리 쇼퍼는 보통 공통이 되는 소비자 행동을 비추어 보며 특정 브랜드나 산업에 중요한 것으로 간주되는 취미의 일관성을 시험한다. 각 노동자나 독립계약자인 미스터리 쇼퍼들은 자신들의 경험에 관한 세세한 보고서와 피드백을 제출한다.

방향을 설정하는 것이 가능해지며 지표는 활동성 지표, 반응성 지표, 예측성 지표로 나뉘어 체계적으로 보고된다.

활동성 지표	– 효과적으로 교육 훈련을 받은 피고용인의 비율 – 규제기관과의 접촉 빈도수 – 피드백 메커니즘의 사용 방법(사용자에 의한 피드백 메커니즘의 가치에 대한 견해를 포함) – 각 미준수로 취해진 시정조치의 유형
반응성 지표	– 유형, 영역 및 빈도별로 식별되고 보고된 이슈 및 컴플라이언스 의무 불이행 – 금전적 보상, 벌금과 기타 범칙금, 구제비용, 평판 또는 피고용인의 시간 비용에서 발생하는 영향의 평가를 포함할 수 있는 컴플라이언스 의무 불이행의 발생 결과 – 보고와 시정조치에 걸린 시간
예측성 지표	– 목표(수익, 건강과 안전, 평판 등)의 장기적인 잠재적 손실/이익으로 측정되는 컴플라이언스 의무 불이행 리스크 – 의무 불이행의 경향(과거의 경향에 근거하는 예상 준수율)

이러한 지표를 바탕으로 조직의 컴플라이언스 활동에 대한 정확하고 최신의 기록은 모니터링과 검토 프로세스를 지원하고 시스템과의 적합성을 실증하기 위해 보유되어야 한다. 만약 조직이 컴플라이언스 실패 문제로 기소 위기에 처한다면, 컴플라이언스 기록은 매우 중대한 자료가 된다. 그리고 법무, 감사, 준법cp 등의 부서는 이 자료를 신중히 관리하고 보관하여야 한다. 누군가로부터 훼손 등이 있으면 그 또한 컴플라이언스 경영 실패이기 때문이다.

이에 기록 보관은 컴플라이언스 이슈와 의무 위반(불이행) 혐의 및 이를 해결하기 위해 취한 조치의 기록 및 분류를 포함하여야 한다. 기록은 읽기 쉽고 쉽게 식별할 수 있으며, 검색을 보장하는 방법으로 보관되어야 할 것이다. 만약 이슈가 발생하더라도 누군가로부터 훼손되어서는 안 된다. 이러한 기록은 추가, 삭제, 수정, 무단 사용 또는 은폐로부터 보호되어야 한다. 또한, 조직의 컴플라이언스 경영 시스템의 기록은 컴플라이언스 보고를 포함한 성과에 대한 정보, 의무 불이행 및 시정 조치의 세부 사항, 컴플라이언스 경영 시스템의 검토와 심사 결과 및 취한 조치를 아우른다. 따라서 컴플라이언스 지표로 관리되고 보호되어야 한다.

컴플라이언스 내부심사 Audit
(Internal audit)

내부심사는 내부의 인원이 컴플라이언스 경영 시스템 운영에 대한 준수 및 실행 여부를 확인하고 발견하여 그 적합성과 효과성을 제3자 심사 이전에 확인하기 위한 제도이다. 여러 가지 면에서 제2자 또는 제3자 심사와 유사하며 경영진에게 올리는 경영검토 보고를 위한 관리 수단으로 활용된다. 그리고 경영 시스템의 인식도를 높여 내부의 인원이 개선할 수 있는 좋은 계기가 된다.

그러나 내부심사의 한계성이 분명히 존재한다. 내부적으로 같은 동료를 심사해야 하기 때문에 독립성, 공정성, 객관성 확보가 어려우며 심사 시 부적합에 대한 보고가 쉽지 않다. 발견사항이 책임자, CEO, 지배기구에 보고된다는 것은 피심사자로서는 부담이 아닐 수 없다. 그래서 효과성, 효율성 제고에 방향을 둘 필요가 있다.

사례로 어떤 기업은 경영진의 강력한 의지로 내부 심사원이 임원급으로 구성되어 그 역할과 책임을 다할 수 있도록 도와 조직 내 문제를 가감 없이 밝혀내기도 한다. 또한, 심사 기능에서 그 역할을 다하기 위해 이해충돌 없이 독립적으로 수행하기 위하여 타 부서와 원활한 조율 관계를 거쳤다. 또 다른 기업은 조직 내의 상황을 잘 알고 있는 내부 심사원과 제3자 심사원이 동행하여 그 취약성을 보완하고 독립성을 높였다. 직접 발견할 수 없는 부분에 대해 제3자 심사원의 귀에 정보를 제공하고, 그의 입을 통해 문제점을 찾고 발견할 수 있었다.

내부심사는 계획된 주기로 컴플라이언스 경영 시스템에 대한 조직 자체의 요구사항이 적합하고 시스템이 효과적으로 유지되고 있음을 확인하여야 한다. 그러기 위해서는 ISO 19011:2018의 내부심사 프로그램을 활용하여 조직은 빈도, 방법, 책임, 기획 요구사항 및 보고를 포함한 심사 프로그램을 계획, 수립, 실행 및 유지하여야 한다. 내부 심사 프로그램을 기획할 때, 조직은 관련 프로세스의 중요성 및 이전의 심사 결과를 고려할 필요도 있다.

나아가 내부심사에서는 다음을 실행해야 한다.
a) 개별 심사의 심사 목표, 심사 기준 및 심사 범위를 규정
b) 심사 프로세스의 객관성 및 공평성을 보장하는 심사원을 선정하고 심사 진행
c) 심사 결과를 관련 관리자나 경영진에게 보고하는 것을 보장

실사, 모니터링, 내부심사의 구분이 어려울 수 있으니 이에 대한

ESG 경영의 근간, 컴플라이언스 솔루션.ZIP

비교를 다음 표와 같이 설명할 수 있다.

구분	실사(Due diligence)	모니터링(Monitoring)	내부심사(Internal audit)
ISO 조항	7.2.2(고용 프로세스) 8.2(실사)	9.1(모니터링, 측정, 분석 및 평가)	9.2(내부심사)
정의	리스크의 성질 및 정도를 심도 있게 평가하여 조직이 특정 거래, 프로젝트, 활동, 비즈니스 관련자와 인원에 관해 결정을 하도록 돕기 위한 프로세스	시스템, 프로세스, 또는 활동의 상태를 결정하기 위함	심사 기준이 충족되는 정도를 결정하기 위해 객관적으로 평가하기 위한 체계적이고 독립적이며 문서화된 정보 프로세스
성격 및 내용	정보에 대한 실사(확인) 1. 문서 및 계약의 이행 2. 미준수 여부	성과의 모니터링, 측정, 분석 및 평가 1. 요구사항의 성과물 2. 웹사이트, 미팅, 설문, 전자우편, 전문가 의견 등	시스템의 적합성과 효과성 심사 1. 경영 시스템 운영상태 2. 요구사항의 적합성과 효과성 확인 3. 경영방침 및 목표 4. 경영 시스템 개선
대상	중 이상의 리스크에 노출된 이해관계자 고용 전, 인사이동 전, 승진 전	목표, 교육 효과성, 책임배분, 실패(미준수)에 대한 효과성, 문화, 내부심사 결과	조직 전체
시기	1. 정기 2. 비정기	상시(수시 체크)	1. 정기 2. 비정기
책임	책임자	책임자 또는 각 부서장	내부 심사원
규정	실사 규정, 감사규정	모니터링 절차서, 감사규정	내부심사 절차서
기타	– 실사는 완벽한 도구가 아니므로 합리적이고 비례적인 실사 필요 – 샘플링 및 우선순위 실사 가능	정기적이고 자체적인 모니터링은 사건/사고를 사전에 예방 효과	– 샘플링 및 우선순위의 내부심사 – 최초 전체, 사후 1/3, 갱신 2/3

컴플라이언스 보고
(Compliance reporting)

이번에서는 경영진과 이사회에 중점적으로 보고하여야 하는 컴플라이언스 경영검토를 다루고자 한다.

사실 실무자들은 Good news보다는 Bad news를 경영진에 보고하기가 매우 부담스럽다. 경영진 입장에서 보면 컴플라이언스 부서에 기대하는 것은 리스크를 줄이고자 하는 것인데 자꾸만 조직 내에 Bad news가 보고된다면 답답하기만 할 것이다. 가끔 경영진이 면박을 주듯이 '통제부서가 그걸 모르고 무엇을 하고 있었냐는 등' 지적한다면 담당자는 보고에 대한 두려움이 있어 보고를 꺼리고 결국 큰 파장을 만들게 된다. 실무자는 전전긍긍하며 보고를 해야 할지 말아야 할지를 고민하게 된다. 결국 풍선이 부풀어 오르고 있는지 경영진은 전혀 모르고 있다가 터지는 것이다.

효과적인 컴플라이언스 경영을 함에 있어 Good news보다 Bad news가 통제부서(준법, 감사, 법무, 인사 등)를 통해 빨리 올라오는 것이 모범 사례Best practices이다. 그래야 리스크가 커지기 전에 빠른 리스크 관리 활동을 통해서 적절한 대응이 적시에 이뤄질 수 있고 리스크를 감소시킬 수 있다.

이에 통제부서는 지배기구와 최고 경영자에게 컴플라이언스 경영 시스템의 지속해서 적절성, 충족성, 효과성을 문서화된 정보로써 보고하여야 한다. 기간은 1달, 분기, 연 1회가 될 수 있으나 통상적인 경영 검토는 연 1회이며 보고 방법은 조직이 정하면 된다.

다만 보고 순서로는 내부 심사원, 담당자, 컴플라이언스 기능, 최고

경영자, 지배기구 순으로 보고되어야 한다. 때로는 컴플라이언스 기능이 최고 경영자를 건너 보고할 수 있는 예외 보고 시스템이 갖춰져야 한다. 최고 경영자 또한 준법 통제의 대상이 될 수 있기 때문이다.

보고의 내용으로는 이전의 경영검토에 따른 조치의 상황이 잘 다뤄졌는지 여부이다. 이에 대해 경영진과 지배구조는 궁금해할 것이다. 다음으로 시스템에 관련된 내·외부 이슈의 변화가 된다. 이사회는 단순히 법률만 보더라도 최근 중대재해처벌법과 같은 법률이 어떻게 식별되고 통제되고 있는지 궁금해할 것이다.

이해관계자의 요구와 기대사항에 대한 지속적인 개선이 이뤄지고 있는지에 대한 여부도 마찬가지이다. 앞서 설명한 것처럼 시스템은 PDCA Cycle를 거치면서 발전되어야 한다. 예를 들어, 자전거가 멈춰 버리게 되면 넘어지므로 앞으로 나아갈 수 있도록 경영진이 뒤에서 잡아 주고 독려해 주어야 한다. 마지막 보고 사항은 컴플라이언스 성과에 대한 정보이다. 부적합, 컴플라이언스 의무 위반(불이행) 및 시정조치, 모니터링 및 측정 결과, 내·외부 심사 결과를 정기적으로 보고하여 지속해서 앞으로 나아가야 한다.

그리고 위의 보고 내용을 바탕으로 최고 경영자와 지배기구는 다음과 같은 컴플라이언스 기능에 피드백을 주어야 한다.
- 컴플라이언스 방침과 그와 관련된 목표, 시스템, 구조 및 인원 변경 필요성
- 운용 관행 및 시스템과의 효과적인 통합을 보장하는 프로세스의 변경

- 장래의 잠재적 컴플라이언스 의무 불이행에 대해 모니터링될 영역
- 의무 불이행에 대한 시정조치
- 현재의 시스템과 장기적이고 지속적인 개선책과의 차이 또는 부족
- 조직 내에서의 모범적인 컴플라이언스 행동의 인식

이렇듯 컴플라이언스 경영검토는 시스템의 지속적인 개선의 기회를 줄 수 있다.

ESG 경영의 근간, 컴플라이언스 솔루션.ZIP

7

요소 7: 지속적 개선을 위한 시정과 시정조치

지속적 개선
(Continual improvement)

이 장에서는 경영 시스템 PDCA Cycle 중 마지막 개선Act을 다룬다. '지속적 개선'이라는 것은 발견된 문제에 관하여 대응 및 개선대책을 이용해 다시 생긴 문제를 지속적으로 막을 수 있다는 뜻이다. 문제점이 발견된다면 문제의 심각성을 파악하고 즉시 조사를 진행하여 시정과 시정조치를 해야 한다. 문제점이 발견되었다는 것은 좋은 신호이고 개선하면 된다. 실패에서 배우는 것이 진정한 성공이라고 하였다.

필자가 피심자에게 요청하는 것이 있다. 심사받기 위해서 행정적 컴플라이언스 경영 시스템을 구축·운영하지 않기를 권고하는 것이다. 조직이 컴플라이언스 경영을 하려는 궁극적인 목적은 세부 조항에 집중하여 시스템을 구축·운영하는 것이 아니다. 거시적인 차원에서 진정성 있고 효과적인 컴플라이언스 경영을 하겠다는 것이다. ISO 37301:2021의 맨 마지막에 있는 10장(개선)에 그 답이 있다. 거시적인 차원에서 큰 틀을 잡고 세부적인 사항들은 부적합과 권고사항을 통해 개선하면 된다.

발견된 부적합을 제거하는 시정과 이미 일어난 부적합 상황의 재발 방지를 위하여 그 원인을 제거하는 시정조치가 있다. 그리고 유사한 부적합의 발생을 사전에 차단하는 예방조치는 최종 개선 활동을 의미한다.

먼저 **시정**은 당면한 문제를 해결하기 위한 즉각적, 응급적, 임시적 조치이다. 수도 호스에서 물이 새면 새는 수도관을 교체하거나 새지 않도록 즉각적으로 막는 것이 시정이다. 반면 **시정조치**는 부정합 사항의 재발 방지를 위해 원인을 제거하는 조치이다. 즉, 사건은 이미 일어났으므로 재발 방지 대책을 세워야 한다. 프로세스에 문제가 발생했다면 다시는 일어나지 않게 해야 한다. 부적합 사항을 신속하게 처리할 필요가 있는 경우에는 먼저 시정(응급조치)을 실시한 후 시정조치(원인제거)를 취할 수 있는 것이다. 일시적인 조치 이후 물이 새는 원인이 수압이라면 수압을 내리고 수압을 측정하는 시스템을 개선하면 되는 것이다.

마지막으로 **예방조치**는 잠재적인 문제 또는 부적합의 원인을 제거하기 위해 수행되는 일련의 활동을 암시하는 것이다. 즉, 사건이 일어나기 전 사전예방 조치이다. 예를 들면 교육을 진행하거나 주기적인 교체 및 예방정비 등을 점검하여 예방하는 것이다. 예방조치는 모든 프로젝트의 리스크 분석을 기반으로 시행해야 한다. 심사원은 미래의 부적합을 방지하기 위해 적시에 취해야 하는 예방조치들을 지적한다.

'자동차 교통사고'를 예시로 그에 대한 절차를 설명해 보자. 사고가 났을 때 우선 많이 당황스러울 것이다. 그런데도 우리는 프로세스 관점으로 침착하게 대응하여야 한다. 당연히 인명구조가 먼저이기에 빨리 응급환자를 대피시키고, 119·경찰서·보험사에 전화하여 사고 현장을 보전해야 한다. 그리고 차량 통행이 원활하도록 조치하여야 한다. 이처럼 시정은 개선 활동 중 즉각적, 응급적, 임시적 조치이다.

그렇다면 시정조치 프로세스는 다음과 같다.

이해관계자의 불만 사항을 포함하여 증거를 기반으로 조사를 진행해야 한다. 이제 보험사 입장에서 '자동차 사고'에 대한 대처 프로세스라고 생각하자. 적극적인 이해관계자의 협조가 있어야 가능하다. 현장 사진, 경찰서 신고 내용, 사고 당사자와 목격자 진술 등을 바탕으로 사고 내용을 객관적으로 파악하는 조사 프로세스가 필요하다.

조사 이후 본격적 시정조치를 하기 위하여 근본 원인을 식별, 분석하여야 한다. '혹시 교통 환경'이 문제였는지, '운전자의 과속 운전'이 원인이었는지 말이다. 그리고 매뉴얼에 따라 시정조치를 수행하면 된다. 문서 개정을 포함하여 그 결과를 기록하여 문서 추적이 가능하게 해야 한다. 이때 보험사는 가해자와 피해자를 구분하여야 한다. 그 사실을 증명하기 위하여 사실 증명원을 다른 보험사에 제출하고, 큰 사고는 좀 더 구체적인 절차를 밟아야 한다.

시정조치가 잘 끝났으면 검증단계로 그 결과가 효과적이었는지를 보증하기 위한 관리로써 그 효과성을 최종 검토하여야 한다. 피해자의 진단서, 사실 증명 등 증거자료를 통하여 양 보험사 간 피해물에 관해 이견이 없는지 합의하는 것이다.

이 사고에서 예방조치는 안전교육, 차량 정기 점검, 면허정지·취소처럼 다시는 사고가 일어나지 않도록 하는 것이라고 보면 된다. 시스템을 운영하는 조직 차원에서는 보면 자원의 가용성, 책임과 권한 배정 또는 재배정, 프로세스 통폐합 등을 예방조치라고 할 수 있다.

컴플라이언스 경영 시스템의 지속적인 적절성, 충족성 및 효과성을 입증하기 위해 PDCA 마지막 Cycle인 지속적 개선이 이뤄져야 한다. 부적합 또는 의무 불이행 발생 시 조직은 즉시 시정조치하고 관계기관에 신고하여야 한다. 또한, 결과를 처리해야 하는 의무가 있다. 마찬가지로 원인을 제거하려는 조치, 다시는 일어나지 않도록 예방조치까지 모든 조치를 병행하여야 한다. 취해진 모든 시정조치의 효과성을 검토하고 필요하다면 컴플라이언스 경영 시스템을 변경하여야 한다.

부적합 또는 컴플라이언스 의무 불이행 분석을 통해 다음 사항을 고려할 수 있다.
• 제품 및 서비스 성과 평가
• 제품 및 서비스의 개선 또는 재설계
• 조직 관행과 절차 변경
• 피고용인의 재교육 훈련
• 이해관계자에게 통지할 필요성의 재평가
• 잠재적 컴플라이언스 의무 불이행에 대한 조기 경고
• 관리의 재설계 또는 검토

ESG 경영의 근간, 컴플라이언스 솔루션.ZIP

- 통지 및 확산 전파 조치(사내 및 사외) 강화
- 컴플라이언스 의무 불이행에 대한 사실과 의무 불이행에 관한 조직 입장의 의사소통

효과적인 경영 시스템 운영에 있어서 사람은 없어도 시스템은 그대로 남아 있다. 새로운 누군가 와서 그 역할을 이전 그대로 수행하기만 하면 된다. 또한, 지속해서 개선하고 진화하는 능력이 있다. 그러나 경영진과 시스템을 운영하는 부서의 의지가 없다면 의미 없는 시스템으로 전락할 것이다.

윤리·준법 기준은 끊임없이 변화한다. 내·외부 환경 및 비즈니스는 고객의 특성과 적용되는 컴플라이언스 의무와 마찬가지로 시간이 지남에 따라 변화한다. 즉, 이전에는 괜찮았어도 오늘부터 문제가 되는 것이 컴플라이언스 이슈이다. 이 중에서도 컴플라이언스 기준은 사회적 인식과 가치 기준 변화에 따라 항시 변하기 때문이다. 임직원들은 몰라서 못 지키는 경우가 많을 것이다. 지속해서 개선하지 않으면 변하지 않아 고인 물이 되어 썩어 악취가 난다.

사람은 마땅히 존중받아야 한다. 존중받기 위해 윤리·준법은 기본 중 기본이다. 더불어 기업은 지속가능한 성장을 해야 한다. 이를 위해서 과거로의 역주행이 아닌 새로운 길로 나아가기 위해 뼈를 깎는 시정과 시정조치로 개선해 나가야 한다.[6]

---

6 본고 마지막 장, [별첨] 상장회사 표준준법통제기준(2019년 1월 개정)

ESG 경영의 근간, 컴플라이언스

기승전, ESG 중요 시대

ESG 실행 가이드라인, ISO 26000:2010

최근 화두가 되는 ESG를 언급하기에 앞서 ISO 26000:2010(Guidance on social responsibility)에 대해 알아보고자 한다.

1972년 로마클럽Club of Roma 이후 지속가능한 발전Sustainable Development에 대한 전 세계의 관심도가 그 어느 때보다도 높아지면서 모든 조직에 관련 이해관계자의 기대를 고려하고 법을 준수하는 투명하고 윤리적인 행동을 포함하는 사회적 책임Social Responsibility의 중요성을 강조하는 추세이다.

이러한 추세를 반영하여 ISO(국제표준화기구)는 2010년 사회적 책임을 부담하여야 할 주체 및 지역을 확대하면서 ISO 26000:2010을 2010년 11월 106페이지에 해당하는 국제표준으로 제정하였다. 제정 당시 이제는 기업뿐만 아니라 모두가 사회적으로 다양한 책임을 져야 한다는 모두의 공감대가 형성되었다. 그중에서도 기업의 책임이 그 어느 때보다 중요하게 되었다. 사회가 복잡해지고 기업은 거대해졌다.

그리고 자본주의가 견고해짐에 따라 이제는 착한 기업만 살아남을 수 있다는 것이다.

ISO 26000:2010(Guidance on social responsibility)은 CSR에서 'C Corporate'가 빠져 SR Social Responsibility로 된다. 6년 동안 여러 기관 전문가들이 고민하고 투표한 끝에 제정된 것이다. 그때 당시 ISO 26000:2010은 사회적 책임이 기업뿐만 아니라 정부나 NGO 등 모든 형태의 조직에도 똑같이 적용되어야 한다는 주장이 제기됨에 따라, 'CSR'에서 기업을 뜻하는 'C'를 뺀 사회적 책임으로 범위를 확장하고 있다. 따라서 광범위한 분야를 다루고 있는 것이 ISO 26000:2010이다.

ISO 26000:2010은 기존의 ISO 표준과는 달리 인증을 필요로 하지 않는다. 즉 강제성을 띠지 않는 연성규범 차원이 강하고 자발적 채택을 권유하는 국제표준인 것이다. 그러나 ISO 9001:2015(품질), ISO 140001:2015(환경) 등 인증제도가 아님에도 불구하고 일부 인증기관은 ESG와 같은 사회적 분위기를 감안하여 인증 Certification 또는 검증 Verification과 같은 서비스를 기업에게 제공하였다. 기업들은 자사의 사회적 책임을 다한다는 것을 어떤 방법으로든 표방하고 싶어 한다.

사실 ISO 26000:2010 시작은 기업의 사회적 책임만을 강조하는 것과 달리 기업은 물론 정부, 노조, 시민단체 등과 같이 모든 조직이 사회적 책임을 갖는다는 개념에서 출발하였다. ISO 26000:2010은 성격이나 규모에 상관없이 모든 조직이 이행하여야 할 사회적 책임 SR을 담고 있다. 나무 Tree 구조로 생각해 보면 ISO 26000:2010을 쉽게 이해할 수 있다. 뿌리가 되는 사회적 책임 7원칙(4장), 즉 설명책임, 투명성, 윤리적 행동, 이해관계자 존중, 법치주의 존중, 국제행동규범 존중, 인권 존중을 제시한다. 그리고 나무 몸통이 되는 사회적 책임의 7가지 핵심 주제(6장), 즉 지배구조, 인권, 노동, 환경, 공정운영 관행, 소비자 보호, 지역사회 발전을 다루며 세부적인 내용과 구체적인 이행 방안을 가이드라인으로 제시하고 있다.

다음으로 나뭇가지로 뻗어 나가는 사회적 책임에 대한 두 가지 기본적인 실행(5장), 즉 사회적 책임에 대한 인식, 이해관계자 정의 및 참여를 다룬다. 마지막으로 나뭇잎과 열매에 해당하는 조직을 통한 사회적 책임의 통합(실행)(7장), 즉 조직 특성과 사회적 책임과의 관계, 사회적 책임에 대한 자발적 이니셔티브, 사회적 책임에 대한 조직의 활동과 실천에 대한 검토 및 보고, 조직의 사회적 책임에 대한 이해, 사회적 책임에 대한 의사소통, 사회적 책임에 관한 신뢰성 제고에 대해 다룬다.

최근 급격한 산업화 발전으로 지구상 모든 주요 생존 시스템이 남용되거나 쇠퇴하고 있으며 현재 COVID-19와 같은 눈에 보이지 않는 바이러스가 창궐하고 있다. 현재도 많은 사망자가 발생하고 있으며, 전 세계 절반의 사람들이 하루 2달러 미만으로 생계를 이어 나가고 있다. 그리고 기업의 사회적 영향력은 점차 확대되어 가고 있다.

이에 따라 전 세계적으로 기업의 사회적 책임CSR과 ESG에 관한 관심과 요구가 증가하게 되었다. 지속가능경영을 위한 경영 투명성 및 윤리·준법경영 등의 이행 여부가 중요한 요소로 자리 잡게 된 것이다. 주주, 노동자, 소비자 등 기업의 이해관계자들은 기업 고유의 목적인 경제적 책임 이외에 환경·노동·노동자·소비자·지역사회 등 사회 전반에 대한 책임을 부담할 것을 요구하게 되었다.

CSR은 이미 언론과 일반 대중에게 잘 알려져 있다. 그리고 지속가능한 발전을 위해서는 기업의 사회적 책임이 중요하다는 논의가 이루어지고 있는 상황에서 ISO 26000:2010은 많은 기업에게 숙제로 던져졌다.

2000년대 초 미국의 엔론Enron社 및 월드컴WorldCom社의 분식회계 사건, 나이키Nike社의 아동노동 사건, 일본의 유키지루시雪印 유업의 우유 식중독 사건 등이 CSR에 기름을 부었다. 이 사례들은 기업이 이윤 추구와 함께 사회적 책임을 다하지 않은 경우, 기업의 생존이 위협받을 수도 있음을 잘 보여 줬다. 만약 사회적으로 책임을 다하지 않는 기업은 언제든지 언론, 소비자, 국민의 질타와 사법·국회·행정 기관으로부터 막강한 제재를 받아도 된다는 인식은 시간이 지나면서 점차 높아지고 있다.

기업의 사회적 책임이 강조되는 이유는 기업이 사회의 일원으로서 사회로부터 이윤을 창출하므로 사회와의 관계를 배제할 수 없기 때문이다. 이제 기업의 사회적 책임은 선택사항이 아니라 기업 생존을 위한 기업 전략으로 인식되고 있다. 국내외 기업들 역시 이러한 변화에 대응하고 생존을 모색하기 위해 행동이나 윤리강령 제정, 사회공헌활동 등 다양한 노력을 전개해 왔다. 당시 CSR을 두고 다양한 정의로 내리고 있었고 이를 통일하자는 목소리가 높았다.

1950년대 미국 경제학자 하워드 보웬Howard Bowen(1908~1989)이 이론화했던 CSR의 개념은 미국을 중심으로 폭넓은 공감대를 형성하며 전 세계에 퍼져 나갔다. 1953년 하워드 보웬이 자신의 저서에서 '기업의 사회적 책임Social Responsibility of the Businessman'을 언급함으로써 미국 사회에 기업의 사회적 책임에 대한 논쟁을 불러일으킨 것이다. 보웬은 기업인들이 단지 이익이냐 손실이냐의 범주가 아니라 폭넓은 차원에서 기업의 사회적 역할을 다해야 한다고 주장하였다. 즉, 영리 추구뿐만 아니라 사회복지, 환경, 문화 등 다양한 영역에서 사회가 균형 있게 발전할 수 있어야 한다고 하였다.

하지만 초기부터 그랬던 건 아니다. CSR 개념이 대중에게 익숙해진 계기는 1990년대 초 미국에서 있었던 일련의 사건 때문이었다.

첫 번째 파문의 주자는 미국 출신으로 인도네시아 등 동남아시아에서 주로 활동하던 노동운동가 제프 밸린저*Jeff Ballinger*다. 그는 1988년 인도네시아 나이키NIKE 공장의 열악한 노동 환경과 최저 생계비에도 못 미치는 급료 관련 실태 보고서를 매스미디어에 폭로했다. 그의 노력이 처음부터 눈에 띈 건 아니었다. 하지만 1992년 당시 미국 방송사 ABC 아침 프로그램 진행자였던 케이시 리 지포드*Kathy Lee Gifford*가 생방송 진행 중 이 일을 언급하며 상황은 급물살을 탔다.

이 자리에서 지포드는 "내 옷이 아동노동 착취의 결과물이란 비난을 들었다. 세상의 아이들을 돕기 위해 그렇게 노력해 왔는데, 저도 모르는 새 아이들을 착취하고 있었다니요!"라고 울먹였다. 실제로 그녀가 입은 브랜드의 의상은 온두라스에서 13세 소녀들이 저임금으로 장시간 일해 만들어진 것이었단 사실이 밝혀졌다.

이 사건은 사실 '나이키'란 회사와는 상관없는 일이었다. 다만 이미 몇 번인가 매스컴을 탔던 나이키 보고서들이 '역주행'으로 엮이며 나이키는 물론, 여러 의류 제조업체들의 노동 사용 관행에 대한 사회적 관심과 비판을 촉발하는 계기가 된 것이다. 1990년대 후반 이 문제는 미국 대학가 학생운동의 핵심 주제로 채택되며 대중적 인지도를 점차 높여 갔다.

이후 미국 사회에선 CSR이 한 차원 다르게 강조되며 "(소비자인) 일반 시민이 기업의 제품 생산 과정을 모니터링해야 한다."라는 의식이 고조됐다. 당시 나이키 운동화 모델이었던 유명 농구선수 마이클 조던은 기자들에게 이 문제에 관한 질문을 받기도 했다. "잘 모르겠는데요. 제가 나이키를 홍보하는 건 그 제품의 품질을 믿기 때문이에요. 생산 과정에서의 사회적 책임은 기업이 알아서 져야 하는 것 아닌가요?" 이런 그의 대답은 두고두고 비난의 대상이 됐다.

나이키 보고서 사태는 '기업이 생산 과정에서 윤리의식과 사회적 책임을 얼마나 잘 지키는지 확인하려면 어떻게 해야 할까?' 하는 문제의식을 태동시켰다. 미국 등 선진국을 중심으로 CSR 평가기관이 우후죽순 생겨난 것도 그즈음이었다.

그리고 많은 학자가 CSR에 대해 다음과 같이 정의하였다.
1. Corporate responsibility
2. Corporate sustainability
3. Corporate citizenship
4. ESG(Environment, Social, Governance)
5. Corporate stewardship
6. Responsible business practice
7. Corporate accountability
8. Responsible business

ESG 경영의 근간, 컴플라이언스 솔루션.ZIP

9. Business in society

10. The stakeholder corporation

11. Doing well by doing good

12. The triple bottom line

용어에 대한 정의는 다양하지만 전체적인 윤곽은 모두 착한 기업을 요구하고 있다는 것이다. 산업화를 거치면서 환경뿐만 아니라 동물 그리고 사람들은 겪어 보지 못한 다양한 스트레스를 받고 있다. 기업의 영향력은 그 어느 때보다도 막강하다. 대한민국의 대기업은 단 1%도 되지 않음에도 불구하고 학생들과 취준생들은 그 멤버가 되기를 기대한다. 일부 부모들은 법을 어기면서까지 자신의 자녀가 그곳에서 일하기를 바란다.

기업은 사회에 끼치는 영향력을 좋은 방향으로 이끌고 그 이미지 관리에 최선을 다해야 한다. ESG는 갑자기 툭 튀어나온 단순한 트렌드가 아니다. 과거부터 이해관계자는 지속적으로 그 중요성에 대해 언급해 왔고 요구해 왔다. 최근 그들은 기업이 재무적 성과인 욕심만 추구할 것이 아니라 비재무적 성과까지도 투명하게 공개하라고 요구하고 있다. 기업이 ESG를 모르면 수출과 거래가 어려워 사업을 하기 힘든 구조이다.

어차피 정답은 정해져 있다. 모두가 요구하는 것은 '착한 기업'이 되라는 것이다. 다만, 문제가 어떻게 착한 기업이 되느냐 하는 것이다. 그 방법에 대해서는 뒤에서 소개될 ISO 26000:2010에서 그 실천 방향을 포괄적으로 자세히 정의하고 있다.

대표적 사회적 책임 제도에 대한 각 차이점 비교

구분	CSR	CSV	SV	ESG
논의 시점	1953	2011	2017	2020
주장 및 확산 계기	Helslin& Ochoa(2008)	Michael Porter	정부	블랙록 래리핑크
주문 내용과 기대 (기업 성격)	소외계층과 사회문제 해결(선한기업)	사회와 기업의 공유가치 창출 (현명한 기업)	사회적 가치를 경영에 반영	투자대상으로의 지속성 (건강한 기업)
기업의 조직 명칭	사회공헌팀	CSV팀	사회적 가치 구현팀	ESG 대응팀
주요 보고 및 평가 기준	GRI, UN SDGs	GRI, UN SDGs	경영평가 편람	KCGS, MSCI
목적	기업의 사회적 책임을 의미 (사회에 기여하고자 하는 목적으로 진행되는 기업의 부가 활동)	경제적 이익과 사회적 이익 동시 추구	–	지속가능한 투자 (기업 활동 전반에 친환경, 사회적 책임, 지배구조 개선 등을 도입, 지속가능한 발전 도모)
실행방법	봉사, 기부 및 사회공헌	–	–	기업 경영, 재무활동에 ESG 요소 연동
단기적 효과	소비자, NGO, 임직원 등에 긍정적 이미지, 기업 충성도 상승	–	–	주주, 투자자 등에 영향
장기적 효과	기업의 평판 향상에 도움, 매출 증대 기여	–	–	기업의 재무 안정성으로 이어짐

위의 표에서 보듯 대상과 목표에는 큰 차이가 없다. 용어가 무엇이든 기업을 향한 주문이고 요구들이며 우리 사회는 물론 전 지구적 지속가능성을 높일 목적으로 제시된 방안이다. 이익만 추구하면서 초래된 사회적 불평등을 완화하고, 정당하고 투명한 의사결정을 하며, 마구잡이 개발로 초래된 자연 환경적 폐해에 기업이 책임 있게 나서라는 요구이다.

세부적으로 분류하기 전 CSR, CSV, SV와 ESG를 나눠 보고자 한다. 사회 관점의 CSR, CSV, SV는 이해관계자의 사회적 가치를 창출하는 기업이어야 한다는 요구인 한편, 투자자 관점의 ESG는 리스크 없이 기회 요인을 잘 찾아 건강한 기업이 되라는 요구였다.

그럼 세부적으로 각각의 용어의 출발과 배경을 다루어 보자. 우선 오래전부터 있었던 기업의 자선활동 등이 CSR이란 용어로 구체화된 계기는 1953년 미국 연방법원의 판정이라는 주장이 일반적이다(Helslin&Ochoa, 2008). 미국의 스탠더드 오일이 스탠퍼드 대학 엔지니어링학과에 기부하자 일부 주주들이 주주 이익을 침해했다며 소송을 제기했으나 연방법원이 '스탠더드 오일의 기부 활동은 미래 고용자를 교육하는 데 도움을 줌으로써 기업에도 이득이 된다.'라는 판정을 내린 것이다.

이후 CSR 활동은 자선적 활동의 중요성과 주주의 이익이 사회자원에 바탕을 두고 있다는 인식, 주주는 물론 고객 등 다양한 이해관계자의 이익까지 경영 활동에 포괄해야 한다는 수준으로 진화했다. 기업 경영에서 번 돈을 사실상 근원이라고 할 수 있는 사회와 이해관계자 모두를 위해 쓰라는 포괄적인 주문이라는 분석이다.

2000년을 전후해 체계를 갖추면 현장으로 확산해 나가던 CSR경영은 2011년 미국 마이클 포터의 논문 하나로 큰 변화를 맞이하게 된다. 논문 'Creating Shared Valuecsv'는 CSR활동에 미적거리던 기업들에게는 신선한 충격이었다. 사회적 어려움을 극복하는 작업은 곧 기업에도 이익이 된다는 개념과 함께 공동의 이익을 만들어 내는 구체적인 방법을 제시했기 때문이다.

CSR을 '책임'이란 이름으로 부담스러워하던 기업들에 '사회를 위해 돈과 관심을 쏟으면 더 많은 돈을 벌 수 있다'라는 방법을 제시하니 관심이 집중되지 않을 수 없었다. 더구나 CSR에 적극적이었던 리먼브라더스가 2008년 금융위기의 주범으로 지목되면서 환경과 빈곤, 불평등, 부패 등에서 CSR에 대한 반성이 전문가들 사이에 일고 있던 시점이라 CSV의 설득력은 대단했다. CSR은 낡은 개념이고 CSV가 옳은 방향이란 논란까지 불러일으키면서 국내 많은 기업은 사회공헌 부서의 명칭을 CSV팀 등으로 바꾸기까지 했다.

한편 일부는 CSR을 자선활동에 기부금을 내는 일이라고 정의하였다. 틀린 얘기는 아니었다. 과거 CSR이 추구하는 바는 좋은 시민이 되자는 것이었다. 그리고 이윤 추구자(기업)에 대해 이윤만을 창출하지 말고 공동체의 이익을 위한 나눔 활동에 적극적으로 참여한다고 강조하였다. 그래야만 사회가 바람직한 방향으로 나아갈 수 있다는 것이었다.

그러나 최근 CSR은 경제적 이윤과 사회적 가치를 창출하는 사업 해결책solution을 강조한다. 대표적인 예로 장학금 사업, 나무 심기, 학교 또는 병원 설립, 우물 마련 등이 있다. 기업인이라면 당연히 자사의 윤리적·환경적 책임을 자각하여 그에 맞는 생산 과정을 적극적으로 개선해야 한다. 즉, 이익만을 위해 수단과 방법을 가리지 않고 사업을 해서는 안 된다는 것이다. 사회적 책임을 다해야 이윤 제고도 꾀할 수 있다는 것이다.

한국 사회에 많은 변화를 가져왔다. 촛불 정국에서 탄생한 정부는 사회 가치sv 구현을 대대적으로 들고 나왔다. 공공기관을 필두로 일반 기업까지 확산해 나가겠다는 목표로 시작한 사회 가치는 기업의 사회 책임 활동에 주류가 됐다. 공기업은 물론 일반 기업들까지 CSR, CSV 대신 사회가치 구현이란 이름으로 관련 조직을 재편하기도 했다. 사회가치는 사실 기업들에 사회적 어려움을 풀어 나갈 행동을 요구한 용어라기보다는 기업 가치와 대비되는 개념으로 CSR, CSV가 추구하는 궁극적인 가치로서 이미 일반화된 용어다. 시대에 따라 용어는 지속적으로 변화하였다. 그리고 이제 새롭게 등장한 ESG라는 폭풍이 우리 조직(기업)들에게 다시금 그 메시지를 주고 있다.

사회적 책임은 그리 어려운 것이 아니다. 기업 경영을 잘하고 착한 기업이 되면 된다. 고용을 늘리고, 매출을 늘리고, 성실하게 세금을 납부하고, 직원과 주주들에게 환원하면 된다. 어려운 것이 아니라 상식적인 수준에서 지속가능한 사업이 될 수 있도록 모두가 노력하면 된다.

ESG와 CSR의 비교

최근 ESG라는 용어가 급격한 화두가 되고 있다. 국가뿐만 아니라 소비자, 경영진, 노동자 등 모든 이해관계자가 ESG를 실천해야 하는 상황이다.

ESG는 유엔의 지속가능 개발 목표나 GRI의 지속가능 보고서, UN 지속가능 개발 목표, ISO 26000:2010 등에서 구체적으로 제시돼 온 개념이다. ESG는 환경Environmental, 사회Social, 지배구조Governance의 영문 첫 글자를 조합한 단어로, 기업 경영에서 지속가능성을 달성하기 위한 3가지 핵심 요소다. 기업의 지속가능한 성장 및 생존과 직결되는 핵심 가치들로 구성되어 있다. 기업의 사회적 책임에 대한 담론이 형성되면서 비재무적 가치가 중요해지고 있다.

지금 ESG가 갑자기 툭 튀어나온 것이라고 생각하는 것은 잘못된 접근 방법이다. ESG는 과거에도 있었고 우리가 단지 용어를 몰랐던 것뿐이다. 새로울 게 없다는 얘기다. 심지어 ISO의 기존 국제표준에는 각각의 요소를 구체적으로 담아 측정까지 해 왔던 이슈다.

또한, ESG는 기업 가치를 평가할 때, 전통적인 재무적 요소와 함께 고려해야 할 비재무적 요소로서 환경, 사회, 지배구조를 뜻한다. 최근 ESG 영역에서 온실가스 배출, 인권, 공급망, 평판 등의 이슈가 크게 부상하고 있는데, 이는 기업 리스크 및 기업 가치에 크게 영향을 주기 때문이다. ESG의 출발은 장기적인 시각에서 안정적인 이익을 얻기 위한 관점에서 나왔다. 예를 들면 석탄 산업에 투자하는 것은 장기적으로 좌초 자산을 만들 우려가 있기에 석탄으로 인한 이익 비중이 높은 기업에 대해서는 ESG 투자 시 배제하려는 움직임이 그중 하나다.

ESG는 단순히 내부 경영행위에 그치지 않고, 외부에 드러나는 경영 활동이다. CSR이 이론적이라면 ESG는 실무적이어야 하는 것이다. ESG 중 E와 S는 명사가 아니라 형용사라는 관점에서 중요하다. EEnvironmental(환경의), SSocial(사회의) 모두 형용사이다. 그러나

Governance(지배구조)는 명사이다. 즉, G(지배구조)가 머리처럼 작동하여 신체 기관처럼 E(환경)와 S(사회)가 되어야 움직일 수 있다. 다시 말해, G가 안 되면 E와 S가 움직이지 않는다는 것이다. 무엇보다 대한민국이 추진하는 ESG의 가장 강력한 문제점은 G_{Governance}(지배구조)에 해당한다.

원래 ESG는 기업 입장에서는 방어를 하고, NGO나 정부 입장에서는 기업을 공격하던 이슈에서 출발하였다. 기업이 주주 제일주의로 수익 위주의 경영을 하던 시대에 정부, 사회, 언론은 기업의 탐욕과 그 과정에서 보여 주는 기업의 무책임을 비난했다. 기업은 이러한 비난과 그로 인한 비용 손실을 막기 위해서 우리 회사도 ESG를 소홀히 하면 안 된다고 방어하기 시작한 것이다. 더불어 E(환경)를 보자면 S(사회)나 G(지배구조)는 주로 한국 내의 이슈 혹은 기업들과 한국 정부가 자체적으로 해결할 수 있는 이슈이지만, E는 국제 공조가 필요한 사안이기도 하다.

이를 나무와 뿌리로 비유하여 비교해 볼 수도 있다. CSR, CSV, SV는 사회 및 환경적 성과를 추구하므로 기업은 다양한 이해관계자와 올바른 관계를 맺어야 한다. 반면 ESG는 기업의 건강한 구조를 추구한다. 투자 의사 결정을 위해 고려하는 비재무적 요소를 다루기 때문이다. 즉, CSR, CSV, SV는 성과적인 측면의 열매에 비유할 수 있고, ESG는 투자인 줄기 및 뿌리에 비유할 수 있다. CSR, CSV, SV는 특정한 열매(사회, 환경적 성과)를 만들기 위해 노력하고, ESG는 어떤 그리고 얼마만큼의 열매가 열리는지는 중요하지 않고 대신 나무가 건강해야 함을 강조한다.

예를 들면 제품 생산 시 이산화탄소 발생을 줄이는 것은 열매인 동시에 줄기의 건강성이다. 우리 사회에서 사회적 기업에 대해서 CSR, CSV, SV는 요구하지만, ESG는 요구하지 않는다는 것을 하나의 예로 들 수 있다. 빵을 만드는 사회적 기업이라 하면 취약 계층을 얼마나 고용하고, 사회 서비스를 얼마나 제공하는지 CSR, CSV, SV를 요구하지만, 빵을 만드는 과정에서 물 사용을 얼마나 줄였고, 재료 공급 과정의 투명성은 어떠한지 ESG를 요구하지는 않는다.

반면 ESG와 CSR의 공통적인 요소도 있다. 첫째, CSR과 ESG 모두 비재무적인 요소를 담은 책임을 강조한다는 것이다. 재무적 요소로 기업을 평가하는 것은 당연하게 여겨져 왔으나 환경, 빈부패, 인권, 건강 등으로 기업 활동을 살펴보는 역사는 그렇게 오래되지 않았다.

둘째, 다양한 이해관계자를 포괄한다는 것이다. 조직원, 협력업체 사업 파트너, 고객, 지역사회, 정부 등이 유기적 관계를 맺고 있다. 이는 자본주의 사회에서 기업은 단순히 기업 내 조직원, 고객뿐만 아니라 사회 각층과 관계를 맺을 수밖에 없다. 이는 기업의 책임이 점차 확장되고 있음을 의미한다. 기업의 조직원은 1차적인 이해관계자이다. 그리고 영향권 범위에는 사업파트너, 지역사회, 시민, 정부 등이 포함된다.

대표적으로 2021년 6월 9일 광주 학동 재개발 현장 철거 건물 붕괴 참사로 17명의 사상자가 발생하였고, 2022년 1월 11일 광주 서구 화정동 800여 세대 ○○○○ 아파트 신축 공사 현장에서 외벽이 붕괴하는 사고가 발생하여 현재도 실종자 수색 중이다. 시공사는 학동 참사 때와 같은 ○○기업이었다. 법과 규정 등, 즉 컴플라이언스를 무시한 이윤 추구로 죄 없는 노동자를 이유 없이 죽였다.

죽은 자는 말이 없었고 유가족은 오열하였다. 시민들은 불편을 겪었고 국민은 충격에 휩싸였다. 세월호 침몰 사건, 삼풍백화점 붕괴 등이 머릿속을 스쳤을 것이다. 광주 시민들은 학동 재개발 사고 7개월 만에 악몽이 재현되자 "또 부실이냐"라며 경악했다. 이 사건은 모든 이해관계자에게 직·간접적으로 영향을 미쳤다.

중대재해처벌법 이전 노동자가 사망해도 대부분 집행유예로 풀려났으며 솜방망이 처벌만이 있었다. 이번 사건으로 중대재해처벌법은 면피하였을지는 모르지만, 국민은 마음속에 깊이 새겼을 것이다. 그리고 잊지 않고 역사에 기록되어 그 오명은 씻을 수 없을 것이다. 이처럼 기업(조직원)의 영향권은 우리 모두에게 영향을 미칠 수 있기에 그 주체로서 책임을 다해야 한다. 그 역할과 책임Role&responsibility이라는 이름이 ESG라는 용어로 포괄적으로 정의를 내리고 있다.

COVID-19와 함께 급부상한 ESG

용어를 보면 지속가능경영과 ESG는 같은 맥락을 가지고 있다. 이는 지속가능한 발전Sustainable development을 구성하는 요소로 함께 쓰이고 있다. 사실 외국은 ESG라는 용어보다는 '지속가능경영'이라는 단어를 더 많이 사용하고 있다. 급격한 산업화 발전과 함께 등장한 용어가 지속가능경영이다. 지구뿐만 아니라 모든 조직은 지속가능한 발전을 원한다. 조직에는 정부, 공공, 기업, 민간단체 등이 포함된다. ESG는 지속가능경영을 잘하는 조직을 평가하여 투자하는 평가 프레임이라고 봐도 좋다. 그렇지 않은 기업에 대해서는 투자를 철회하거나 거래를 하지 않겠다는 것이다.

ESG라는 공식 용어는 2004년 6월 유엔글로벌컴팩트UN Global Compact, 국제금융공사International Finance Corporation(IFC), 스위스 정부가 공동으로 참여한 이니셔티브인 「Who Care Wins(누가 이기는가)」 보고서에 ESG란 용어로 처음 등장한다. 당시 코피아난 UN 사무총장은 인류의 지속가능한 발전을 달성하기 위해서 세계 경제의 중요한 역할을 하고 있는 글로벌 투자기관들이 재무적 가치뿐만 아니라 비재무적 가치인 ESG를 중요하게 생각해야 한다고 주장하였다.

그는 ESG를 고려한 투자는 인류의 지속가능발전뿐만 아니라 투자자의 장기 이익에도 분명히 긍정적인 효과를 가져올 것이며, 투자자와 기업 그리고 인류 모두에게 더 나은 투자의 방법으로 지속가능한 투자가 가능하다고 제시했다. 더불어 이러한 지속가능한 투자를 실현하기 위한 UN 차원의 투자 가이드라인 개발이 반드시 필요하며 이를 위해 글로벌 금융사와 투자사들의 동참을 호소했다.

사실 이러한 주장은 기업 차원에서 CSR, CSV, SV, SRI란 개념으로 오래전부터 얘기되어 왔었다. 그러나 기업의 비재무적 가치는 여태껏 윤리적, 선언적 차원에 주로 머물러 온 한계점을 ESG라는 강력한 평가로 극복하고 있는 것이다. 필자 역시 강제성 없는 제도는 한계가 있다고 생각한다. 그 이유는 오랜 역사에서 보듯이 기업의 목적은 '이윤' 그 자체에 있다고 여겨 왔기 때문이다. 이에 반해 지금의 ESG 개념은 기업의 지속가능한 성과를 필수 지표로 인식하고 있다는 점에서 근본적인 차이가 있다.

ESG 경영의 근간, 컴플라이언스 솔루션.ZIP

ESG가 새롭고도 강력하게 경영 현장을 지배하고 있는 것은 COVID-19와 무관치 않다고 분석한다. COVID-19에 따른 ESG 경영의 트렌드는 더욱 가속화되었다. 기존 눈에 보이는 적과의 전쟁에서 싸우는 것보다 눈에 보이지 않는 COVID-19는 조용히 침투하여 우리의 생명과 모든 것들을 멈췄다. 빙산의 일각처럼 눈에 보이는 재무적 정보뿐만 아니라 수면 아래의 보이지 않는 엄청난 비재무적 정보(리스크)를 투명하게 공개할 것을 요구하고 있다. 그 대상이 기업과 정부뿐만 아니라 전 지구적으로 환경, 사회, 거버넌스를 잘하자는 것이다. 그중에서도 이번 COVID-19를 계기로 환경적 중요성이 단순히 어느 한 국가만의 문제가 아니라 국제 공조가 필요함을 절실히 느끼게 되었다.

ESG가 이렇게 큰 트렌드가 되기 이전에 우리들은 환경을 먼저 생각해야 했었다. 전문가들의 목소리에 귀를 기울이지 않은 것이다. 1980년에 개최된 「국제자연보전연맹회의International Union for Conservation of Nature(IUCN)」에서 채택한 「세계보전전략World Conservation Strategy(WCS)」에서 환경, 보건은 중요한 이슈였다. 세계보전전략은 "우리의 생존과 다음 세대를 위한 자연 자원의 수탁자受託子 임무 수행을 위해 개발과 보전은 동등하게 필요하다."라고 경제개발과 환경보전의 조화를 강조했다.

더불어 1987년에 열린 「유엔 환경과 개발에 관한 세계 위원회United Nations World Commission on Environment& Development(UN WCED)」는 『우리 공동의 미래Our Common Future』라는 보고서를 발표하기도 하였다. 이 보고서는 지속가능발전에 대해 다음과 같이 정의했다. "지속가능발전이란, 미래 세대로 하여금 그들의 필요를 충족시킬 능력을 저해하지 않으면서 현재 세대의 필요를 충족시키는 발전이다."

이처럼 과거부터 ESG는 기업의 환경 위험 감소, 사회적 책임 활동, 지속가능성 제고를 위한 활동의 중요한 요소였으나 지키지 않았던 것이다. 기업의 다양한 목표 중 환경과 투명 경영의 중요성을 간과했음이 더욱 드러난 것이 COVID-19와 같은 환경적 재앙이다. 이를 계기로 환경에 대한 우리의 인식이 완전히 새로워졌으며 국가와 도시가 문을 닫고, 비대면 업무환경이 만들어졌다. 화석연료 수요가 감소하고 CO_2 배출이 감소되어 대기 환경이 크게 개선되었다. 기업들은 비상 경영체제를 운영하였고 본원적 가치를 중시하게 되었다. 즉, 지역 사회나 기업 본원 가치에 대한 인식의 변화가 COVID-19로 비롯된 충격의 산물이다.

COVID-19 위기를 극복하는 과정에서 쏟아부은 돈 때문에 극명해진 양극화의 해소와 ESG의 연관성을 지적하는 분석도 설득력이 있다. 대대적인 양적 완화로 주식시장과 부동산 시장에 몰린 돈이 결국 또 다른 양극화의 원인으로 지목되는 것이다. 자산의 쏠림에 따른 소외계층의 불만을 해소하기 위해 새로운 경제 패권이 형성될 것이고, 이 경우 신재생에너지 등 ESG 이슈는 강력한 수단이 될 것이란 분석이다.

특히 신재생에너지를 위한 자연조건과 기술력에서 앞선 미국의 움직임을 주목할 필요가 있다. 2015년 파리협정에서 지구 평균 기온 상승 정도를 1.5도씨 이하로 유지하는 것으로 국제적 합의가 맺어졌다. 파리 기후협약이 채택된 이후 2016년 11월에는 국제법으로 공식적인 효력이 생겼다. 모든 국가가 스스로 결정한 온실가스 감축 목표를 5년 단위로 제출하고 이행하도록 한 것이다. 그리고 선진국이 선도적 역할을 수행하도록 재원 조성을 약속하였다.

그러나 미국은 2017년 트럼프 행정부에서 파리기후협약 탈퇴를 공식선언하면서 오바마 시절에 대한 협정은 '미래를 거부한 결정'이라고 비난하였다. 그 이유에 대해 '파리협정은 미국에 불이익을 가져다준다. 나는 미국 국민을 보호할 책무를 수행할 의무가 있다.'라며 탈퇴한 것이다. 미국이 탈퇴하게 되면서 중국과 같은 탄소 배출국의 참여도가 낮아졌고 이행률의 효과성은 떨어졌다. 즉, '왜 우리만 손해를 보면서 그래야 하나요?'라는 생각이 작동한 것이다.

그 이후 2021년 바이든 행정부가 집권하게 되면서 첫 업무로 파리기후협약과 세계보건기구who 복귀 등을 원상회복시켰다. 트럼프 시대와 단절하겠다는 강력한 의지를 담은 것이다. 바이든 행정부는 COVID-19 사태 극복을 목표로 한 행정조치와 ESG와 같은 막대한 지원을 하고 있다. 협약 탈퇴, COVID-19, 러시아와 우크라이나 전쟁 등에서 보듯이 미국은 국제사회의 신뢰를 잃고 있다. 그래서 미국은 ESG와 같은 비재무적 평가로 국제질서나 분열을 원상회복하려는 것으로 볼 수 있다.

미국은 앞으로도 다양한 패권 수단에 환경, 사회, 지배구조를 이용하여 전략적으로 접근할 것으로 예상된다. 이미 국제 교역 현장에서는 RE 100(2050년까지 신재생에너지 100% 사용)의 가입을 납품 조건으로 내거는 추세다. 단편적으로도 글로벌 대표적 ESG 평가 기관은 MSCI, DJSI 등은 모두 미국을 주축으로 평가와 순위를 매기고 있다. 또한 미국은 신재생 에너지 강국으로 세계 최대 수준의 설치용량 규모를 갖고 있다. 전기차, 태양광, 풍력, 데이터마이닝Data mining 등은 미국이 전 세계 패권을 쥐기 위해 중국과 강력히 맞서고 있다.

미래 성장의 주축은 4차 산업혁명이며 그 이용 도구는 ESG이다. 그 우위를 점하기 위해서 중국과 열심히 싸워 패권을 쥐려고 노력하고 있다. 유럽과 미국은 과거 환경, 인권, 노동, 안전, 윤리 등에서 그다지 건강하지 못하였다. 이제 선진국 반열에 오른 그들은 이제부터 규칙Rule을 지키고 ESG를 적극 실천하자는 것이다. 그리고 편을 갈라 줄을 세워 지키지 않는 나라들을 공격하고 있다.

이러한 상황에서 미국과 중국이 ESG 사업에 목숨 걸고 투자하고 있는 곳에 우리 기업들은 적극 투자를 해야 한다. 물 들어올 때 노를 저을 수 있게 기본 바탕을 갖춰 놓아야 할 것이다.

With·Post COVID-19와 함께 ESG 경영 트렌드는 가속화될 전망이다. 컴플라이언스 경영 관점에서 환경과 관련된 법과 제도는 중요해지고 내부회계 관리제도는 점차 가속화될 것이며 기업 지배구조 개선은 점차 강화되어 건강한 지배구조에 대한 요청을 요구할 것이다. 향후에도 COVID-19와 같은 위기는 계속될 것으로 예상된다. 준비하고 대응하는 기업은 기회가 있을 것이고 그렇지 않은 기업은 위기가 있을 것이다.

ISO 26000:2010, ESG 그리고 UN SDGs

2015년 유엔이 제시한 지속가능발전 목표 SDGsSustainable Development Goals에서 ESG 요소를 보다 구체적으로 담았다. 2030년까지 인류의 지속가능성을 높이기 위해 실천해야 할 과제로 17가지 주목표와 169가지 세부 목표를 제시하였다. UN 회원국 모든 국가가 이를 이행하고자 약속한 국제적 공동목표이다.

이 중 UN SDGs 17가지를 ESG 기준으로 재분류하면 사회(S)가 11개(1~11번)로 가장 많고, 환경(E) 4개(12~15번), 지배구조(G)는 2개다.

ESG	UN SDGs 목표
사회(S)	1(빈곤 퇴치), 2(기아 종식), 3(건강과 웰빙), 4(양질의 교육), 5(성 평등), 6(깨끗한 물과 위생), 8(양질의 일자리와 경제성장), 10(불평등 감소), 11(지속가능한 도시와 지역사회), 12(책임 있는 소비와 생산), 17(목표 달성을 위한 파트너십)
환경(E)	7(적정 가격의 깨끗한 에너지), 13(기후 행동), 14(수생태계 보전), 15(육상생태계 보전)
거버넌스(G)	9(산업, 혁신, 사회기반시설), 16(평화, 정의, 강력한 제도)

국제표준화기구 ISO는 CSR을 평가하는 기준으로 ISO 26000:2010을 통해 7개 핵심 주제를 정의했는데 이 역시 사회(S)가 5개, 환경(E)이 1개, 지배구조(G)가 1개를 교차하여 있다.

ISO 26000:2010	ESG	UN SDGs 목표
지배구조	G	4(양질의 교육), 9(산업, 혁신, 사회기반시설), 17(목표 달성을 위한 파트너십)
인권	S	1(빈곤 퇴치), 2(기아 종식), 5(성 평등), 10(불평등 감소)
노동 관행	S	8(양질의 일자리와 경제성장)
환경	E	3(건강과 웰빙), 6(깨끗한 물과 위생), 7(적정 가격의 깨끗한 에너지), 13(기후 행동), 14(수생태계 보전), 15(육상생태계 보전)
공정 운영 관행	S	16(평화, 정의, 강력한 제도)

ISO 26000:2010	ESG	UN SDGs 목표
소비자 이슈	S	12(책임 있는 소비와 생산)
지역사회 참여 및 개발	S	11(지속가능한 도시와 지역사회)

위 ESG(3가지), ISO 26000:2010(7가지), UN SDGs(17가지)의 각 핵심 주제는 서로 관련이 있고 보완하는 측면이 있다. 그래서 정부와 기업은 각 주제에 대해 총체적인 접근 방식을 취하는 것이 바람직하다. 무엇보다 우리가 이 책에서 다루는 거버넌스 관점에서 사람의 머리와 같은 행동을 이행하는 시스템이다.

2010년 당시 정부와 기업들은 사회적 책임을 져야 조직(기업)이 살아남을 수 있다는 숙제를 부여받았다. 그리고 이를 이행하지 않으면 거래가 중단되고 지속가능한 사업을 할 수 없다고 판단하였다. 지금 ESG와 같은 추세였다. 당시 ISO 26000:2010은 큰 화제가 되었다. 거시적 측면에서 정부, 기업을 포함한 많은 기업은 전면적으로 채택하려 노력했다. 다만 실질적 측면에서 포괄적이고 모호한 ISO 26000:2010을 적용하기란 쉽지 않았다. 겉은 화려했으나 속은 빈 부분이 많았다. 이해관계자들을 실제로 고려하지 않았고 진정으로 사회적 책임을 실천하고자 하는 의지가 부족했다.

윤리·준법 경영과 ESG

먼저 ESG의 3가지 구성요소에 대해 다루어 보자.

E는 환경Environmental으로 기후변화 대응, 탄소배출 절감, 자원 절약,

　　　　　　　ESG 경영의 근간, 컴플라이언스 솔루션.ZIP

재활용 촉진, 청정 기술 개발 등을 다룬다.

S는 사회Social로 노동 환경 개선, 사회적 약자 보호, 인권 존중, 소비자 만족, 다양성 지향 등을 다룬다.

G는 지배구조Governance로 투명한 기업 운영, 이사회·감사위원회 구성, 법/윤리 준수, 공정 경쟁, 내부제보자 보호 등을 다룬다.

앞서 설명한 것처럼 ESG는 갑자기 툭 튀어 떠오른 이슈가 아니었다. 기업이 사회적인 변화와 어려움에 책임 있게 행동해야 한다는 CSR에서부터 사회 가치의 중요성을 말할 때 빠지지 않은 기업의 핵심 과제였다.

ESG는 비재무적인 요소인 환경, 사회, 지배구조를 포함한 용어이다. UN이 2006년 제정한 UN 사회책임투자SRI원칙에서 처음 용어로 사용되었으며, 투자자들이 ESG 경영을 강조하였다. 2020년 우리 돈으로 약 2경 원 정도의 규모를 가진 전 세계 최대 자산 운용사인 블랙록Black Rock, 래리 핑크Larry Fink가 연례 서한을 보내 ESG의 열풍에 방아쇠Trigger를 당긴다. 그는 "ESG 요인을 자산운용에 적극적으로 반영하겠다."라고 했다. ESG 경영은 투자 의사 결정 시 '사회적 책임'이나 '지속가능경영'의 관점에서 기업의 환경, 사회, 지배구조 등을 고려하는 투자, 경영 방법인 것이다.

우리는 ESG의 G를 눈여겨볼 필요가 있다. G의 지배구조는 배의 키를 잡는다는 뜻으로 '조정하다gubernare(구베르나레)'라는 어원이 있다. 고대 선장과 항해사는 엄청난 위험을 감수하며 바다의 거센 폭풍우를 헤치며 목적지로 나아갔다. 당연히 승무원뿐만 아니라 화물, 선박과 그 소유자, 운반하는 화물의 주인, 선박과 관계가 있는 모든 이해관계자에게 엄청난 책임이 있었다.

지배구조는 이처럼 선장의 역할로서 모든 이해관계자에게 책임 있게 행동하는 것이다. 지배라고 하여 사주가 마음대로 경영한다는 뜻은 절대 아니다. 기업의 키잡이CEO가 다양한 이해관계자를 생각하면서 어떻게 지속가능경영을 해야 할지 고민해야 한다. 주주, 고객, 공급망, 채권자, 지역주민, 금융기관, 정부, 자연환경 등 모든 사람의 이해(복지)를 생각하며 경영을 해야 한다.

현대 사회에서 기업의 영향력은 점차 강화되고 있다. 그리고 그에 따른 책임성이 강조되고 있다. 이제 두 기업 사례를 설명하고자 한다. 이 기업들의 공통점은 모두 대형 참사로 이어졌다는 것과 뇌물과의 결탁, 부실한 시공과 안전 관리 같은 컴플라이언스 미준수에 기인했다는 점이다. 사전에 방지했다면 충분히 피할 수 있었던 안타까운 비극이다.

열악한 근무 환경이 어떤 대형 사고를 초래하는지 보여 주는 대표적 사건이 2013년 4월 24일 일어났다. 바로 '라나 광장Rana Plaza 붕괴' 사고다. 사고가 아니라 예고된 살인이었다. 이 건물엔 세계 SPA 의류 브랜드의 하청 공장이 가동 중이었다. 방글라데시는 전체 수출의 80%가 의류산업이다. 패션업계는 소비자의 마음을 사로잡기 위해서 빠르게 변화하는 트렌드에 맞춰 옷을 빠르게 찍어 낼 방법이 필요했다. 인구가 많아 노동력이 값싼 나라에 생산을 맡기기에 방글라데시는 최적의 요충지였다.

라나 플라자는 무허가 건물로서 최초에는 상업용 빌딩으로 지어져 1~2층엔 사무실, 은행, 상점이 입점하고 3~4층엔 의류공장이 들어왔다. 그 후 악덕 건물주(소헬 라나: 방글라데시 집권당의 간부로 당시 36살에 지역 유지였고 건물 이름도 본인 이름을 땄다)가 욕심을 부리기 시작했고 4~8층을 불법 증축하였다. 그리고 전력이 부족한 나라이기에 공간 활용을 높이고자 발전기를 건물 옥상에 설치하였다. 건물 붕괴 징조가 발생하자, 위험하다고 판단한 건물관리자와 경찰이 여러 번 경고하였으나 건물주는 무시하고 봉제공장을 그대로 운영하였다.

결국, 1,138명이 죽고 2,500명이 다치는 등 세계 최악의 사고가 발생하고 만다. 당시 건물 붕괴사고 사망자 세계 1위였던 1995년 6월 29일 발생한 삼풍백화점 붕괴사고 사망자 수가 502명이었는데 이 숫자를 뛰어넘은 것이다. 삼풍백화점 붕괴사고는 뉴욕타임스가 뽑은 20세기 이후 최악의 붕괴사고 중 하나로 꼽힌 세계 역사상 대형 사고였다.

두 사건 모두 비슷한 사건이었다. 삼풍백화점은 불법 용도변경과 무단 증축으로 인해 벌어진 사고였다. 또한, 옥상의 '에어컨 냉각탑'을 하중 건물이 견디지 못해 5층부터 지하 3층까지 5분 만에 붕괴한 것이었다. 결국 라나 플라자의 잔해더미에서 기업의 사회적 책임을 찾을 수 있었다. 왜 기업의 사회적 책임이 중요한가를 보여 주는 대표적 사건이었다. 죽은 사람은 대부분이 여성, 아동 등이었다. 그리고 입점한 대부분 브랜드가 다국적 기업의 패션 브랜드였다.

결과적으로 이 사고와 관련해 건물주와 공장업자, 안전 감독 담당 공무원 등 총 41명이 살인 및 범죄은닉 혐의로 기소됐다. 그러나 방글라데시 법원은 건물주인 '소헬 라나'에게 지난 2017년에 어이없게도 징역 3년을 선고하는 데 그쳤다.

과연 누구의 책임인가를 묻고 싶다. 정서상 책임자를 색출하여 처벌하는 건물주 '소헬 라나'일 수도 있다. 또는 이윤만을 추구하는 악덕 다국적 기업일 수도 있다. 그들은 기업의 목적에 맞게 값싼 노동력으로 이윤 극대화를 노렸다. 노동자들의 목숨은 안중에도 없었다. 우리에게는 공정무역이 있다. 제값을 주고 거래를 해야 한다. 과거 우리나라도 그랬다. 개발도상국이었고 의류 노동자였던 전태일의 나라였다.

1970년 11월 13일 아름다운 청년 전태일은 서울 동대문 평화시장 앞에서 근로기준법 책을 품고 휘발유를 뿌리며 "근로기준법을 준수하라! 우리는 기계가 아니다! 일요일은 쉬게 하라! 노동자들을 혹사하지 말라!"라고 외쳤다. 그 이후 진실·화해를 위한 과거사 정리위원회 등이 국가를 상대로 불법 노조 탄압에 대한 소송을 벌였다. 2015년 1월 대법원 전원합의체가 "과거사 역주행"을 결정했다. 사법농단 시절 작성된 문건에서 대법원의 민주화보상법 전원합의체 판결이 "사법부의 대통령 국정운영 뒷받침 협력 사례"로 꼽힌 사실이 드러났다. 결국 "민주화보상법의 보상금에서는 '정신적 손해'에 대한 배상이 포함되지 않는다."라는 판결을 되돌려 놓는 결정을 했다.

그러나 우리 국민들은 그 판결조차 몰랐다. 안타깝고 실망스럽다. 우리가 간과하지 말아야 할 분명한 것은 우리 모두는 법 앞에 누구나 평등하다는 사실이다. 그리고 우리는 법정에 권위를 부여하고 그 판결에 수긍해야 한다는 것이다. 감정적으로 호소하고 싶어도 법은 법이다. 때로는 억울할지라도 받아들여야 하는 것이 법이다.

라나 플라자 붕괴사고를 볼 때 우리 모두의 책임이 아닌지 생각해 봐야 한다. 저렴한 옷을 사면서 기뻐하고 있는 우리 자신을 생각해 봐야 한다. 극단적으로 예고된 살인을 수수방관袖手傍觀하고 있는 기업의 옷을 입고 있을지 모른다.

또 다른 사건은 중앙선데이에서 보도한 자료를 인용해 설명하고자 한다. "스마트폰 속 콜탄 0.02g, 폰 바꿀 때마다 콩고 주민 죽는다."라는 것이다. 콩고 민주주의 공화국에는 전 세계 콜탄의 70~80%가 매장되어 있다. 콜탄은 TV, 항공우주, 자동차, 스마트폰 등 각종 전자기기에 들어가야 할 필수 요소이다.

김동석 국립외교원 교수에 말에 의하면 "콩고에서는 우간다·르완다와의 접경에서 아직도 분쟁이 일어나고 있다."며 "콜탄이 많이 나오는 동북부 지역도 그중 하나"라고 덧붙였다. 즉 우리가 스마트폰을 하나 바꾸면 우리가 낸 돈으로 반군은 총과 칼 등 무기를 얻고, 그 무기로 원주민들을 가차 없이 죽이고 고문한다는 것이다. 살인을 저지르는 이들 중 일부는 총을 든 아이들이라고 한다. 그리고 고릴라, 침팬지 등 개체 수가 사라지고 생태계는 점차 파괴되어 간다. 고릴라는 개체 수가 매년 눈에 띄게 줄어 곧 멸종될 지경이라고 한다.

보도된 바에 의하면, 연간 약 50만 명 정도가 죽음을 맞이한다고 한다. 반군들은 채굴권을 건네주고 군사 지원을 받는다. 콜탄 광산 대부분은 반군들이 지배하면서 콜탄과 무기를 맞바꾸기에 콩과와 르완다의 내전 희생자는 더욱 늘어나는 추세라고 한다. 주민들을 강제로 끌고 가 노예처럼 광산에서 일을 시키는 것이다. 이 콜탄은 유럽과 미국으로 흘러간다. 그리고 국제시장에서 콜탄은 비싸게 팔리고 있다. 유엔이 2001년에 펴낸 보고서에 따르면 서구 기업 수십 곳이 콩고의 콜탄과 연루되어 있다고 밝혔다.

이걸 바로 거버넌스 격차Governance Gap라고 한다. 사회가 복잡해지고 다양화되는 측면에서 격차가 발생하는 것이다. 이제 기업들은 여러 복잡한 문제들을 고려하고 책임을 져야 한다. 더불어 우리 전체 글로벌 사회의 문제로 인식하고 빠른 개선이 필요하다.

현재 국회에서는 ESG 관련 법안이 여러 건 상정되어 있다. 그렇다고 명확히 ESG 또는 사회적 책임을 내용으로 하는 법령은 제정되어 있지 않았다. 다만, 개별 법령에서 부분적으로 다루어지고 있다. ESG, 사회적 책임에 관한 주요 내용을 직·간접적으로 혹은 암묵적으로 반영하고 있는 법령에는 산업발전법, 지속가능발전법, 저탄소 녹색 성장기본법, 사회적기업 육성법 등이 있다. 그리고 경영 투명성과 준법·윤리 경영이 기업의 신인도 및 이미지를 제고하는 데 효과가 있다는 인식이 퍼지며 기업이 일반 이해관계자들에게 준법·윤리 경영의 성과를 공시하려는 움직임이 늘고 있다.

그리고 2021년 1월 14일 금융위원회는 '기업공시제도 종합 개선방안'으로 2021년 ESG 정보공개 의무화 지침을 제시해 자율공시를 유도하기로 하였다. 2030년까지 모든 코스피 상장기업 대상으로 ESG 정보공개 의무화 단계별 시행을 요청한 것이다. 2025년부터 자산 2조 원 이상인 코스피 상장사들은 지속가능경영보고서를 반드시 공시해야 한다. 그리고 2030년에는 전체 코스피 상장사가 지속가능경영보고서를 내야 한다.

금융위원회의 보도 자료에 따르면 COVID-19 사태를 기점으로 세계적으로 ESG(환경·사회·지배구조) 등 비재무적 요소를 우선 고려하는 책임투자가 확산되고 있다. 2019년 글로벌 투자은행[IB]인 모건스탠리가 110곳의 글로벌 기관투자가를 대상으로 한 설문 조사에서 80%가

ESG 투자를 이미 실행하고 있으며 15%는 향후 ESG 투자를 적극적으로 고려하고 있다고 답했다. 도규상 금융위원회 부위원장은 "ESG 정보공개와 책임투자가 확대되는 세계적인 흐름에 발맞춰 제도적 기반을 선제적으로 마련할 필요가 있다."라고 말했다.

국제적으로는 지속가능발전 목표를 달성하기 위해 각 정부 차원에서 법제화 경향을 보이고 있다. 더불어 기관 투자자 중심의 ESG 시장 참여 및 국제기구 중심의 이니셔티브가 활성화되는 추세이다. EU에서는 지속적인 금융Sustainable Finance 입법(안) 승인('19.05)하였고, 그 이전에 기업 비재무 정보공시 의무화('14.10)가 반영되어 국내에서도 KRX(한국거래소)에 기업 ESG 공시제도 도입을 추진('20.06)하였다.

최근 글로벌 차원에서 ESG 경영의 확산으로 기업의 투명하고 건강한 지배구조 요구가 중요한 요소가 되었다. 해외 기관 투자자와 평가기관들은 ESG의 G에 중점을 두고 있다. 2021년 러셀Russel의 조사에 따르면, 글로벌 투자기관 가운데 80%는 투자 시 G(지배구조)를 가장 중시하는 ESG 항목을 꼽았다. 환경(14%)과 사회(6%) 항목보다 지배구조(G)에 압도적으로 높은 관심을 보인다.

구분	환경(E)	사회(S)	지배구조(G)
2018년	5%	4%	91%
2019년	9%	5%	86%
2020년	13%	5%	82%
2021년	14%	6%	80%

※ 참고: 러벨(2021 연간 ESG 매니저 조사, 신한 자산운용, 2021년 11월 기준)

위처럼 기업에 이사회의 지배구조 체계가 잘 정비되어 있다면 장기적 성장에 필요한 환경과 사회 측면도 대비할 수 있다. 아무리 현장에서 환경(E)과 사회(S) 노력을 한다고 하더라도 지배구조(G) 체제가 없다면 실행을 담보할 수 없다는 것이다. ESG 경영에 있어서 투자자와 소비자의 관심이 높아지면서 기업들은 예전과 다른 높은 윤리성을 유지해야 할 의무가 생겼다. 단적인 예로, 윤리적 소비에 대한 대중의 관심이 커지고 있는 것을 들 수 있다.

따라서 장기적인 관점에서 지속가능경영을 하기 위해서는 건강한 지배구조 중 윤리·준법 경영이 정답이 될 수 있다. 지배구조의 어원인 배의 선장처럼 위험을 감수하고 모든 이해관계자를 만족시킬 수 있어야 한다.

다양한 ESG 관련 이니셔티브

ESG가 떠오르는 요즘 "이니셔티브Initiative"라는 말들을 많이 접하게 된다. 사전에서 찾아보면 상황을 개선하거나 어려움을 해결하기 위해 의도된 행동이나 전략을 뜻한다. 즉 주도권을 쥐고 특정 문제를 해결하는 단체, 사람으로 보면 된다.

ISO 26000:2010에서는 이를 사회적 책임 이니셔티브Initiative for social responsibility로써 사회적 책임과 관련된 특정 목적 충족에 명시적으로 기여하려는 프로그램 또는 활동이라고 의미한다.

이들은 주요 이슈들을 논의할 수 있는 공동의 장이다. 개별적 대응보다는 리더십을 가지고 의제에 대해 다양한 이해관계자들의 참여로 균형적인 논의가 가능하다. 따라서 정보 공유 및 확산을 위한 매개체로 그 역할을 충실히 할 수 있다. ESG와 관련된 규제의 경제, 공동 대응을 통해 변화를 촉진할 수 있다. 더불어 모니터링, 검증, 인증, 보고 등에 대해 공통적 시스템을 구축하는 것이 가능하다.

특성으로는 **첫째,** 규정이나 원리를 공유하거나 파트너십에 기반한 참여, 인증 부여 등 다양한 목적의 이니셔티브가 존재한다.

둘째, 특정 사회, 환경 이슈에 대한 세밀한 액션을 추구하는 움직임과 다양한 ESG 이슈를 포괄하는 트렌드가 양립한다.

셋째, 강제적 의무나 감시 메커니즘이 부재하지만, 성과 이행에 대해 보고를 요구하거나 이니셔티브 내 의사 결정권을 부여함으로써 보다 적극적인 참여와 책임 의식을 촉구한다.

넷째, 다양한 이해관계자가 참여할 수 있는 공통의 이니셔티브와 특정 산업에서 발생하는 고유한 이슈에 공동 대응하기 위한 산업별 이니셔티브 존재한다.

다섯째, 투자자들의 직접적인 참여와 주도로 형성된 이니셔티브가 상대적으로 활발해지는데, 이는 사회적 책임 투자SRI를 장려하고 시장 환경을 조성하는 데 기여한다.

다음 표에서 볼 수 있듯이 국내외로 다양한 ESG 이니셔티브가 존재한다.

이니셔티브	년도	특징	가입 기관 수	한국 기업 참여도
UN Global Compact	2000	– 기업이 고려해야 할 인권, 노동권, 환경, 반부패에 관한 기업의 10가지 운영원칙 제시 (매년 진단 보고 제출 의무) – 이사회 승인과 Global Compact 원칙을 지지한다는 CEO 성명의 신청서를 제출하면 회원 자격이 부여됨.	160개국 이상 15,787개의 기업 및 NGOs (2020)	246개 (2020)
GRI Standard (Sustainability Reporting Standards)	1997 (새 기준은 2018년 부터)	– 지속기능보고서에 대한 작성 지침(일반적 보고 기준: GRI 100 series, 경제적 영향 GRI 200 series, 환경적 영향 GRI 300 series, 사회적 영향 GRI 400 series) – 경제적 성과/환경/사회 정보 보고에 대한 가이드라인 제시 – 2016년 GRI Standard 공개 – 보고원칙 : 중요성, 이해관계자 참여, 지속가능성 맥락, 완전성	1,000개 이상 기업 및 NGOs (2020)	누적발간 총 1,156개 (2020)
ISO 26000	2010	– 기업, 정부, NGOs 등 다양한 조직에 적용가능한 사회적 책임(SR)에 대한 가이드라인 (개념, 정의, 평가 방법) 등 – 인증을 목적으로 하는 표준이나 자격요건은 아님	–	–

이니셔티브	년도	특징	가입 기관 수	한국 기업 참여도
CDP (Carbon Disclosure Project)	2000	– 기후변화와 관련된 기업의 위기와 기회 요인을 분석하기 위한 정보 수집과 투자 반영을 목적으로 한 투자자 이니셔티브 – CDP 사무국에서 주요 기업들이 공개한 탄소 정보를 계량화, 국가별·지역별 리포트 발간, 금융기관에서 활용할 수 있는 DB 구축	8,446개 대기업 응답 (2020)	224개 대상 (2020)
OECD MNEs Guideline 2000	2000	– 1976년 제정된 'OECD 국제 투자 및 다국적 기업의 선언'의 일부로서, 2000년에 수정되어 발표된 다국적 기업의 사회적 책임을 위한 가이드라인 – 법적 구속력은 없지만, OECD 회원국 간의 Peer pressure 기능	40개국	한국참여: 외국인투자 실무위원회
RBA (Responsible Business Alliance)	2004	– 전자산업 행동규범으로서 공급업체의 근로조건 및 환경 의무를 개선하고 전자기업과 공급업체의 표준 단일화를 위해 마련된 EITC(Electronic Industry Code of Conduct)의 변경된 명칭 – 노동/건강, 안전/환경 기준 및 경영 시스템, 기업윤리에 대해 실행, 준수, 심사, 보고 지침 제시	125개 전자, 소매, 자동차 및 장난감 회사 (2018.7.)	삼성전자, LG전자, SK하이닉스

이니셔티브	년도	특징	가입 기관 수	한국 기업 참여도
Equator Principles	2003	- 개도국에 대한 Project Finance(1천만 달러 이상)에 있어 환경 사회적 리스크를 평가하고 관리하기 위한 금융산업의 표준 - 금융기관은 프로젝트의 환경 영향평가 및 행동 조치 계획을 제시 - 사업 시행자는 시행 조치 및 이행 여부에 대한 모니터링 시행	94개 금융기관 (2018)	산업은행 ('17.1. 국내 최초 가입)
UN PRI	2006	- 책임투자원칙을 수탁자 책무 차원에서 인식하고 금융 의사결정 과정에 ESG 이슈가 반영될 수 있도록 투자원칙 제시 - 6대 투자원칙과 33개의 행동 지침으로 구성	1,311개 (2018.4.)	국민연금, 안다자산운용, 하이자산운용 (2018.6)
UNEP/FI	1992	- 금융기관 운영의 모든 수준에서 발생 가능한 환경 및 지속가능성 사례를 개발하고 촉진하기 위한 UN과 금융기관의 자발적 파트너십 - 국제 콘퍼런스나 지역별 모임을 통해 정보 및 B/P 공유	200여 개 (2018.8.)	6개 동부화재 해상보험, 대구은행, 하나금융 그룹, 현대해상 화재보험, 삼성화재 해상보험, 신한은행 (2018.7.)

이니셔티브	년도	특징	가입 기관 수	한국 기업 참여도
SASB Standard (Sustainability Accounting Standards Board)	2018	– 산업 부문별로 정보공개 지침과 지속가능성 주제에 관한 회계기준 – Sustainable Industry Classification System(SICS)에 따른 11대 산업군에 따라 별도의 보고 지침	–	–
CDSB FRAME-WORK	2015	– 자연 자본의존도, 환경적 결과, 환경 위험과 기회, 환경 정책, 전략, 목표, 목표 대비 성과관리 – 2010년 발표된 CDSB Climate Change Reporting Framework 을 확장	–	–
TCFD (Financial Stability Board Task Force on Climate-related Financial disclosures)	2017	– 기후변화 관련하여 지배구조, 전략, 리스크 관리, 리스크와 기회를 평가하는 지표와 목표 등에 따른 잠재적 영향 평가 – 기후변화 관련 재무적 위험의 공개에 초점을 맞춤 – 향후 개별 국가에서 법제화 가능성 큼	–	–

　그러나 한계점은 분명히 있다. 대다수 이니셔티브의 참여가 CEO 성명을 통한 의지 표명으로 규정이나 원리 이행에 대한 성과 모니터링이 약해 실질적인 변화를 주도하는 데 한계가 있다. 더불어 한국 기업의 경우 UN Global Compact과 UN PRI를 제외하면 국내 이니셔티브에 대한 참여가 저조한 편이다. 강제 사항이 있는 이니셔티브에 대한 기피와 이니셔티브에 무임승차 하려는 유인이 있어 우후죽순 이니셔티브가

생겨나고 있다. UN PRI와 UNEP/FI와 같이 이슈에 대한 유사한 이니셔티브가 다수 존재한다. 특히 CSR에 관한 규정이나 원리를 제시하는 경우 관련된 다른 이니셔티브의 규정 원리와 연계성이나 기능적 차이 등을 구별하기 어려움 등의 한계성을 가지고 있다.

ESG 대응 필요성에 대한 논의

앞서 설명한 바와 같이 ESG 개념의 출발점은 2006년 UN이 발표한 사회책임투자 원칙Principles for Responsible Investment(PRI)에서 출발했다. PRI는 재무적 성과뿐만 아니라 비재무적 성과인 사회·윤리적 가치를 지속가능한 경영 전략의 요소로 고려해 기업에 투자하는 방식을 말한다.

처음에는 이익 극대화를 우선시하는 주주들에 의해 외면당했지만, 2008년 세계 금융위기와 기후변화에 따른 자연재해 등 불가항력적 위기가 닥치면서 투자자와 기업들의 인식이 달라졌다. 즉, 기업의 지속가능경영을 위해 재무적 성과와 함께 비재무적 성과인 ESG를 고려하게 된 것이다. 여기에 COVID-19 사태가 한층 더 ESG의 중요성을 느끼게 하여 새로운 시대의 흐름을 주도하고 있다.

기업 측면에서 보면 ESG를 하지 않으면 앞으로 당장 수출이 어려워 제품을 팔 수 없고, 강력한 규제를 받으며 투자는 전혀 받지 못할 것이다. 개인 측면에서 보면 내가 입는 옷, 내가 마시는 물, 내가 숨 쉬는 공기 등 모든 것이 ESG와 연결되어 있다.

ESG의 영향력은 막강하다. 전 세계의 돈이 ESG를 몰리고 있다. 그중 ESG에 투자가 집중되고 있다. 2020년 COVID-19로 세계 경제가 어려워졌지만, ESG 펀드만은 승승장구했다. 세계적인 은행 도이치뱅크는 글로벌 ESG 투자 규모가 2030년까지 100조 달러가 넘을 것으로 예상했다. 국가처럼 기업은 사업을 운영하는 데 있어 신용등급이 매우 중요하다. 돈을 빌리거나 투자를 받을 때 영향을 미치기 때문에 기업으로서는 ESG를 잘해야 신용등급을 높게 평가받을 수 있다.

과거에는 기본적으로 경제적 이익을 내야 기업이 튼튼해지고 신용등급을 잘 받을 수 있었다. 하지만 재무적으로 관련이 없는 ESG를 등급 결정의 기준으로 선언하고 공식적으로 국가 등급까지 매기자, 현재에는 경영 현장에 ESG가 직접 영향을 미치고 있다. 더불어 ESG 리스크는 사회 문제와 밀접한 관련이 있는 것들이 많다. 앞서 '라나 광장 붕괴 사건', '콩고 민주주의 공화국 콜탄 사례' 이외에도 다른 ESG 사례를 들고자 한다.

먼저 E(환경) 차원에서 2019년 9월 폭스바겐의 디젤게이트 이후 기업 가치는 현재도 회복하지 못하고 있다. 폭스바겐은 배기가스 조작 사건 및 대기 관련 이슈에 대응하지 못하여 기업 이미지 및 평판에 심각한 피해를 입었다. 당시 전 세계에 판매한 경우 차 1,100만대의 배기가스 저감장치를 조작(저감장치 작동 고의 중단)한 것이다. 전 세계 모든 나라가 실내 실험만 시행하고 실외 도로 시험을 하지 않은 점을 악용한 것이었다.

이로 인해 전 세계 1,200만 대 이상 리콜 예상됐다. 회장은 혐의 인정 후 공식 사죄하고 사임했으며, 한국뿐만 아니라 전 세계 수사기관은 대대적으로 조사에 착수했다. 그리고 현재도 전 세계적으로 막대한 소송은 진행 중이다. 글로벌 신용평가사인 무디스Moody's는 기업 신용

분석에 현금 흐름이나 부채비율뿐만 아니라 ESG를 신용평가의 한 요소로 삼고 있다. 폭스바겐을 정조준하여 하향 조정하였다.

더불어 S(사회) 측면의 ○○유업 스캔들과 G(지배구조) 차원의 ○○항공의 땅콩 회항 사건이 대표적이다. 온 국민이 어려운 COVID-19 환경 속에서도 마스크를 쓰며 버텨 내는 상황과 가장 큰 타격을 입는 산업에도 불구하고 윤리·준법적으로 건강하지 못하였다. 무엇보다 조직의 문제를 고칠 수 있는 좋은 기회인 내부제보 신호임에도 불구하고 안이하게 대처하여 더 큰 악영향을 미쳤다. 아직도 이 기업들은 과거의 영광을 전혀 회복하지 못하고 있다. 모두 건전한 지배구조를 갖추지 못해 기업 이미지 및 평판에 심각한 피해를 입은 사례이다.

평판 리스크는 기업에 막강한 타격을 준다. 그리고 전 세계적으로 주식, 채권, 펀드, 기금 등 ESG 투자가 급격히 늘어나는 추세이다. ESG 열풍에 힘입어 사회책임투자SRI 채권 시장도 2018년 1조 3000억 원에서 2021년 한국거래소 기준 159조 6,000억 원에 달한다고 한다. 약 123배가 급격히 상승한 것이다. 최근 비중이 작았던 녹색 채권과 지속가능채권이 늘어나면서 시장은 다변화되고 있다.

또한, 기업 경영의 패러다임이 변하고 있다. 이해관계자를 고려한 포용적 성장 중요성이 점차 확대되고 있으며, 기업 경영의 패러다임이 지속가능성을 고려한 비즈니스로 전환되고 있다. 그리고 주주뿐만 아니라 이해관계자 모두를 고려한 포용적 성장이 강조되고 있다. 더불어 앞서 설명한 2019년 비즈니스 라운드 테이블Business Roundtable(BRT)에서 "기업의 존재 목적은 고객, 근로자, 거래기업, 지역사회, 주주 등 모든 이해관계자의 이익 극대화이다."라고 발표하였다.

이는 미국과 같은 주주 자본주의가 아니라 모든 이해관계자를 고려한 포용적 자본주의를 추구하겠다는 것이었다. 2020년 다포스 포럼에서는 '기업은 공정한 몫의 세금을 내야 하고, 부패에 무관용 원칙을 적용하고, 글로벌 공급망 속에서 노동자 인권을 중시하고, 특히 플랫폼 경제에 공평한 경쟁의 장을 제공한다.'라고 주장하였다.

국제사회에서는 기업 시민으로서 참여 및 역할을 요구하고 있다. UN SDGs와 같은 국제사회 약속 및 이행이 강조되면서, 기업이 글로벌기업 시민으로서 적극적으로 참여하고 역할에 충실해지길 요구한다. UN SDGs는 경제, 사회, 환경적 관점의 균형적 발전과 SDGs 달성의 중요 요인으로 기업의 참여를 명시화하였다.

더불어 현재 밀레니엄, M(1980~2000년)과 Z(1990~2000년 중반) 세대가 ESG를 주도하고 있다. 대표적으로 스웨덴의 환경운동가 그레타 툰베리*Greta Thunberg*(16)를 소개하고자 한다. 스웨덴의 10대 환경운동가 그레타 툰베리가 미 시사 주간지 타임의 '2019년 올해의 인물'로 선정되기도 했다. 2018년 8월 툰베리는 학교를 결석하고 스웨덴 의사당 밖에서 기후변화 대응 행동을 촉구하는 '학교 파업' 시위를 시작했다. 이는 전 세계 100만 명의 학생들이 참여한 '기후파업'의 촉매제가 됐다. 이후 툰베리는 청소년 환경운동의 상징이 됐다.

툰베리는 미국 뉴욕에서 열린 UN 총회에서 기후변화에 대한 국제사회의 대처를 촉구하는 연설로 전 세계적인 주목을 받았다. 당시 툰베리는 "내가 있어야 할 곳은 학교인데 당신들이 우리를 배신해서 이 자리에 섰다."라며 세계 지도자들을 겨냥해 목소리를 높였다. 툰베리는 이산화탄소 배출의 주범 중 하나인 비행기를 이용하지 않겠다며 요트를 타고 대서양을 건너 유엔총회에 참석하기도 했다.

2021년 6월 제18회 서울 환경 영화제에서는 "생태계가 무너져 가는데, 염치도 없나요? 우리는 당신들을 절대 용서하지 않을 겁니다." 라고 발표하기도 했다. 한때 미국 전 대통령인 트럼프와 앙숙 관계로 SNS에서 많은 논쟁이 오고 간 적도 있었다. 미국이 다시 파리협약에 복귀했지만, 툰베리는 바이든 정부에 "충분하지 않다. 다른 정치적 주제처럼 취급해야 한다. 그리고 위기로 다뤄야 한다."라고 일침을 놓기도 하였다.

어찌 되었든 현재 MZ 세대들이 소비 패턴을 주도하고 있어 많은 기업이 이를 분석하고 있다. 이들은 환경·사회를 고려한 가치 소비, 공정한 처우와 일과 삶의 균형을 추구하는 MZ 세대가 전체 노동인구의 35% 이상을 차지하게 되면서, 기업문화 및 소비 패턴도 변화하고 있다. 합리적으로 제품, 서비스 가격을 비교하고 손쉽게 인터넷 검색으로 리뷰를 작성하거나 '돈쭐' 등의 개념 소비와 불매운동에 적극적으로 동참하고 있다.

ESG와 관련된 평가 및 규제도 강화되고 있다. 기업 투자 시, ESG를 고려한 투자 결정도 증가 추세에 있다. 앞서 설명한 바와 같이 대표적으로 래리 핑크는 2020년 'Larry Fink's 2020 letter to CEOs' 를 블랙락Black Rock이 투자한 전 세계 경영진에게 발송하였다.

2020년 연례 서한을 요약하면 아래와 같다.

1. 지속가능성을 투자의 최우선 순위로 삼겠다.
2. 기후변화를 고려해 투자 포트폴리오를 변경하겠다.

ESG 경영의 근간, 컴플라이언스 솔루션.ZIP

3. 매출액의 25% 이상을 석탄발전을 통해 거둬들이는 기업에 대해 채권과 주식을 매도하겠다.

2021년 연례 서한을 요약하면 아래와 같다.
1. 자사의 비즈니스 모델이 Net Zero 경제와 어떻게 호환될지 계획을 공개하라.
2. 2050년 Net Zero 목표를 기업의 장기전략에 어떻게 통합할지, 이사회에서 검토하는지 공개하라.

금융산업, 특히 기관 투자자들은 일찍이 사회, 환경적 영향을 고려한 금융 활동인 사회책임투자Socially Responsible Investment(SRI)를 확대해 나가고 있다. 대표적으로 한전 해외 석탄발전소(베트남) 투자에 대해 명확한 전략적 근거를 대표이사가 직접 설명할 것을 요구하는 서한 발송이 있었다. 그리고 ○○화학 인도공장 가스누출 사건에 관하여 이사회·경영진 대응 현황, 복원방안, 향후 사고 방지를 위해 회사가 채택 또는 계획한 정책·관행·노력 사항 등을 요구하였다.

이에 뒤지지 않고 국민연금의 책임투자도 강화하고 있다. 2019년 발표된 '국민연금 책임투자 활성화 방안'은 투자의 지속가능성과 장기 수익 제고를 위해, 기금 전체 자산에 책임투자RI를 적용하는 것을 원칙으로, 기관 투자자들의 ESG 내실화 강화 요구하고 있다. 그리고 2011년부터 해외주식(약 150조 원), 국내외 채권(약 358조 원)을 자산에 책임투자에 적용하겠다고 하였다. 반면에 ESG를 고려한 경영 활동은 급변하는 경영환경에 기업이 적응하는 데 도움을 줄 수 있다. 그리고 이해관계자를 고려한 지속가능성은 기업의 장기적 성장에 도움을 준다. 마지막으로 재무성과와 함께 비재무 성과를 나타낼 수 있는 핵심 영역으로 투자자들의 의사결정에 도움을 줄 수 있다. 세계는 지금 ESG라는 거대한 변화에 직면하고 있다.

ESG를 주도하고 있는 래리핑크 편지는 다음과 같다.

"이해관계자 자본주의는 정치적인 논의나 사회적·이념적 논의가 아닌 장기적인 수익을 추구하기 위함이다. 블랙록이 지속가능성에 집중하는 이유는 환경주의자이기 때문이 아니라 자본주의자이기 때문이다."

ESG 평가의 한계, ESG 워싱 그리고 방법

현재 CSR과 ESG는 기업들의 매우 중요한 화두 중 하나이다. 이는 기업이 단지 경제적 견인차의 구실을 넘어, 사회 전체를 바람직한 방향으로 이끌어 가는 중심축 역할을 해야 한다는 사회적 공감대에서 출발한다. 그러나 ESG 평가

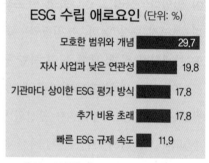

ESG 수립 애로요인 (단위: %)

항목	%
모호한 범위와 개념	29.7
자사 사업과 낮은 연관성	19.8
기관마다 상이한 ESG 평가 방식	17.8
추가 비용 초래	17.8
빠른 ESG 규제 속도	11.9

※ 출처: 기업인들 "ESG 관심은 많지만, 개념·평가방식이 모호", 서울경제

와 관련하여 다양한 우려의 시각이 있다. 위의 그래프에서 보듯, 서울경제의 ESG 수립 애로 요인에 따르면 1위가 29.7%가 '모호한 범위와

개념'이다.

과거 CSR이 그랬던 것처럼 최근 ESG에 관해 활발한 연구가 진행되고 있다. 그러나 정작 그 내용을 보면 평가 기준도 모호하고, ESG를 하는 데 필요한 기업의 역할도 선명하게 보이지 않는 경우가 많다. 왜냐하면, ESG는 너무 포괄적이고 광범위한 영역을 다루기 때문이다. 가령 S(사회)를 객관적으로 측정하는 기준 지표가 모호하다. 실제로 만약 ESG와 관련하여 전 세계 경영자들 누구에게 물어봐도 대답은 똑같을 것이다. "당연히 해야지요, 근데 어떻게 해야 하는 건가요?"라고 할 것이다. S(사회), G(지배구조)는 실제로 굉장히 모호하고 넓으며 방대하다.

2위는 19.8%로 '자사 사업과 낮은 연관성'을 가지고 있다는 것이다. 단기적으로 추진한다고 하여 눈앞에 보이지 않기에 투자성과 상관관계가 모호하다. ESG 점수와 재무적 성과, 신용평가 등급과의 상관관계가 명확히 드러나지 않는다는 것이다. 가령 우리 회사는 IT 회사인데 우리가 제조업도 아니고 환경오염 등을 일으키지 않는 데 필요하냐는 인식이며 이는 잘못된 접근이다.

3위는 17.8%로 '기관마다 다른 ESG 평가 방식'이다. 국내외 평가기관들은 평가 기준과 평가모델을 대부분 공개하지 않고 있다. 전 세계 많은 이니셔티브들이 제각각 평가와 검증 기준을 가지고 있지만, 일관성이 없는 것이 현실이다. 최근 정부는 관계부처 합동으로 'K-ESG 가이드라인'을 만들어 모호한 평가를 한국형 ESG로 재평가하고 있다. 정보공시 5개, 환경 17개, 사회 22개, 지배구조 17개 등 4개 영역 61개 항목의 기본 진단항목 및 이외 대체 또는 보완을 위한 추가 진단항목으로 구성되었다.

다만 'K-ESG 가이드라인'은 일부 평가지표와 성과 점검 내용이 COVID-19와 같은 최근 사회 변화 및 글로벌 흐름과 맞지 않는 면이 있다. 또한, 글로벌 기업의 ESG 활동 성과에 대한 공시는 GRIGlobal Reporting Initiative, SASBSustainability Accounting Standards Board, TCFDTask Force on Climate-related Financial Disclosures 등의 기준을 따르고 있다. 이에 맞춰 우리나라도 단계적 공시 의무화 방안을 발표하였으나 아직 표준화된 기준은 없는 실정이다. 현재 COVID-19와 같은 현실을 반영하고 국제기구와 국제 공시기준에 맞춰서 하나의 일관성 있는 K-ESG로 정착해야 한다.

더불어 평가를 통해 검증할 수 있는 전문가의 영역에도 분명히 한계가 있다. 높은 ESG 등급을 받은 기업에 사건·사고가 발생한다면 그 평가와 검증기관의 신뢰도는 떨어지기 마련이다. 반면 공시에도 분명 한계점이 존재한다. 그래서 공시나 ESG 평가 대응으로 이해하는 것은 잘못된 접근이다. 대부분의 ESG 평가는 기업의 공개한 자료를 통해서 평가 점수가 매겨진다. 기업은 이익집단이다. 좋은 뉴스Good news는 드러내고 싶지만, 나쁜 뉴스Bad news는 숨기고 싶어 한다.

공동 3위로 17.8%는 '추가 비용을 초래'한다는 것이다. 매년 발표되는 지속가능경영보고서와 같은 보고서를 작성하고 배포하는 데는 일반 기업에서 적게는 수천에서 수억 원이 든다. 대부분은 디자인 비용이며 회사마다 비슷한 내용으로 표현되고 있어 컨설팅 시장은 현재 블루오션이다. ESG를 전담할 인프라를 구축하는 것도 만만치 않다.

마지막 4위로 11.9%의 '빠른 ESG 규제 속도'이다. 전 세계 이니셔티브들, 정부, 국회, 투자자, 기관 등은 앞다퉈 ESG 관련 법안들을 경쟁

하듯이 쏟아 내고 있다. ESG는 대부분 누구나 공감하기에 표를 얻기 위해 가장 유용한 수단일 수밖에 없다. 그러나 지속가능한 사업을 해야 하는 기업으로서는 반응 속도는 쉽지 않다. 특히나 중소기업 처지에서는 더 쉽지 않은 편이다.

더불어 그린워싱Greenwashing(green+white washing의 혼성어)의 문제점이 있다. 1990년대부터 널리 쓰인 용어로 그린워싱 또는 녹색 분칠은 기업이 실제로는 환경에 악영향을 끼치는 제품을 생산하면서도 광고 등을 통해 친환경적인 이미지를 내세우는 행위를 말한다. 우리말로 위장 환경주의라고 한다. 그린 마케팅Green Marketing이 기업의 필수 마케팅 전략 중 하나로 떠오르면서, 실제로는 친환경적이지 않은 제품을 생산하고 있음에도 기업 이미지를 좋게 포장하는 경우가 생기는 것이다. ESG가 기업 경영의 화두로 떠오르면서 친환경 이미지 세탁을 노리는 일부 기업에서 행해지고 있다.

더 큰 문제는 ESG 워싱이다. 기업들은 이해관계자의 요구와 기대사항에 따라 ESG에 대한 최고의 노력을 해야 한다. ESG 경영을 강 건너 불 보듯 할 수 없는 처지이다. 특히 대한민국은 순위에 민감하다. 실제로도 낮은 ESG 등급을 받아 경영진으로부터 잦은 질타에 시달려 이직을 고민하고 있는 실무자를 본 적도 있다.

경영진들은 뭔가 해야 한다는 강박감과 초조함만 앞서지, 실제로 ESG 경영을 어떻게 해야 기업이 지속가능경영을 할 수 있는지에 대한 비전과 전략이 부족한 형편이다. 대기업들은 막강한 자본과 인프라를 바탕으로 ESG 경진대회를 하듯이 앞다퉈 ESG를 최우선 전략으로 삼고 있으나 열악한 환경의 중소기업은 이로 말할 수 없는 실정이다.

투자자들의 압박은 점차 거세지고 투자금 철회까지 요구하고 있다. 정부도 착한 기업의 역할을 다하라고 기업들을 절벽으로 내세우고 있다. MZ 세대를 비롯한 시민들의 기대치는 점차 높아져 기업을 바라보는 시선이 곱지만은 않다. 정치권에서는 언론을 앞세워 대선 후보들의 최우선 공약으로 삼고 있다. 그래서 기업들은 ESG 숙제를 해결하고자 단기적 대응이나 과장된 홍보로 맞서기 쉽다. 무늬만 ESG 경영을 하는 것이다. 항상 유혹에 직면하여 기업들은 이율배반적인 행위를 하는 것이 바로 ESG 워싱이다.

ESG는 갑자기 툭 튀어나온 유행 성격의 요구가 아니다. 과거 CSR과 같이 지속해서 유사한 요구는 있었다. 환경, 사회, 지배구조와 같이 이해관계자들의 목소리가 커지고 있으나, 단기적으로 해결하라고 압박하며 기업들에 숙제를 준 것은 아니다. 그보다는 직업윤리와 상식을 통하여 가장 잘할 수 있는 분야의 ESG 실천 노력을 하라는 것이다. 어느 누구도 ESG를 홍보하라고 한 것도 아니다. 넓은 범위의 ESG를 전면적으로 실천하기란 쉽지 않다. 따라서 조직에 있어 전략적으로 중요한 ESG 활동에 집중해야 한다. 그 대표적인 예가 조직의 성과지표Key Performance Indicator(KPI)에 반영하여 당근과 채찍으로 삼을 수 있어야 한다.

기업은 솔직함Openness을 최우선으로 해야 한다. 전 세계가 극찬한 K-방역은 솔직함이었다. 질병관리본부는 투명하게 확진자의 동선까지 공개하였다. 개인정보가 누출된다는 사생활 침해 우려에도 불구하고 우리 정부는 다른 나라에 비해 COVID-19 상황을 명확히 공개하였다. 과거 정권에서 숨기기에 급급했던 것과 달랐다. COVID-19 발생 초기

질병관리본부를 신뢰할 수 없었던 국민도 이내 신뢰하게 되었다.

많은 ESG 평가 자체가 개별 기업의 공시자료에 크게 의존하고 있다. 기업은 ESG 워싱을 막기 위하여 나쁜 뉴스Bad news를 숨기기보다 투명하게 공개할 필요가 있다. ESG는 단기간에 효과를 보이지 않을 것이다. 급하게 실천할 필요 없이 천천히 추진하면 된다. 2015년 배기가스 조작 문제를 일으켰던 폭스바겐의 경우, 해당 이슈 발생 직전 주요 기관으로부터 ESG 평가를 받았다. 그러고는 숨기기에 급급했다. 하지만 사고가 터진 후 이율배반적으로 양날의 칼이 되어 역풍을 맞았다.

사실 정답Answer은 정해져 있다. ESG처럼 환경(E), 사회(S), 지배구조(G)를 잘 지켜 인류가 바라는 지속가능한 번영을 이루고자 하는 것이다. 다만 문제Question를 어떻게 해결해야 하는지 명확하게 알아야 하며, 그 해결 방법 중에 하나는 E(ISO 140001:2015), S(ISO 45001:2018), G(ISO 37301:2021)에서 참고할 수 있다. 앞서 출간된 책『ESG와 윤리·준법경영.ZIP』을 참고하기 바란다.

우리가 올바르게 ESG 경영을 이해하기 위해서는 글로벌 스탠더드를 활용할 수 있다. ESG 경영과 윤리·준법경영은 글로벌 스탠더드를 활용하여 비즈니스 모델과 운영 프로세스 전반에 걸쳐 조직 내 단계적 혁신을 포함하는 것이다.

이렇듯 기업의 사회적 책임과 ESG 활동 요구는 세계 공통의 화두가 되고 있다. UN SGDs처럼 경제적 측면에서 벗어나 세계화나 지속가능한 발전으로까지 확대되는 등 변화와 발전을 거듭하고 있다.

ESG 관련 인증 패키지, 조직별 대응방안

기업의 운영에서 차지하는 컴플라이언스의 중요성

최근 ESG가 강조되면서 기업의 운영에서 차지하는 컴플라이언스의 중요성은 한층 높아졌다. 구속력 있는 법률뿐만 아니라 윤리도 동시에 지켜야 기업은 지속가능경영을 할 수 있다. 실제로도 국내·외 ESG 평가/공개 기관들은 윤리·준법을 유의 깊게 보고 있다. 만약 사주가 갑질, 성희롱 등으로 논란이 된다면 기업의 ESG 평가는 박할 것이다. 그리고 이해관계자는 조용히 지켜볼 것이다. 기업이 윤리적이지 않고 법을 지키지 않는다면 냉정하게 '화폐투표'와 같은 처벌을 내릴 것이다. 그리고 윤리·준법을 추구하는 기업에게는 긍정적 기회를 제공할 것이다. 조직의 기본은 건강한 지배구조, 즉 윤리·준법경영이다. ESG를 주도하고 있는 블랙락 래리핑크의 회장은 지배구조의 중요성에 관해 최근 서한에서도 중점적으로 주장하고 있다.

환경(E), 사회(S), 거버넌스(G) 모두를 볼 때 정답은 명확하다. 환경을 돌아보고 사회적 약자를 배려하고 건강한 사업을 하라는 것이다.

그리고 ESG를 추진하는 대기업뿐만 아니라 관계된 협력사들도 지원하고 평가해서 함께 동참하라는 것이다. 과거 김장철 때 사회적 책임SR을 다하는 것처럼 ESG 경영을 하면 투자자는 떠날 것이다. 핵심 요소로는 기업의 비즈니스 전략(재무적), 성장 전략(비재무적)이 통일되어야 한다. 앞서 설명한 컴플라이언스 경영 시스템처럼 리더십이 가장 중요하다. ESG 중요성을 직원들에게 인식시키고 장려하여야 한다. 빨리 가려면 혼자 가면 되지만, 멀리 가려면 함께 가야 한다. 조직은 지속가능한 성장을 해야 한다.

ESG 평가항목은 굉장히 폭넓고 다양하다. 해당 산업과 그 기업의 리스크의 우선순위를 찾아서 ESG 경영 전략과 대응 조치를 해야 ESG의 도입 및 운영이 가능하다. 돈만 쓰고 직원들의 행정적 업무에 그쳐서는 안 된다. 이를 위해서는 조직에 반드시 필요하고 적합한 핵심 성과지표만을 찾아내어 기업의 문화에 ESG를 녹여 내야 한다.

마지막으로 정보와 ESG 결과 등을 공개해야 한다. 만약 공개하지 못한다는 것은 제대로 되지 않고 있다는 것이다. 투명한 정보공개가 ESG의 완성이다. 이를 위해 글로벌 스탠더드ISO 경영 시스템을 통하여 ESG 리스크를 관리할 수 있다. 더불어, ESG의 평가와 등급 향상 그리고 정보공개의 효과를 높일 수 있다.

ISO는 ESG 평가관의 평가 못지않게 권위를 가진 글로벌 스탠더드 기관이다. 기업이 ISO 표준에 따라 구체적으로 어떻게 ESG를 실행하는지 기술한다면 ESG에 신뢰성을 담보하는 것에 많은 도움이 된다. 여기서 ISO 14001:2015는 E(환경)를, ISO 45001:2018은 S(사회)를,

ISO 37301:2021은 G(지배구조)를 대표하는 패키지 세트이다.

그중 ISO 37301:2021은 모든 부분을 포괄하고 있다. 환경 관련 법과 규정 그리고 안전보건과 관련된 법, 산업재해율, 안전 리스크 관리, 노동 관련법 등을 모두 포괄하고 있다. ISO 업계에서는 모든 광범위를 포괄하는 끝판 왕이라고 한다. 따라서 공통으로 ISO 37301:2021의 구축을 통하여 다양한 법과 규범 등 위반 리스크를 식별하고 낮출 필요가 있다. 국내외 거의 모든 ESG 관련 평가지표에서 법규 준수 여부를 비중 있게 다루고 있고 ○○기업과 같은 광주 아파트 붕괴사고, ○○○기업 대규모 횡령 사건 등과 같은 사건·사고가 있을 경우, ESG 평가에서는 좋은 평가를 받기는 힘들다.

대기업은 매년 정기적인 지속가능경영보고서 발간으로 다양한 이해관계자의 요구에 대응하여야 한다. GRI Standard, 자율공시 요구사항, 특정 ESG 평가기관의 평가항목을 반영하여 대응해야 한다. 대기업은 공급망 ESG를 관리해야 한다. 공급사슬에서 최상의 포식자로 그 역할을 다하지 않는다면 그 이미지는 고스란히 대기업에 영향을 미칠 것이다. 외주를 준다고 하여 그 외주 업무에 대한 책임이 경감되거나 위임되는 것은 반드시 아니다. 중소기업과 협력사는 사업 활동과 관련된 법규 준수 및 발주처의 ESG 평가지표에 대응하는 것이다.

특히 환경, 산업안전, 제품안전, 노동, 인권, 정보보호, 반부패 관련에 집중하여 법규를 준수하고 그에 따른 우선순위를 정하여 최선을 다해야 한다. 또한, 공공기관은 기재부(공공기관 경영평가, 윤리경영 표준모델 등), 권익위(부패방지 시책평가, K-CP 등), 공정위(CP 등급평가 등)에 집중하여 사업 목적에 맞는 ESG를 연계할 필요가 있다. 윤리경영, 일자리 창출, 공정 채용, 인권경영, 노사관계, 안전 및 환경, 지역 상생 발전 등에 초점을 맞추어야 한다.

UN SDGs, ESG와 ISO

ESG 경영을 하기 위해서는 핵심 전략으로 리스크를 이해해야 한다. 조직 리스크 관점에서 준법과 윤리경영을 총체적 전략으로 다루어야 한다. 튼튼한 ESG를 운영하려면 조직 구성원 간의 신뢰를 바탕으로 해야 한다. 그리고 의사결정 과정에서는 민주적으로, 당면한 과제들의 리스크를 효율적으로 관리해야 한다. 더불어 법과 규제 준수 및 내부통제를 충족시키는 기능을 포함한다. 자세한 내용은 3장 ISO를 활용한 ESG 구축 프로세스에서 살펴보자.

각 ISO 경영체계별로 개발된 표준의 개수는 아래와 같다(2022년 4월 기준). 대표적인 ISO 26000:2010(Guidance on social responsibility)은 전체를 포괄한다.

UN SDGs	내용	종류	대표 ISO
GOAL 1	빈곤 종식 (NO POVERTY)	347	ISO 20400:2017 (Sustainable Procurement) ISO 37001:2016 (Antil-Bribery Management Systems)
GOAL 2	기아해소와 지속가능한 농업 (ZERO HUNGER)	542	ISO 22000:2018 (Food Safety Management)

UN SDGs	내용	종류	대표 ISO
GOAL 3	건강과 웰빙 (GOOD HEALTH AND WELL-BEING)	2,988	ISO 45001:2018 (Occupational Health and Safety)
GOAL 4	양질의 교육 (QUALITY EDUCATION)	529	ISO 21001:2018 (Educational Organizations)
GOAL 5	양성평등 (GENDER EQUALITY)	185	ISO 26000:2010 (Social Responsibility)
GOAL 6	물과 위생 (CLEAN WATER AND SANITATION)	563	ISO 24518:2015 (Activities relating to drinking water and wastewater services)
GOAL 7	에너지 (AFFORDABLE AND CLEAN ENERGY)	862	ISO 50001:2018 (Energy Management Systems)
GOAL 8	양질의 일자리와 경제성장 (DECENT WORK AND ECONOMIC GROWTH)	2,468	ISO 45001:2018 (Occupational Health and Safety) ISO 37001:2016 (AntiI-Bribery Management Systems)
GOAL 9	혁신과 인프라 (INDUSTRY, INNOVATION AND INFRASTRUCTURE)	12,883	ISO 44001:2017 (Collaborative Business Relationship) ISO 56002 (Innovation Management)
GOAL 10	불평등 완화 (REDUCED INEQUALITIES)	536	ISO 26000:2010 (Social Responsibility)
GOAL 11	지속가능한 도시 (SUSTAINABLE CITIES AND COMMUNITIES)	2,405	ISO 37120:2018 (Sustainable Cities and Communities) ISO 22313:2012 (Societal Security - Business Continuity)

UN SDGs	내용	종류	대표 ISO
GOAL 12	지속가능한 소비와 생산 (RESPONSIBLE CONSUMPTION AND PRODUCTION)	2,673	ISO 20400:2017 (Sustainable Procurement) ISO 14020:2000 (Environmental Labels and Declarations)
GOAL 13	기후변화 대응 (CLIMATE ACTION)	1,134	ISO 14001:2015 (Environmental Management Systems)
GOAL 14	해양 생태계 (LIFE BELOW WATER)	288	ISO 12875:2011 (Traceability of Finfish Products) ISO 9001:2015 (Quality Management Systems)
GOAL 15	육상 생태계 (LIFE ON LAND)	1,059	ISO 14055-1:2017 (Environmental management - Guidelines for establishing good practices for combatting land degradation and desertification - Part 1: Good practices framework) ISO 14001:2015 (Environmental Management Systems)
GOAL 16	평화와 정의, 제도 (PEACE, JUSTICE AND STRONG INSTITUTIONS)	167	ISO 37001:2016 (Antil-Bribery Management Systems) ISO 37301:2021 (Compliance Management Systems)
GOAL 17	파트너십 (PARTNERSHIPS FOR THE GOALS)	1	ISO/IEC AWI TR 9858 (Use Cases on Advanced Learning Analytics Services using Emerging Technologies)

한국 ESG 경영의 최대변수는 G

거센 흐름을 주도하고 있는 ESG는 우선 '환경'과 '사회(인권)'처럼 보인다. 그러나 이러한 이슈들의 실천을 보장하는 것은 바로 기업의 '투명성'인 G이다.

우리는 이미 한 국가의 투명성 정도가 환경과 인권과 같은 사회적 가치 실현에 상당한 영향을 끼친다는 점을 여러 사례와 조사를 통해 잘 알고 있다. 부패에 대한 인식지수가 낮을수록 인권 등과 같은 사회적 가치 보장에 대한 인식도 낮을 수밖에 없다.

이러한 논리는 기업에서도 마찬가지로 작용한다. 투명성이 확보되지 않고 부패에 대한 민감도가 낮은 기업은 ESG 경영의 핵심 가치들을 실현할 가능성이 매우 낮을 수밖에 없다. 그래서 오늘날 글로벌 기업들은 ESG 경영 차원에서 공급망 내 기업들을 상대로 높은 수준의 투명성과 반부패를 요구하고 있다. 기업의 오너 리스크는 코리아 디스카운트의 원인 중 하나로 지목되기도 한다.

효과적인 지배구조는 나머지 E(환경)와 S(사회)를 지원할 수 있도록 해 준다. G를 중심으로 하나에 집중되기보다는 모든 이슈 그리고 상호 의존성을 고려하여야 한다. 코리아 디스카운트에는 북한 미사일보다 재벌총수가 더 큰 영향을 미친다는 것이 주식 시장에서도 입증되었다. 결국, 모든 경영에서 제일 중요한 것은 최고 경영자의 의지와 참여이다. 현장에만 맡기지 않는 것이다. 역사상 존경받는 군인들은 참모에게만 맡기지 않았다. 경영이 잘되는지 지속적으로 지원하면서 적절한 자원(인력, 재정 등)을 제공해야 한다. 경영은 한 번으로 끝나는 것이 아닌 연속적인 부분이기에 지속적인 개선이 이뤄져야 하며 평가와 재검토가 요구되어야 한다.

　ESG 투자와 ESG 경영이 1970년대 중반 이후 지금까지 40여 년간 세계경제를 주도해 온 주주 자본주의의 한계를 극복하고 종업원, 소비자, 협력업체, 지역사회, 그리고 환경을 고려하는 이해관계자 자본주의로 전환하는 과정에서 핵심적인 역할을 수행할 수 있다는 것이다. 따라서 ESG 투자와 ESG 경영은 단순히 투자 수익률이나 기업의 지속가능성 차원의 문제가 아니라 인류의 미래에 결정적인 영향을 미칠 사안이라고 해도 과언이 아니다.

　물론 ESG 투자가 이해관계자 자본주의의 정착으로 이어지기까지는 많은 장애 요인들이 존재한다. 그렇지만 기후변화와 팬데믹으로 인한 '존재적 위험'을 진지하게 받아들이는 사람들이 많아진다면 시행착오 과정을 거쳐 결국 해법을 찾을 것으로 기대한다.

　그런데 다음 두 가지 사항에 대해서는 지금 당장 진지한 논의가 필요하다. 하나는 금융자본의 시장 지배력에 관한 것이고, 다른 하나는 기업의 대응, 특히 한국 기업의 대응에 관한 것이다.

　1980년대 신자유주의가 득세한 이후 금융자본은 금융화와 증권화를 통해 극한의 수익률 게임을 주도해 왔으며 주주 자본주의는 그 결과물이었다. 이런 속성의 금융자본이 ESG 투자를 강조하는 것은 상황 변화에 선제적으로 대응함으로써 시장 지배력을 계속 유지·강화하겠다는 의도를 교묘하게 포장한 것으로 보인다. 이는 사실상 이해관계자 자본주의와 양립하기 어렵다.

다음으로 기업의 대응이라는 측면에서 볼 때, 한국의 기업들은 명예 회복을 위한 절호의 기회를 맞이했다. 특히 재벌 산하 대기업들은 먼저 과감한 ESG 경영의 실천 방안을 공표함으로써 이해관계자 자본주의의 정착에 획기적으로 기여할 수 있기 때문이다. 이런 과감한 변신을 통해 기업은 한국 사회의 저변에 자리 잡혀 있는 반재벌, 반기업 정서를 일거에 해소할 수 있을 뿐만 아니라 한국을 세계의 중심으로 이끄는 진정한 선도자 역할을 할 수 있다. 더욱이 한국의 경우 재벌총수의 결단이 있으면 가능하다는 면에서 다른 나라 기업들보다 유리하다. 진정한 명예와 의로운 결단을 존중하는 기업가라면 한 번 도전할 만한 과제이다.

반부패와 관련하여 해외 규제도 더욱 강화되고 있다는 점을 유의해야 한다. 미국 증권거래위원회SEC는 해외부패방지법FCPA을 위반하였다는 혐의를 인정하고 우리나라 한 대형통신업체에 과징금 630만 달러(한화 약 75억 원)를 부과하였고, 해당 업체는 신속히 수용하기로 하였다.

과거 유사 사례들과 비교해 보면, 이러한 사건은 어쩌면 무마될 수도 있는 사건이었다. 그러나 이제는 다르다. 곧 개최될 예정인 해당 업체의 주주총회에서는 이미 격론이 예고되어 있다. 해당 업체의 노조는 기관 투자자들을 상대로 경영진의 해외부패방지법 위반 혐의에 대하여 주주권을 행사할 것을 강력히 요구하였고, 그 안건 중에는 주요 경영진의 해임의 건도 포함된다.

이처럼 점점 강력해지는 해외 규제와 리스크를 고려한다면, 우리 기업들은 ESG 경영, 특히 반부패 차원에서 해외사업 방식을 신속히 점검하고 적극 개선해 나가는 것이 반드시 필요하다.

이에 대해 미 법무부에서는 기업 모니터링에 대한 변화를 언급하였다. 회사가 DPA/NPA에 따른 규정을 제대로 지키고 있는지를 확인하기 위해 검사의 필요에 따라 독립적인 모니터링 부과를 자유로이 할 수 있다고 공표한 것이다. 최근 FCPA 해외 동향은 뇌물 사건에 대한 집행, 자금세탁 혐의, 부패계획 조정에 대한 강력한 처벌을 예고하고 있으며, 법인뿐만 아니라 개인까지도 처벌하며 총수에게도 화살을 겨누고 있다.

Mapping ESG 구축·운영 프로세스 실무

ESG를 ISO PDCA 관점에서 도입하는 방법

조직이 ISO 경영 시스템을 도입할 때 추진하는 것이 PDCA 사이클이다. 앞서 PDCA란 조직이 계획Plan을 세우고, 행동Do하고, 평가Check하고, 개선Act하는 일련의 업무 사이클 과정이라고 설명한 바 있다. 미국의 통계학자 W.Edwards Deming이 체계화한 이론으로 데밍 사이클이라고도 한다.

'Part 1. 컴플라이언스 경영 시스템 구축을 위한 7가지 요소'에서와 같이 ESG도 PDCA 사이클을 따를 수 있다. 특히 ISO 14001:2015(E), ISO 45001:2018(S), ISO 37301:2021(G)의 ESG 패키지를 체계적으로 운영하는 조직은 ESG 측면의 건강도를 증가시킬 수 있다. 그리고 의지 표명을 함으로써 객관적인 성과를 높일 수 있다. 그래서 형식만이 아닌 위 패키지에 대해 조직 내부의 재해석화가 필요하다.

프로세스Process화를 만들 때는 항상 이를 고려해야 한다. 속도보다는 방향에 맞추어서 모두가 쉽고 편하게 이해할 수 있는 친근하고 익숙한User friendly 환경을 구축해야 한다. 주관부서가 조직을 위해 만든 경영 시스템이 어렵고 힘들면 실제 업무를 하는 현업 부서들은 거부감이 들어 접근조차 하지 않는다.

지속가능성 개념이 조직의 장기적인 재무 가치에 영향을 미치는 ESG 성과 관리로 전환되고 있다. 그리고 규제기관, 자본시장 등의 요구에 부합하기 위해서는 ESG 성과 창출, 외부평가 대응, 전략적 정보 공개가 필요한 시점이다. 이를 도울 수 있는 것이 ISO 표준 도입을 통한 ESG 향상이며, 이를 위한 표준은 아래와 같다.

구분	내용	ISO	HLS 구조[7]
ESG 공통	사회적 책임	ISO 26000(Social Responsibility System)…	
	리스크 관리	ISO 31000(Risk Management System)…	
	지속가능	ISO businesslike Continuity Management Systematize	●
E (환경)	기후변화	ISO carbonation footprint for seafood	
	천연자원 (Natural Capital)	ISO 842(Raw materials for paints and varnished	
	오염 및 폐기물 (Pollution&Waste)	ISO 14001(Environmental Management Systems)…	●
	환경적 기회 (Env. Opportunities)	ISO 50001(Energy Management Systems)…	●
S (사회)	인적자원 (Human Capital)	ISO 45001(Occupational Health&Safety Management Systems)…	●

구분	내용	ISO	HLS 구조[7]
S (사회)	제품 책임 (Product Liability)	ISO 9001(Quality Management Systems)…	●
	이해관계자 상충 (Stakeholder Opposition)	ISO 22395(Security and resilience)…	
	사회적 기회 (Social Opportunities)	ISO 27001(Information technology), ISO 27701(Security techniques)…	●
G (지배구조)	기업 지배구조 (Corporate Governance)	ISO 37301(Compliance Management Systems)…	●
	기업행동 (Corporate Behavior)	ISO 37001(Anti-bribery Management Systems)…	●

※ 참고: ISO and MSCI

따라서 위 표준들을 참고하여 명확히 눈에 들어오지 않는 ESG의 수준 진단 및 과제를 도출할 수 있다. 더불어 지속가능경영보고 체계를 정립하고 외부 평가지표에 대해 효과적으로 대응을 준비할 수 있다.

---

7 HLS(High Level Structure)로 "상위 레벨 구조"이다. 상위의 개념에서 공통되는 내용을 정리하여 따르게 하는 기본 틀(Framework)이다. 이는 동일한 구조(Identical structure)로 조항의 순서와 명칭이 일치하며, 동일 핵심 본문(Identical core text), 공통 용어 및 정의 (Common terms and definitions)로 구성되어 있다.

ESG 경영의 근간, 컴플라이언스 솔루션.ZIP

ESG 실행하기 위한 계획Plan

먼저 ESG를 추진하기 위해서는 주요 취약점을 발굴하여 최적의 개선 방안을 만들 수 있도록 계획을 세워야 한다. 이를 위해 먼저 우리 조직의 ESG와 관련된 종합적 상황을 파악하여야 한다. 조직 상황은 내·외부 이슈들을 파악하면 도움이 될 것이다. 예를 들어, 우리 기업이 환경적 문제를 유발시키거나 또는 문제를 일으키는 관련 기업과 거래를 하고 있지는 않은지 점검해 볼 필요가 있다.

만일 현재 우리 조직의 상황이 파악되지 않는다면 우리가 무엇을 할 수 있고 또 어떤 것들을 할 수 있는지 추진하는 조직조차 이해할 수 없게 된다. 특히 대기업일수록 각 부서의 상황은 복잡하기 때문에 ESG 상황은 폭넓을 수밖에 없다.

그리고 그와 관련된 이해관계자들을 식별하여 그들의 니즈와 기대를 파악해야 한다. 추가적으로 올바른 ESG 경영을 추진하기 위하여 그에 따른 당연한 컴플라이언스 의무(법, 규정, 계약, 규약, 라이선스 등)사항을 찾을 수 있다. 컴플라이언스를 위반하면서까지 ESG 경영을 추진할 필요는 없기 때문이다.

이렇게 조직 상황과 관련된 내·외부 이슈와 이해관계자의 요구를 파악해서 분석하는 것, 특히 이해관계자의 식별 및 참여는 ESG 경영의 근본이다. 조직의 영향 및 그 영향을 다루는 방법을 이해할 수 있도록 해야 한다. ESG를 다루는 기업은 누가 기업의 의사결정 및 활동에 이해관계가 있는지를 결정해야 한다. ESG의 출발은 이해利害관계자를 이해理解하는 것이다. 처음 ESG라는 단어가 나왔을 때부터 이해관계자의 니즈와 기대를 충족시키기 위함이 목적이다. 따라서 우리 조직에 어떠한 이해관계자가 있으며 그들의 니즈와 기대가 어떠한지를 파악해야 할 것이다.

이해는 Understand(Under, 밑에서/Stand, 선다), 즉 위에서가 아닌 밑에서 위를 바라보는 존중의 의미이다. 그러기 위해서는 그들을 존중하고 그들의 니즈와 기대사항을 충족시킬 수 있도록 조직은 노력해야 한다.

ISO에서 주장하는 이해관계자는 영향력과 매우 밀접한 관련이 있다. 이해관계자는 '사람(조직)에 대해 영향을 받을 수 있거나 그것의 일부가 되길 바라는 사람들'이라고 정의된다. 따라서 우리 조직과 관련된 이해관계자를 식별하기 위하여, 조직은 스스로 다음과 같은 질문을 하면 좋다.

1) 조직은 누구에게 법적 의무가 있는가?
2) 조직의 의사결정 또는 활동에 누가 긍정적 또는 부정적으로 영향을 받는가?
3) 조직의 의사결정 및 활동에 대해 누가 관심을 표현할 것 같은가?
4) 유사한 관심사가 다루어질 필요가 있을 때 과거에 누가 관여하였는가?
5) 조직이 특정 영향을 다루는 것을 누가 도울 수 있는가?
6) 조직의 책임을 지는 능력에 누가 영향을 미치는가?
7) 만일 참여에서 제외된다면 누가 불리한가?
8) 가치사슬 내에서 누가 영향을 받는가?

ESG 경영의 근간, 컴플라이언스 솔루션.ZIP

그런 다음 이해관계자를 매핑Mapping하면 된다. 매핑을 하는 이유는 다른 이해관계자에게 영향을 줄 방법이나 ESG와 관련된 리스크를 발견하는 데 도움을 제공하기 때문이다. 더불어 긍정적인 이해관계자가 ESG 디자인 프로세스에 참여할 수 있도록 도움을 준다. 이해관계자를 참여시키는 것은 매우 중요하다. 상호 작용적이고, 이해관계자의 관점을 들을 좋은 기회이기 때문이다. 양방향의 의사소통이 가능하여 튼튼한 ESG 구조를 만들 수 있다. 이해관계자의 참여는 조직의 의사결정을 위해 정보에 기반한 근거를 제공함으로써 조직이 ESG를 다루는 것을 지원할 수 있다.

이해관계자를 참여시키는 방법은 조직이 비공식 또는 공식 회의로 시작하는 것이다. 개별회의, 콘퍼런스, 워크숍, 공청회, 원탁회의, 자문위원회 등 어떠한 회의체로도 정기적이고 구조화된 회의 및 협의 절차로 하면 좋다. ESG와 관련된 이해관계자 참여를 아래와 같이 분류하였다.

구분	설명	참여사례
수동적 (Remain passive)	목적이 없거나 참여 활동 없음	항의, 서신, 미디어, 웹사이트 등을 통해 이해관계자만 관심 표현
모니터링 (Monitor)	이해관계자의 관점에 대해 모니터링	미디어 및 인터넷 트래킹, 제 3자가 작성한 보고서
정보 제공 (Inform)	이해관계자에게 정보를 제공하거나 교육	게시판, 서신, 브로슈어, 리포트, 웹사이트, 연설, 회의 및 프레젠테이션, open house, 사업장 방문, 로드쇼, 언론 배포, 광고, 로비

구분	설명	참여사례
거래 (Transact)	계약관계 속에서 함께 협력함. 파트너는 어떤 목적이 있으며, 자금을 제공함	민간투자개발사업, 재무 이니셔티브, 기금, 공익연계 마케팅
조언 (Consult)	이해관계자로부터 정보와 피드백을 받고 내부적으로 의사결정에 고려	서베이, Focus Group, 근무지 평가, 대면 미팅, 공개회의, 워크숍, 자문포럼, 온라인 피드백
관여 (Involve)	이해관계자 관심 사항이 완전히 이해되고 의사결정에 고려되도록 보증하기 위해 이해관계자와 직접 업무 수행	다중이해관계자 포럼, 자문 패널, 컨센서스 빌딩 프로세스, 의사결정 참여 프로세스
협력 (Collaborate)	상호 동의한 해결방안과 공동 액션 플랜을 개발하기 위해 협력	합작 프로젝트, 자발적 이자 혹은 3자 이니셔티브, 파트너십
위임 (Empower)	이해관계자에게 특정 이슈에 대한 의사결정을 위임	지배구조에 이해관계자 통합 (멤버로서, 주주로서, 혹은 특정 위원회 등에 참여)

※ 참고: ISO 26000:2010

　다음으로 성공적인 ESG 경영을 하기 위해서는 경영진의 의지와 참여가 매우 중요하다. 경영진 층에서는 리더십을 작동할 수 있도록 추진 계획 및 공약Commitment으로 임직원들이 따를 수 있는 명문화된 방침을 만들어야 한다. 무엇보다 경영진의 적극적인 지원Supporting이 있어야 한다. 지원에서는 자원(인적, 물적, 재정적 등)과 인식 그리고 의지 표명을 충분히 제공하여 추진 부서가 원활히 ESG 업무를 할 수 있도록 도와야 한다.

　그리고 추진 부서는 각 부서에 맞는 ESG 관련 사내규정을 정비하여 동원이 아닌 동참의 문화를 만들어야 한다. 여기서 각 부서의 동참을 이끌어 내기 위하여 ESG에 대한 명확한 이해의 학습(교육)이 필요하다. 이에 대한 기반 지식이 없다면 모래성을 쌓는 것과 같다. ESG 평가 기준에서 제시하고 있는 항목에 대한 학습이 필요할 수도 있다.

이후 조직 내 ESG와 관련된 전반적 환경 분석하여 현상 파악을 해야 한다. 그러기 위해서는 충분한 자료를 수집하고 카테고리별 분류를 한다. 조직에 적용되는 법, 규정, 규약, 인허가, 라이선스 등을 종합할 수 있다. 그리고 내·외부 감사 결과, 경영평가 결과 등을 분석하여 이슈를 도출한다. 또는 국내외 ESG 우수기업과 각 이니셔티브를 활용하여 ESG 경영체제를 진단할 수 있다. 추가로 필요한 것이 설문이 될 수 있다. 조직원을 대상으로 조직 내를 진단할 수 있는 계기가 된다. 그 이후 GAP 분석을 통하여 범위를 설정하고 역량 검토와 실무그룹 그리고 일정을 수립한다.

그리고 무엇보다 추진하기 위한 최고 경영자의 인식과 지원이 필요하다. 조직이 요구하고 있는 지표를 수립하는 데 여러 가지 참고할 수 있는 자료들이 있다. ISO 26000:2010과 GRI 가이드라인이다. 이런 가이드라인을 참고하여 ESG 항목을 뽑아낼 수 있다. 이 영역은 매우 유사한 주제의 범위를 다룬다. GRI 가이드라인에 기초하여 지속가능 경영보고서를 보기보다 쉽게 도울 수 있다.

아래 표의 왼쪽은 GRI의 공시항목을 다루고, 오른쪽은 GRI의 공시항목과 관련된 ISO 26000:2010의 핵심 주제 및 해당 절이다.

GRI G3 가이드라인 공시 – 경영방식(DMA) 또는 성과지표		ISO 26000 사회적 책임 핵심 주제	ISO 26000의 해당 절
이해관계자 참여 원칙		지역사회 참여	6.8.3
경쟁 규약		가치사슬 내에서의 사회적 책임 촉진	6.6.6
1.1	전략 및 분석	조직 지배구조	6.2
1.2			
2.3	조직 프로필		
4.1–4.17	지배구조, 책임 및 참여		
3.13	검증	검증	7.5.3
일반 보고 주석-검증			
사회 범주(인권, 노동, 제품 책임 및 사회 포함)			
인권 DMA		조직 거버넌스 인권	6.2 6.3
HR1	인권 보호 조항이 포함되거나 인권심사를 통과한 주요 투자협약 건수 및 비율	인권 실사 연루/공모회피 가치사슬 내에서의 사회적 책임 촉진	6.3 6.3.3 6.3.5 6.6.6
HR2	주요 공급업체와 계약업체의 인권심사 비율	인권 실사 연루/공모회피 고용 및 고용 관계 가치사슬 내에서의 사회적 책임 촉진	6.3 6.3.3 6.3.5 6.4.3 6.6.6
HR3	업무와 관련한 인권정책 및 절차에 대한 직원 교육 차수(교육이수 직원비율 포함)	인권 연루/공모회피	6.3 6.3.5

ESG 경영의 근간, 컴플라이언스 솔루션.ZIP

GRI G3 가이드라인 공시 – 경영방식(DMA) 또는 성과지표	ISO 26000 사회적 책임 핵심 주제	ISO 26000의 해당 절
HR4 총 차별 건수 및 관련 조치	인권 고충 처리 차별 및 취약집단 근로에서의 기본 원칙 및 권리 고용 및 고용 관계	6.3 6.3.6 6.3.7 6.3.10 6.4.3
HR5 결사 및 단체교섭의 자 유가 심각하게 침해될 소지가 있다고 판단된 업무 분야 및 해당 권 리를 보장하려는 조치	인권 실사 인권 리스크 상황 연루/공모회피 시민권 및 정치적 권리 근로에서의 기본 원칙 및 권리 고용 및 고용 관계 사회적 대화	6.3 6.3.3 6.3.4 6.3.5 6.3.8 6.3.10 6.4.3 6.4.5
HR6 아동노동 발생 위험이 큰 사업 분야 및 아동 노동 근절을 위한 조치	인권 실사 인권 리스크 상황 연루/공모회피 차별 및 취약집단	6.3 6.3.3 6.3.4 6.3.5 6.3.7
HR7 강제노동 발생 위험이 큰 사업 분야 및 강제 노동 근절을 위한 조치	근로에서의 기본 원칙 및 권리	6.3.10
HR8 업무와 관련한 인권정 책 및 절차 교육을 이 수한 보안담당자 비율	인권 연루/공모회피 고용 및 고용 관계 가치사슬 내에서의 사회적 책임 촉진	6.3 6.3.5 6.4.3 6.6.6
HR9 원주민 권리 침해 건수 및 관련 조치	인권 고충 처리 차별 및 취약집단 시민권 및 정치적 권리 재산권 존중	6.3 6.3.6 6.3.7 6.3.8 6.6.7

GRI G3 가이드라인 공시 – 경영방식(DMA) 또는 성과지표		ISO 26000 사회적 책임 핵심 주제	ISO 26000의 해당 절
사회 DMA		조직 거버넌스 공정 운영 관행 지역사회 참여 및 발전	6.2 6.6 6.8
SO1	업무 활동의 시작, 운영, 종료 단계에서 지역사회 영향을 평가하고 관리하는 프로그램의 특성, 범위 및 실효성	경제적, 사회적 및 문화적 권리 지역사회 참여 및 발전 고용 창출 및 기능 개발 부 및 소득 창출 재산권 존중	6.3.9 6.8 6.8.5 6.8.7 6.6.7
SO2	부패 위험이 분석된 사업단위의 수 및 비율	공정 운영 관행 반부패	6.6 6.6.3
SO3	반부패 정책 및 절차에 대한 교육을 받은 직원 비율		
SO4	부패 사건에 대한 조치		
SO5	공공정책에 대한 의견, 공공정책 수립 및 로비 활동 참여	공정 운영관행 책임 있는 정치적 참여 지역사회 참여	6.6 6.6.4 6.8.3
SO6	정당, 정치인 및 관련 기관에 대한 국가별 현금/현물 기부 총액		
SO7	부당 경쟁행위 및 독점 행위에 대한 법적 조치 건수 및 그 결과	공정 운영 관행 공정 경쟁 재산권 존중	6.6 6.6.5 6.6.7
SO8	법률 및 규제 위반으로 부과된 벌금 및 비금전적 제재 건수	공정 운영 관행 재산권 존중 부 및 소득 창출	6.6 6.6.7 6.8.7
노동 DMA		조직 거버넌스 노동 관행 근로에서의 기본 원칙 및 권리	6.2 6.4 6.3.10

ESG 경영의 근간, 컴플라이언스 솔루션.ZIP

GRI G3 가이드라인 공시 – 경영방식(DMA) 또는 성과지표	ISO 26000 사회적 책임 핵심 주제	ISO 26000의 해당 절
LA1 고용유형, 고용계약 및 지역별 인력 현황	노동 관행 고용 및 고용 관계	6.4 6.4.3
LA2 직원 이직 건수 및 비율 (연령, 성별 및 지역별)		
LA3 임시직 또는 시간제 직원에게는 제공하지 않고 상근직 직원에게만 제공하는 혜택(수사업장별)	노동 관행 고용 및 고용 관계 근로조건 및 사회적 보호	6.4 6.4.3 6.4.4
LA4 단체교섭 적용 대상 직원 비율	노동 관행 고용 및 고용 관계 근로조건 및 사회적 보호 사회적 대화 근로에서의 기본 원칙 및 권리	6.4 6.4.3 6.4.4 6.4.5 6.3.10
LA5 중요한 사업 변동사항에 대한 최소 통보 기간(단체협약에 명시 여부 포함)	노동 관행 고용 및 고용 관계 근로조건 및 사회적 보호 사회적 대화	6.4 6.4.3 6.4.4 6.4.5
LA6 노사 공동 보건안전위원회가 대표하는 직원 비율	노동 관행 근로에서의 보건 및 안전	6.4 6.4.6
LA7 부상, 직업병, 손실일수, 결근 및 업무 관련 재해 건수(지역별)		
LA8 심각한 질병에 관해 직원과 그 가족 그리고 지역주민을 지원하기 위한 교육, 훈련, 상담, 예방 및 위험관리 프로그램	노동 관행 근로에서의 보건 및 안전 지역사회 참여 및 발전 지역사회 참여 교육 및 문화 보건	6.4 6.4.6 6.8 6.8.3 6.8.4 6.8.8

GRI G3 가이드라인 공시 – 경영방식(DMA) 또는 성과지표		ISO 26000 사회적 책임 핵심 주제	ISO 26000의 해당 절
LA9	노동조합과의 정식 협약 대상인 보건 및 안전사항	노동 관행 근로에서의 보건 및 안전	6.4 6.4.6
LA10	직원 형태별 1인당 연평균 교육시간	노동 관행 작업장에서의 인적 개발 및 훈련	6.4 6.4.7
LA11	지속적인 고용과 퇴직 직원 지원을 위한 직무 교육 및 평생학습 프로그램	노동 관행 작업장에서의 인적 개발 및 훈련 고용 창출 및 기능 개발	6.4 6.4.7 6.8.5
LA12	정기 성과평가 및 경력 개발 심사 대상 직원의 비율	노동 관행 작업장에서의 인적 개발 및 훈련	6.4 6.4.7
LA13	이사회와 직원의 구성 현황(성, 연령, 소수계층 등 다양성 지표 기준)	차별 및 취약집단 근로에서의 기본 원칙 및 권리 노동 관행 고용 및 고용 관계	6.3.7 6.3.10 6.4 6.4.3
LA14	직원 범주별 남녀는 직원 간 기본급 비율	차별 및 취약집단 근로에서의 기본 원칙 및 권리 노동 관행 고용 및 고용 관계 근로조건과 사회적 대화	6.3.7 6.3.10 6.4 6.4.3 6.4.4
제품 DMA		조직 거버넌스 공정 운영 관행 소비자 이슈	6.2 6.6 6.7

GRI G3 가이드라인 공시 – 경영방식(DMA) 또는 성과지표		ISO 26000 사회적 책임 핵심 주제	ISO 26000의 해당 절
PR1	개선을 목적으로 제품과 서비스의 건강 및 안전 영향을 평가한 전 과정상의 단계, 주요 제품과 서비스의 해당 평가 실시비율	경제적, 사회적 및 문화적 권리 가치사슬에서의 사회적 책임 촉진 소비자 이슈 소비자의 보건 및 안전 보호 지속가능 소비	6.3.9 6.6.6 6.7 6.7.4 6.7.5
PR2	제품과 서비스의 전 과정상에서 고객의 건강과 안전 영향 관련 규제 및 자발적 규칙 위반 건수(결과 유형별)		
PR3	절차상 필요한 제품과 서비스 정보 유형, 그러한 정보요건에 해당하는 주요 제품과 서비스의 비율	소비자 이슈 공정 마케팅, 사실적이고 편중되지 않은 정보 및 공정 계약 관행 소비자의 보건 및 안전 보호 지속가능 소비 소비자 서비스, 지원과 불만 및 분쟁 해결 교육 및 인식 제고	6.7 6.7.3 6.7.4 6.7.5 6.7.6 6.7.9
PR4	제품/서비스 정보 및 라벨링과 관련된 규제 및 자발적 규칙 위반 건수(결과 유형별)		
PR5	고객만족도 평가 설문 결과 등 고객 만족 관련 활동	소비자 이슈 소비자의 보건 및 안전 보호 지속가능 소비 소비자 서비스, 지원과 불만 및 분쟁 해결 필수 서비스에 대한 접근 교육 및 인식 제고	6.7 6.7.4 6.7.5 6.7.6 6.7.8 6.7.9

GRI G3 가이드라인 공시 – 경영방식(DMA) 또는 성과지표		ISO 26000 사회적 책임 핵심 주제	ISO 26000의 해당 절
PR6	광고, 판촉, 스폰서십 등 마케팅 커뮤니케이션과 관련된 규제, 표준 및 자발적 규칙 준수 프로그램	소비자 이슈 공정 마케팅, 사실적이고 편중되지 않은 정보 및 공정 계약 관행 소비자 서비스, 지원과 불만 및 분쟁 해결 교육 및 인식 제고	6.7 6.7.3 6.7.6 6.7.9
PR7	광고, 판촉, 스폰서십 등 마케팅 커뮤니케이션과 관련된 규제, 표준 및 자발적 규칙 위반 건수		
PR8	고객 개인정보보호 위반 및 고객 데이터 분실과 관련하여 제기된 불만 건수	소비자 이슈 소비자 데이터 보호 및 프라이버시	6.7 6.7.7
PR9	제품과 서비스 공급에 관한 법률 및 규제 위반으로 부과된 벌금 액수	소비자 이슈 소비자 서비스, 지원과 불만 및 분쟁 해결	6.7 6.7.6
경제 범주			
경제 DMA		조직 거버넌스 지역사회 참여 및 발전	6.2 6.8
EC1	직접적인 경제적 가치의 창출과 배분 (수익, 영업비용, 직원 보상, 기부, 지역사회투자, 이익잉여금, 자본비용, 세금 등)	지역사회 참여 및 발전 지역사회 참여 부 및 소득 창출 사회적 투자	6.8 6.8.3 6.8.7 6.8.9
EC2	기후변화의 재무적 영향과 사업 활동에 대한 위험과 기회	기후변화 완화 및 적응	6.5.5

ESG 경영의 근간, 컴플라이언스 솔루션.ZIP

GRI G3 가이드라인 공시 – 경영방식(DMA) 또는 성과지표		ISO 26000 사회적 책임 핵심 주제	ISO 26000의 해당 절
EC3	주요 사업장의 현지 법정 최저임금 대비 신입 사원 임금비율	근로조건 및 사회적 보호 지역사회 참여 및 발전	6.4.4 6.8
EC4	주요 사업장의 현지 구매정책, 관행 및 비율	가치사슬 내서의 사회적 책임 촉진 지역사회 참여 및 발전 고용 창출 및 기능 개발 부 및 소득 창출	6.6.6 6.8 6.8.5 6.8.7
EC5	주요 사업장의 현지인 우선 채용절차 및 현지 출신 고위 관리자 비율	지역사회 참여 및 발전 고용 창출 및 기능 개발 부 및 소득 창출	6.8 6.8.5 6.8.7
EC6	공익을 우선한 인프라 투자 및 서비스 지원 활동과 효과(지원형태 구분 포함)	경제적, 사회적 및 문화적 권리 지역사회 참여 및 발전 지역사회 참여 교육 및 문화 기술 개발 및 기술 접근성 부 및 소득 창출 사회적 투자	6.3.9 6.8 6.8.3 6.8.4 6.8.5 6.8.7 6.8.9
EC7	간접적인 경제적 파급 효과에 대한 이해 및 설명(영향의 범위 포함)	경제적, 사회적 및 문화적 권리 가치사슬에서의 사회적 책임 촉진 재산권 존중 필수 서비스 접근 지역사회 참여 및 발전 고용 창출 및 기능 개발 기술 개발 및 기술 접근성 부 및 수득 창출 사회적 투자	6.3.9 6.6.6 6.6.7 6.7.8 6.8 6.8.5 6.8.6 6.8.7 6.8.9

GRI G3 가이드라인 공시 – 경영방식(DMA) 또는 성과지표		ISO 26000 사회적 책임 핵심 주제	ISO 26000의 해당 절
환경 범주			
환경 DMA		조직 거버넌스 환경	6.2 6.5
EN1	중량 또는 부피 기준 원료 사용량	환경 지속가능한 자원 이용	6.5 6.5.4
EN2	재생 원료사용 비율		
EN3	1차 에너지원별 직접 에너지 소비량		
EN4	1차 에너지원별 간접 에너지 소비량		
EN5	절약 및 효율성 개선으 로 절감한 에너지양		
EN6	에너지 효율적이거나 재생가능에너지 기반 제품/서비스 공급 노력 및 해당 사업을 통한 에너지 감축량		
EN7	간접에너지 절약 사업 및 성과		
EN8	공급원별 총취수량		
EN9	취수로부터 큰 영향을 받는 용수 공급원		
EN10	취수로부터 큰 영향을 받는 용수 공급원		

ESG 경영의 근간, 컴플라이언스 솔루션.ZIP

GRI G3 가이드라인 공시 – 경영방식(DMA) 또는 성과지표		ISO 26000 사회적 책임 핵심 주제	ISO 26000의 해당 절
EN11	보호구역 및 생물 다양성 가치가 높은 구역 또는 주변 지역에 소유, 임대, 관리하는 토지의 위치 및 크기	환경 환경 보호, 생물 다양성 및 자연 서식지 복원	6.5 6.5.6
EN12	보호구역 및 생물 다양성 가치가 높은 구역에서의 활동, 제품, 서비스로 인하여 생물 다양성에 미치는 영향		
EN13	보호 또는 복원된 서식지		
EN14	생물 다양성 관리 전략, 현행 조치 및 향후 계획		
EN15	생물 다양성 관리 전략, 현행 조치 및 향후 계획		
EN16	직·간접 온실가스 총배출량	환경 기후변화 완화 및 적응	6.5 6.5.5
EN17	기타 간접 온실가스 배출량		
EN18	온실가스 감축 사업 및 성과		
EN19	오존층 파괴물질 배출량	환경 오염 예방	6.5 6.5.3
EN20	오존층 파괴물질 배출량		
EN21	최종 배출지별 총 폐수 배출량 및 수질		
EN22	형태 및 처리방법별 폐기물 배출량		

GRI G3 가이드라인 공시 – 경영방식(DMA) 또는 성과지표		ISO 26000 사회적 책임 핵심 주제	ISO 26000의 해당 절
EN23	중대한 유해물질 유출 건수 및 유출량	환경 오염 예방	6.5 6.5.3
EN24	바젤협약 부속서Ⅰ, Ⅱ, Ⅲ, Ⅷ에 규정된 폐기물의 운송/반입/반출/처리량 및 해외로 반출된 폐기물의 비율		
EN25	보고조직의 폐수 배출로 인해 영향을 받는 수역 및 관련 서식지의 명칭, 규모, 보호 상태 및 생물 다양성 가치	환경 지속가능한 자원 이용 환경 보호, 생물 다양성 및 자연 서식지 복원	6.5 6.5.4 6.5.6
EN26	제품 및 서비스의 환경 영향 저감 활동과 성과	환경 지속가능한 자원 이용 가치사슬에서의 사회적 책임 촉진 지속가능 소비	6.5 6.5.4 6.6.6 6.7.5
EN27	판매된 제품 및 관련 포장재의 재생 비율	환경 지속가능한 자원 이용 지속가능 소비	6.5 6.5.4 6.7.5
EN28	환경 법규 위반으로 부과된 벌금액 및 비금전적 제재 건수	환경	6.5
EN29	제품 및 원자재 운송과 조직원 이동의 중대한 환경 영향	환경 지속가능한 자원 이용 가치사슬에서의 사회적 책임 촉진	6.5 6.5.4 6.6.6
EN30	환경 보호 지출 및 투자 총액	환경	6.5

※ DMA(Generic Disclosures on Management Approach)

※ 참고: GRI(www.globalreporting.org)

위 GRI와 ISO 26000:2010도 있지만 UN SDGs의 각 세부 목표에 대한 자료를 취합하여 그중 우리 조직에게 필요한 것을 찾아 지표를 수립할 수도 있다.

어찌 되었든 우리 조직에 맞춤형 ESG 지표를 만들어야 한다. 다행인 것은 이미 개발된 지표들이 있다는 점이다. GRI, ISO 26000:2010, UN SDGs, TCFD, SASB, K-ESG 등 가이드라인을 참고할 수 있다. 이 지표들 가운데 우리 회사에 맞는 지표를 찾기 위해 해당 가이드라인을 참고할 수 있다.

이해관계자의 요구사항을 조사하고 이슈를 도출한다. 그리고 우선순위를 도출하여 시급성과 내·외부 대응능력을 검토한다. 참고 자료로 가지고 온 지표들에 관하여 리스크 평가를 할 수 있다. 이 지표들을 통해서 우리 조직에 맞는 리스크에 대한 발생 가능성과 영향도 등을 평가할 수 있다. 그리고 ESG에 대응조치를 수립할 수 있다. 특히 ISO 26000:2010에서 6절에 7개의 핵심 이슈가 세부적으로 잘 나와 있다. 더불어 7절에서는 조직 전반에 걸친 사회적 책임의 통합 관행이 있다.

따라서 여러 가지 가이드라인을 참고하여 ESG를 실행하기 위한 계획에서 원하는 산출물을 만들어 낼 수 있다. 여기서 가장 중요한 점은 ESG 운영체계를 만들어야 한다는 점이다. 그래야 심장처럼 움직일 수 있는 동력이 생긴다. 그리고 범위와 영역별 중장기 개선 과제를 도출할 수 있다. 더불어 수준 진단을 통해 현업 부서와 연계된 개선과제 및 이행 지원을 한다. 향후 추진하게 될 지속가능보고서 기획과 제3자 검증의견서(AA 1000)를 작성하기 위한 방법과 향후 추진하게 될 외부 ESG 평가기관에 대해 대응할 수 있는 과업을 산출할 수 있다.

ESG 본격 실행단계Do

이번 장에서는 ESG 경영을 실행을 하기 위한 계획Plan에서 다뤘던 GAP 분석을 통하여 도출된 범위, 역량, 운영체계, 이해관계자, 의무 식별 등을 본격적으로 실행하는 단계를 다룬다. 이를 위해 ESG를 추진하는 내부의 인원(임직원 등)과 외부의 전문가(컨설턴트 등)와 협업하여 도출된 대응과제의 실행 가능성을 검토해 본다. 일정, 자원, 활동, 대상, 결과 등이 있을 수 있다.

실행 단계는 우리 조직이 꼭 필요하고 추진해야 할 ESG 검토 결과를 토대로 전략을 수립하여 혁신을 추구하는 과정이다. 궁극적으로 비즈니스 모델과 비즈니스 프로세스 혁신을 하기 위하여 수립된 지표를 가지고 각 업무에 반영하는 것이다. 이는 가능한 범위에서 정량화되고 가시화된 자료를 사용함이 좋다. 실행할 때 참고할 수 있는 자료로는 ISO 시리즈와 ESG를 연계하면 좋다. 먼저 E(환경)의 ISO 14001:2015, ISO 50001:2018이 있을 수 있다. S(사회)는 ISO 9001:2015, ISO 45001:2018이 대표적이다. G(거버넌스)는 ISO 37001:2016, ISO 37301:2021을 참고할 수 있다.

무엇보다 ESG 영역 대부분을 포괄하고 있는 ISO 37301:2021(컴플라이언스 경영 시스템)을 활용하여 관련 국내외 법규를 찾아 실행 절차를 만들어 낸다면 효과적인 ESG 의무식별이 가능해진다. 예를 들어 S의 사회영역에서 중대재해처벌법, 산업안전보건법 등의 법률을 찾아 식별, 평가, 분석, 대응, 우선순위화한다면 ESG 평가 점수를 한층 높이는 기회가 될 것이다. 그리고 각 영역의 이해관계자의 요구와 기대사항을 만족시킬 수 있을 것이다.

ESG 경영의 근간, 컴플라이언스 솔루션.ZIP

이뿐만 아니라 ESG에 대한 개념과 실무적 교육이 제일 중요할 것이다. 체계적인 실무 교육이 이뤄져야 공감대를 형성할 수 있을 것이다. 교육은 전담 조직이 충분히 익힌 뒤 각 부서에 전파하는 것이 효과적이다. 또한, 깔때기처럼 대분류와 중분류 그리고 소분류로 나눠서 상황을 파악하고 그에 따른 대응조치를 할 수 있겠다.

경쟁력 있는 ESG 경영을 위해 때로는 ESG 위원회를 신설할 수도 있다. ESG 위원회를 만들어 전략 및 정책을 수립하고 현안을 모니터링한다. 이들은 ESG 추진 활동에 대한 보고를 받고 제반 업무 집행에 대한 관리·감독을 수행한다. 그리고 현업부서들은 실제 어떻게 추진할 것이냐에 관해 실행 절차를 만들고 실행해야 한다. 위원회는 컨트롤 타워 역할을 할 수 있다. 의사결정, 보장, 확보, 장려 등의 종합적 ESG 경영을 지원하고 그 역할과 책임을 갖게 된다.

ESG는 어느 부서에만 해당하는 것이 아니다. 전사 차원에서 참여가 가능하도록 독려해야 한다. 각 부서에서는 지표(환경, 안전, 지배구조)를 만들어 달성 가능한 목표를 세울 수 있어야 한다.

그러기 위해서는 ISO에서 요구하고 있는 절차들을 참고할 수 있다. ISO 표준을 도입한다고 해서 인증받고 받지 않고의 문제가 아닐 것이다. 굳이 인증이 필요 없을 수도 있다. 조직의 선택에 맞게 그 실행을 보장받고 성과를 충분히 보장하면 된다. 2000년대 들어 제정된 ISO의 표준들은 모두 UN SDGs를 서포팅하는 표준이라고 나와 있다. 결국, ISO 표준을 잘 도입하고 실행할 것을 요구하고 있다. 즉, 제3자에 의한 인증은 그다음의 문제이다.

많은 기업이 지속가능 보고서에서 GRI 표준에 대한 인덱스를 만들어서 관리하고 있다. 성과관리와 리포팅을 인덱스에서 나타내고 있는 것이다. 결국, 중요한 평가항목에 대한 우선순위가 중요하며, 이를 강조하기 위해서는 ESG 성과에 대한 평가를 시행하고 이를 GRI 기준에 맞추어 ESG 보고서를 작성하면 된다.

또한, 협의체를 구성하고 개선사항을 도출해야 한다. 조직 체계가 구성되면 경영진은 의지 표명을 하고 조직원들에게 관련 교육을 해야 한다. 그 교육은 모두에게 똑같은 교육이 아닌 직급과 기능별 맞춤형이 되어야 한다. 그리고 법적 의무사항을 식별해야 한다. ESG와 법률 체계에서 정한 법규 사례를 보고 법적 이슈, 리스크 분류에 따른 내·외부 이슈, 요구와 기대사항, 발생 가능성, 영향도를 파악하여 최종 통제 방향 및 모범사례Best Practices로 도출해야 한다.

〈ESG와 관련하여 ISO 37301:2021을 연계한 6가지 단계〉

단계	ISO 37301:2021	ESG 세부내용
1단계	용어 정의(3항) 이해관계자 파악(4항)	지켜야 할 ESG 관련 사항을 규범으로 정의한다. 고려해야 할 ESG 관련 이해관계자를 정의한다.
2단계	적용 범위(4항)	1단계에서 정의한 ESG 관련 규범 사항과 ESG 관련하여 고려해야 할 이해관계자들을 컴플라이언스 경영 시스템 적용 범위에 구체적으로 명시하고, 포함해야 한다.
3단계	목표(6항)	달성하고자 하는 ESG 및 이해관계자 관련 컴플라이언스 목표를 컴플라이언스 경영 시스템 안에서 설정할 수 있어야 한다.
4단계	조직과 조직 상황의 고려(4항)	달성하고자 하는 예상된(목표한) 결과에 영향을 줄 수 있는 요인들을 구체화할 수 있어야 한다.

ESG 경영의 근간, 컴플라이언스 솔루션.ZIP

단계	ISO 37301:2021	ESG 세부내용
5단계	경영 시스템(4항)	컴플라이언스 경영 시스템에서 ESG 및 이해관계자 관련 규범을 체계적으로 다루기 위한 검토한 기획 및 조치 방안에 따라 컴플라이언스 기능 및 관련 활동 등을 수행하여야 한다.
6단계	의무식별 및 리스크 평가(4항)	컴플라이언스 경영 시스템에서 다루어야 할 규범 관련 미준수 위험 및 환경 변화 리스크 등을 체계적으로 식별 및 분석하여 수치화할 수 있어야 한다.

어떠한 실행이든 원칙을 가지고 주관부서만의 경영이 아닌 전 조직원이 참여해야 한다. 그리고 경영진과 이해관계자에게 ESG 달성도를 납득할 만한 문서를 기록하여 보고해야 한다.

ESG 평가 & 분석 Check

이 장에서는 체크 단계로 ESG 성과를 평가하고 핵심 주제를 분석한다. 그리고 관련 단계를 다시 돌아가 수정하라는 반복적인 체크 단계이다. 이는 ESG 결과물인 조직의 지속가능결과보고서를 만들면 자체적으로 이행 점검이 된다. 우리나라에서 대부분의 지속가능경영보고서는 GRI 가이드라인에 맞게 발간한다.

지속가능경영보고서를 개발하고 발간하는 과정에서의 주요 과업은 간단히 보고서 기획, 보고서 발간, 보고서 검증이 있다. 보고서 기획은 글로벌 스탠더드 및 트랜드 분석을 통하여 주요 이슈를 도출한다. 그리고 자사에 맞는 지속가능경영 체계를 고려한 보고서가 기획되어야 한다. 보고서 발간은 외부 ESG 평가기관이 합리적이고 비례적으로 평가할 수 있도록 미래지향적 정보를 담은 보고서로 산출되어야 한다.

아울러 지속가능경영보고서를 작성할 때 빠져서는 안 되는 것이 중대성Materiality 평가이다. 중대성 평가는 기업경영 평가 과정에서 자연스럽게 이뤄져야 한다. 업무를 수행하는 과정에서 리스크와 기회를 식별, 분석, 평가하고 대응하는 형태로 이뤄져야 한다. 기업마다 놓인 상황이 다르기 때문에 이 부분은 어느 하나 통일화될 수 있는 부분이 아니다. 따라서 기업의 내외부 이슈 식별과 이해관계자 그리고 법률들을 식별하는 것이 중요하다. 대표적인 ESG 평가기관인 MSCI에서는 중대성 평가를 높은 점수로 평가하고 있다. MSCI에서는 총 35개 핵심 이슈를 도출한다.

다음 그림이 MSCI의 평가 체계를 전반적으로 나타낸 것이다. 가장 먼저, ESG 정책, 프로그램, 성과에 대한 1천 개 이상의 데이터 포인트를 도출한다. 그다음에는 리스크 및 위기 요인에 대한 노출 정도와 관리 정도를 평가한다. 즉, 기업이 해당 업종과 관련된 중대 이슈에 얼마나 노출되어 있는지를 80개 이상의 비즈니스 및 지역에 따라 평가하고, 또 기업이 어떻게 중대 이슈를 관리하는지를 150개의 정책/프로그램과 20개의 성과지표 등을 통해 평가한다.

이를 통해 환경, 사회, 지배구조 영역에서 총 35개의 핵심 이슈를 도출한다. 다음 그림이 35개의 핵심 이슈다. 예를 들면 기후변화와 관련해서는 탄소 배출, 제품의 탄소 발자국, 재무적 환경 영향, 기후변화 취약성 등 4개의 핵심 이슈가 있다.

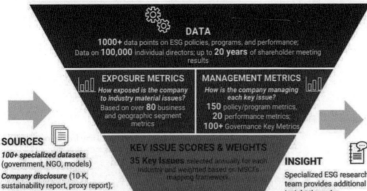

MSCI ESG Score									
Environment Pillar				**Social Pillar**				**Governance Pillar**	
Climate Change	Natural Capital	Pollution & Waste	Env. Opportunities	Human Capital	Product Liability	Stakeholder Opposition	Social Opportunities	Corporate Governance	Corporate Behavior
Carbon Emissions	Water Stress	Toxic Emissions & Waste	Clean Tech	Labor Management	Product Safety & Quality	Controversial Sourcing	Access to Communication	Board	Business Ethics
Product Carbon Footprint	Biodiversity & Land Use	Packaging Material & Waste	Green Building	Health & Safety	Chemical Safety	Community Relations	Access to Finance	Pay	Tax Transparency
Financing Environmental Impact	Raw Material Sourcing	Electronic Waste	Renewable Energy	Human Capital Development	Consumer Financial Protection		Access to Health Care	Ownership	
Climate Change Vulnerability				Supply Chain Labor Standards	Privacy & Data Security		Opportunities in Nutrition & Health	Accounting	
					Responsible Investment				
					Insuring Health & Demographic Risk				

Key Issues selected for the Soft Drinks Sub Industry (e.g. Coca Cola)   Universal Key Issues applicable to all industries

※ 출처: MSCI 홈페이지

그리고 158개 세부 산업별로 35개 핵심 이슈에 대한 가중치를 부여하고 있다. 기준은 해당 산업에 끼치는 환경/사회적 영향이 얼마나 큰지 여부와 그 리스크와 기회 요인이 단기간(2년 미만)에 올 것인지 여부이다.

Figure 2   Framework for Setting Key Issue Weights

		Expected Time frame for Risk/Opportunity to Materialize	
		Short-Term (<2 years)	Long-Term (5+ years)
Level of Contribution to Environmental or Social Impact	Industry is **major** contributor to impact	Highest Weight	
	Industry is **minor** contributor to impact		Lowest Weight

그다음, 세부 산업별로 35개 핵심 이슈에 대한 가중치를 부여하고 있다.

MSCI 뿐만 아니라 다른 ESG 평가기관도 접근법은 비슷하다. ESG 평가의 핵심은 가중치가 적용된 각 산업별 주요 핵심 이슈에 대해 해당 기업이 리스크 및 기회 요인에 대해 얼마나 노출되어 있고, 또 얼마나 관리하고 있는지를 평가하는 것이다. 핵심 키워드로 정리하면 중대 이슈material issues에 대한 노출exposure과 관리management다. 더 축약하면 중대성materiality을 가장 중요하게 보고 있다는 것이다.

실제 지속가능경영보고서를 발간하는 기업의 경우, 대부분 중대성 평가를 하고 있다. 중대성 평가는 해당 기업의 핵심적인 ESG 이슈를 발굴하는 도구로 쓰인다. 일반적으로 '비즈니스에 대한 영향'과 '이해관계자가 고려하는 중요도'를 각각 X축, Y축으로 놓고 다양한 이슈를

4사분면 위에 펼쳐 놓는다. 그리고 이 두 가지 측면 모두가 높은 1사분면에 위치한 핵심 이슈를 선별한다. 기업은 지속가능경영보고서 등을 통해 이 핵심 이슈를 어떻게 관리하고 있는지 공개하고 있다.

중대성 평가 및 관리는 해당 기업에게 영향을 미칠 가능성이 높은 리스크 및 기회 요인을 해당 기업이 얼마나 잘 식별하고 있고, 기업 경영전략과 연계하여 체계적으로 관리하는 시스템을 운영하고 있는지를 파악하게 해 준다. 투자자들은 특정 기업이 중대성 평가 및 관리를 어떻게 하고 있느냐에 따라, 해당 기업이 어떤 리스크에 노출되어 있고, 또 이를 경영 전략 전반적으로 기업 시스템에 의거하여, 단기·장기적으로 얼마나 관리 가능한지를 파악할 수 있을 것이다.

중대성 평가는 기업 경쟁력 측면에서 보면 효용성이 높고 효율적인 방법론이다. 참고할 수 있는 리스크 관리 시스템에는 ISO 31000:2018이 있다.

이제 ESG 결과를 입증할 수 있는 외부평가를 받기 위해 마치 내부에서 심사하는 것처럼 자체 체크리스트를 만들어 활용하면 좋은 모델이 될 수 있다. 조직의 상황은 누구보다 내부 임직원들이 제일 잘 확인할 수 있고 빠르게 개선할 수 있다. 그러기 위해서는 평가항목, 지표, 평가기준을 세워 평가를 차별화될 수 있도록 구조화하고 개선하여야 한다.

예를 들면 우리는 ESG 대응 수준을 3단계로 분류하여 체크할 수 있다. 기업의 담당 실무자라면 우리 기업이 어디 위치에 속해 있는지 진단해 볼 수 있다.

1단계 수준은 요구되는Required 단계로, 현재도 많은 조직이 ESG 이슈의 중요성을 인지하지 못하고 있다. 그저 대기업과 정부에서 언젠가는 지나갈 요식행위로 여기고 있다. ESG 요소가 비즈니스에 주는 영향력에 대한 이해가 부족하기 때문이다. 기존 CSR과 같이 지역사회 내 사회공헌활동 등에 초점을 두면 기업의 장기적인 전략과는 큰 관련이 없을 수밖에 없다. 따라서 회사 경영진의 지시에 따른 비자발적 교육에만 참여하고 있는 수준이다. 그리고 임원 회의에서만 언급하고 있고, 정작 내부의 실무자들은 관심 없어 하는 수준이다.

2단계 수준은 기대되는Expected 단계이다. 회사의 ESG 이슈에 대해 인지는 하고 있으나 이해관계자 간의 커뮤니케이션이 부족한 단계이다. ESG 이슈를 리스크 관리 프로세스에 통합해 리스크를 식별하고 완화하려 하고 있다. 대부분 대기업은 매년 지속가능경영보고서에 이를 반영하고 있다. 더불어 지속가능경영보고서를 제공하고 있으나 내용이나 형식이 투자자들을 대상으로 하고 있지 않고 회사 홍보에 집중하고 있다. 더불어 직접 수행하지 않고 외주 컨설팅 업체에서 맡겨 막대한 디자인 비용을 들여 비슷한 지속가능경영보고서가 나오고 있다. 경영진의 인지도가 높아 ESG 목표를 비즈니스 전략에 통합하여 추진하는 때도 있다. 경영진은 외부 고객사 및 투자자의 요구에 따라 이를 인식하고 반영하려 한다. 일부 조직원들은 ESG의 중요성과 심각성을 인식하고 있기에 자발적 외부 교육에 참여하려 하고 있다.

3단계 수준은 훌륭한Desired 단계이다. 일관성 있는 ESG 이슈를 인지하고 있다. 회사 전략에 통합하고 이해관계자들에게 투명성 있게 정보를 공개하며 소통한다. ESG 관련 리스크 및 기회를 파악해 장기적인 가치 창출을 포함하고 있다. 자사의 가치관, 목표 및 측정 기준을 비즈니스 전략에 완전체로 통합하고 있다. ESG 리스크를 완화하기 위하여 적극적으로 노력하고 있는 단계이다. ESG T/F를 마련하여 전단부서를 설치하고 ESG 전문가를 채용하고 있다. 이사회 내 ESG 위원회를 신설하여 조직 내 지속적인 ESG 개선과 발전을 모색한다. 비즈니스 전략에 통합하고 사내규정의 변화를 추진한다. 보고서는 직접 작성하여 CEO가 직접 관리하고 의지를 표명한다.

또한 경영 차원에서 KPI에 ESG 평가 항목을 반영하여 계량화할 수 있다. 예를 들면 환경 분야에서 탄소배출량을 감소시키는 작은 실천을 할 수 있고, 친환경 기술투자를 받는 큰 활동이 있을 수 있다. 또는 ISO 14001:20118과 같은 인증제도를 획득하거나 전기차 제도(주차장, 충전, 비용지원 등)를 실시하는 것 등이 있을 수 있다.

더불어 ESG를 설계 및 실행하기 위한 자체 체크리스트를 아래와 같이 진단해 보자.

No	Contents	Checklist	O/X
1	ESG 리스크 정의	직접 리스크: 고객/투자자/정부 직접 요구 미대응 및 미흡 시 발생 가능 리스크(e.g. 규제, 벌금, 투자 철회 등)	
		산업 리스크: 산업특성에 따른 예상 리스크(e.g. 사고, 인권문제, 유출 등)	
		이머징(Emerging) 리스크: 경영환경 변화에 따른 예상 리스크	

No	Contents	Checklist	O/X
2	이해관계자 요구 파악	고객사: ESG 관점 이니셔티브 가입(RE 100등), 중장기 목표 발표, 대응 평가	
		주주/투자자: ESG 가이드라인 발표, 배제선언, ESG 펀드 발행 등	
3	ESG 현황진단	진단지표 선정(Global Index, 국내 주요지표 및 가이드라인, TCFD, SASB, MSCI)	
		GAP Analysis: 미흡 영역에 대해 선도와의 구체적 차이 제시(e.g. 이사회 여성 비율 증대(X) → 이사회 여성 2명(MSCI 30%, 국내 1명 요구) 보건안전 강화(X) → 근로손실재해율 0.1% 미만 목표관리 필요	
		GAP 발생 원인 분석: 기업 규모, 사업영역 등 구조적 문제, 인프라 미비, 공감대, 필요성 등 파악	
4	ESG 관리체계 구축	기존 경영체제에 ESG 통합: 위험 관리체계, 투자 프로세스, 공급망 관리 전략, 구매시스템	
		신규 관리체계 수립: 진단 시 미흡 영역(e.g. 분쟁광물 규정, 협력사 행동강령, 인권 영향평가체계)	
5	관리지표 및 목표 선정	전사 관리 ESG 지표 선정: 정량데이터, 원 단위 중심, KPIs 관리부서 선정	
		목표설정: 단기(리스크 관리 인프라), 중기(데이터 목표), 장기(사업기회)	
6	ESG 과제화	부서별 과제 협의: R&R 설정, 달성 기간 명시, 예산 및 인력지원	
7	목표관리	자체목표 관리: 전사 KPIs 및 부서별 과제관리	
		외부목표관리: 외부 ESG 평가 대응(대상/비대상), 글로벌 이니셔티브 가입	
8	ESG 공시	지속가능경영보고서 발간	
		EDK(ESG 데이터 관리 및 공시 채널)	

※ MSCI

ESG 경영의 근간, 컴플라이언스 솔루션.ZIP

외부 평가기관에는 MSCI, DJSI, KCGS, Sustainvest, CDP 등이 있으며 현재 많은 평가기관이 상장사를 주로 평가하고 있다. 비상장사들은 평가에 집중하고 있다. 운영 결과에 대한 적합성 및 효과성을 전문가에게 충분히 검토받아야 한다. 필요하다면 검증 보고회를 거치는 것도 좋은 방법이다.

ESG는 힘들더라도 기업 가치에 도움이 될 수 있는 회사의 자산이다. 그래서 평가와 분석Check 도구를 개발하고 지속적으로 개선하여야 한다.

ESG 검증&보고Act

마지막 검증과 보고 이후 보고서를 검토하고 보완과 개선을 하는 단계이다. 경영 시스템이 성공적으로 발전하려면 지속적 개선과 혁신이 필요하다. 그래야 ESG가 성공적으로 도입될 것이다. 그런 다음 정보를 공개한다. 우리 자체 평가 이외에 외부 전문가에게 다시 한번 ESG 평가를 받아야 한다. 대표적인 검증으로 AA 1000이 있을 수 있다. 지속가능경영보고서 검증은 콘텐츠의 제3자 검증 서비스인 AA 1000을 활용하여 화룡점정畵龍點睛을 찍어야 한다. 이때 중요한 것은 조직의 ESG 경영이 의지 표명될 수 있도록 국문과 영문 그리고 인쇄물 발간, 홈페이지 공개, 이해관계자 알림 등이 충분히 되어야 한다는 점이다.

외부 평가기관에 대한 평가 및 진단을 받는다면 우리가 개선할 수 있는 능력이 생겨 지속적 개선을 할 수 있을 것이다. 무엇보다 중요한 것은 혁신이다. 혁신이 일어나지 않으면 ESG를 하기 쉽지 않기 때문이다. 유수의 글로벌 대기업도 혁신적 변화가 없다면 ESG 경영이 실천되기 어렵다.

UN SDGs 보고 및 공시를 위한 지침서(2018)에 따르면 'SDGs 보고 및 공시를 위한 3단계'의 1단계는 SDGs 목표 확인 및 우선순위를 파악하는 단계이다. 기업에 영향을 미치는 SDGs 목표 중 우선순위를 수립하고 이에 대한 이행 및 공시할 목표 식별하는 것이다. 2단계는 측정 및 분석 단계이다. 비즈니스 목표를 설정, 결과를 분석하는 방법을 소개하면 된다. 3단계는 이행사항의 내재화 및 적용하는 단계이다. SDGs 이행 결과 및 개선 방법을 보고하는 가이드라인을 제시하고 AA 1000 가이드라인에 따라 제3자 검증을 시행하여 이해관계자에게 공시하면 된다.

대표적으로 KCGS 평가항목에 대한 주요 공시항목을 아래의 표로 확인할 수 있다.

범위	기준	주요 공시항목	O/X
Environmental	환경 전략	환경경영에 대한 CEO의 의지 표명, 환경경영 책임 명시, 환경경영 투자 계획 수립, 환경경영 방침	
	환경 조직	환경교육 정기적 운영, 환경 커뮤니케이션, 환경 조직체계, 이사회의 환경경영 검토	
	환경 경영	공급망 환경경영 관리/지원, 청정생산 시스템, 환경 리스크 및 성과관리(용수, 에너지, 원자재, 폐기물, 온실가스, 친환경서비스 등), 환경회계, 성과관리 및 감사	
	환경 성과	용수, 폐기물, 기후변화, 환경법규 준수, 친환경 인증 제품	
	이해 관계자 대응	환경정보의 회부 공시 여부, 글로벌 가이드라인을 적용한 환경정보 공개, 지역사회 환경 보전 활동, 국제 이니셔티브 참여	

ESG 경영의 근간, 컴플라이언스 솔루션.ZIP

범위	기준	주요 공시항목	O/X
Social	근로자	고용안정 및 복리후생, 근무시간 준수, 노조 설립, 안전보건, 역량 강화, 인권정책 수립, 임직원 다양성	
	협력사 및 경쟁사	공정거래 프로그램 운영, 임직원 대상 공정거래 교육, 부패방지 시스템 및 성과관리, 공급망 인권 증진, 동반성장 정책	
	소비자	제품의 사회적 영향 공개, 고객 안전보건, 개인정보 보호, 불만 및 만족도 관리	
	지역 사회	사회공헌 정책/지출, 현지 구매, 현지 고용, 지역사회 소통	
Governance	주주 권리 보호	정기주주총회 공시, 주주 의결권 행사 방법, 집중투표제 도입 여부, 적대적 인수합병 방어제도 마련, 소유 구조, 경영과실 배분, 계열사와의 거래	
	이사회	이사회 다양성, 이사회 개최 현황, 이사회 안건, 이사회 독립성, 성과평가/보상, 이사회 보수, 산하위원회	
	감사 기구	감사기구 구성 및 운영 현황, 감사위원의 전문성, 이사회 내 설치 현황 및 각 위원회 사외이사 참석률	
	공시	공시횟수 및 공시 방법, ESG평가 결과 / 이사회 운영 관련 정보의 홈페이지 내 공개 여부	

※ KCGS

위와 같은 ESG 정보공시 의무화에 대해 선진국들은 이미 법제화를 하였다. 한국도 모든 코시피 상장사는 2030년까지 ESG 정보 공시의무를 단계적으로 확대하겠다고 밝혔다. 또한 금융위원회와 환경부는 녹색금융 T/F 전체 회의를 열어 '2050 탄소중립'을 뒷받침하기 위한 녹색금융 추진 계획을 마련하기로 하였다. 한국거래소 ESG 통계에 따르면 2021년 약 765개사가 등급을 받고 있고 연·기금의 사회적 투자 규모는

약 131조이다.

그만큼 ESG는 이미 정부와 국제사회의 중요한 트랜드 중 하나로 자리 잡혀 가고 있고 기업뿐만 아니라 개인도 ESG를 익숙하게 받아들이는 추세이다. 수많은 해외 법률들이 추가로 생겨나고 규제기관의 관리·감독·수사·조사는 점차 강화되며 신용등급을 결정하는 무디스, 피치, 스탠더드앤푸어스 등은 평가의 투자 시 비재무적 요소를 고려하는 추세이다. ESG를 근거로 투자자의 의사 결정 시 비재무적 성과를 보고 투자하겠다는 것과 마찬가지이다.

과거 재무적 성과는 감사보고서와 같은 회계 정보로서 쉽게 눈으로 확인할 수 있었다. 그러나 보이지 않는 수많은 비재무적 빙산의 일각은 확인할 수 없었다. ESG는 한눈에 드러나지 않기 때문이다. 과거에는 돈을 재무적으로 얼마나 많이 벌었느냐를 평가했다면, 이제는 비재무적으로 돈을 어떻게 벌었고 어떻게 쓰고 있느냐를 평가한다. 즉 ESG는 선택이 아니라 필수라는 것이다.

ESG 평가, '옥상옥' 사이

ESG 평가ESG rating는 기업 회계 감사와 비슷한 패러다임으로 변화하고 있다. 기존 재무적 평가에서 비재무적 평가로 확대되는 추세이다. 동일한 것은 기업이 신뢰받을 만한 외부 전문 기관에 "우리 행동이 ESG적으로 책임감 있는 것이었는지 여부를 평가해 달라."고 의뢰하는 게 핵심이라는 점이다. 그리고 그 비용은 피평가자 기업으로부터 발생한다. 차이점이 있다면 회계 감사는 기업이 특정 기관에 의뢰해 1대

1로 진행되는 한편, ESG 평가는 평가기관이 다수 기업에 설문지를 보내고 기업이 그에 맞는 답을 작성한 후 회신하는 방식으로 이뤄진단 것이다. 결국, ESG 평가 순위란 평가기관이 여러 기업에서 온 응답 결과를 합쳐 매긴 것이다.

여기서 한 가지 의문이 생긴다. 이런 방식으로 내려진 ESG 순위가 얼마나 믿을 만할까? 누구도 시원하게 "그렇다"라고 답하기 어려울 것이다. 실제로 ESG 평가는 처음 도입되던 1990년대 후반부터 줄곧 여기저기서 비판받아 왔다. 가장 큰 문제는 우후죽순 쏟아져 나오는 평가기관이다. 오늘날 세계 각국에 ESG 평가기관이 몇 개나 되는지 정확히 파악하는 건 불가능하지만, 2006년 독일 기반 다국적 미디어 베르텔즈만Bertelsmann이 발표한 보고서(이하 '베르텔즈만 보고서')에 따르면 "공신력 있는" 기관 개수만 100개가 넘는다. 물론 여기 포함되지 않은 기관도 부지기수일 테고, 그중 상당수는 이름만 그럴듯하고 실체는 없는 곳일 공산이 크다.

한 예로 나이키 사태 이후 불과 이삼 년 동안 미국에서만 '공정노동협회', '책임 의류생산자협회', '깨끗한 옷 캠페인' 등 10개 이상의 의류 관련 ESG, CSR 평가기관이 등장했다. 여기에 '하퍼스 매거진Harper's Magazine'이나 '워킹 마더Working Mother' 등 기성 미디어가 진행하는 조사 · 평가까지 더해지면서 당시 미국의 웬만한 의류 생산 기업은 일주일이 멀다 하고 설문지 세례에 시달렸다. 응답률은 자연히 떨어졌고 2000년대 초 급기야 20% 이하까지 곤두박질쳤다. 응답 기업의 설문지만 모아 순위를 매기는 평가방식에서 저조한 응답률은 그 자체로 심각한 문제가 될 수 있다. '현실을 충실하게 반영한 결과'라고 보기 어려운 까닭이다.

평가 방법을 둘러싼 문제점도 계속해서 제기된다. 단적인 예로 국제연합UN이 설립한 CSR 평가 기구 '글로벌 컴팩트Global Compact'는 설문조사 절차마저 생략한 채 기업이 자체적으로 작성·제출한 보고서만 받아 평가 기초 자료로 삼는 사실이 알려져 빈축을 샀다. 이 밖에도 조사·발표 과정의 투명성 논란, 기업문화를 동일 잣대로 비교하는 데 따르는 부작용 등 ESG 평가를 둘러싼 논란은 지금 이 시각에도 여전히 '현재진행형'이다.

ESG 평가기관별 지표 특성을 국내 기관 2개와 국외 기관 2개를 예시로 들어 비교해 보자.

구분		국내		국외	
		KCGS (한국기업지배구조원)	서스틴베스트	MSCI	REFINITIV
평가 대상		약 1,000여 개 社 (유가증권 시장+ 코스닥) (한국거래소, 국 민연금 등 기관 투자자에게 제공)	약 1,000여 개 社 (유가증권 시장+ 코스닥)	약 8,500여 개 이상 글로벌 기업 (블랙락에 제공 돼 투자판단 지 표 활용)	10,000여 개 이 상 글로벌 기업 (자산운용사(펀 드 구성 등)에 정 보 제공)

평가
항목
	E	− 환경경영 계획
		  과 실행
		− 환경성과 관리
		  및 보고
		− 이해관계자
		  대응
			− 혁신 활동
			− 생산공정
			− 공급망 관리
			− 고객관리
				− 기후변화
				− 천연자원
				− 오염 및 폐기물
				− 환경적 기회
					− 자원 사용
					− 배출
					− 제품혁신

ESG 경영의 근간, 컴플라이언스 솔루션.ZIP

구분	국내		국외	
	KCGS (한국기업지배구조원)	서스틴베스트	MSCI	REFINITIV
평가항목 S	– 근로자 – 협력사 및 경쟁사(공정거래) – 소비자 – 지역사회	– 인적자원관리, 공급망 관리 – 고객관리 – 사회공헌 및 지역사회	– 인적자본 – 제조물 책임 – 이해관계자 반대 – 사회적 기회	– 인적자원 – 인권 – 지역사회 – 제조물 책임
평가항목 G	– 주주권리 보호 – 이사회 – 감사기구 – 공시, 시장에 의한 경영감시	– 주주의 권리, 정보의 투명성 – 이사회의 구성과 활동 – 이사의 보수, 관계사 위험 – 지속가능경영 인프라	– 기업지배구조 – 기업행동	– 경영(Management) – 이해관계자 – CSR 전략
평가절차	– 기본평가(가점) – 분기별 심화평가(감점)를 통해 이슈 발생 시 감점 및 등급조정 – 웹 기반 양방향 피드백 수행 – 공개정보 기반 평가, 자체 평가모형	– 지표 평가 후 Controversy 이슈,대규모 기업집단 평가, 자체 평가 모형 – 기업에 피드백 리포트 발송 후 기업 측 피드백 검토 – ESG 성과 미흡 및 재무 이슈 발생 기업 등급조정, 공개정보 기반 평가	– 매년 산업별로 35개 KEY 이슈 및 가중치 선정 – ESG 부정적 이슈 반영 – 상시 피드백 수행 – 공개정보 기반 평가, 피평가자는 정보 검증 과정에 참여 가능	– KPI 산출 후 항목별 점수 측정, 산업별로 다른 가중치 적용 – Controversy 점수 반영 – 피드백 절차 없음 – 공개정보 기반 평가

구분	국내		국외	
	KCGS (한국기업지배구조원)	서스틴베스트	MSCI	REFINITIV
평가 등급	S, A+, A, B+, B, C, D(7단계)	AA, A, BB, B, C, D, E(7단계)	AAA, AA, A, BBB, BB, B, CCC(7단계)	100~75, 75~50, 50~25, 25~0점(만점 100, 4단계)

※ 참고: 언론종합, 2021

국내 평가기관은 국내 법·제도·이슈에 중점을 두지만, 해외 평가기관은 사업 기능과 투명성(정보공개 등) 영역에 중점을 두고 있다. ESG 실천은 어려운 것이 아니다. 작은 실천에서부터 비롯된다. 우리가 모르고 있을 뿐, 정답은 주변에 있다.

ESG 기업 구축·운영 사례

본 장에서는 ESG를 선제적으로 선언하고 차근차근 도입하고 있는 SK 그룹의 사례를 소개하고자 한다. 앞서 소개한 바와 같이 모든 경영에 있어서 경영진의 의지만큼 중요한 것은 없다. 그 예로 SK 그룹 회장은 ESG를 기업의 새로운 규칙으로 선도하고 있다. 단순히 기업이 '착한 일'을 하자는 것이 아닌 새로운 지향점과 목표로 여기고 있는 것이다. 지금까지 겪어 보지 못한 COVID-19, 기후변화, 투명경영 요구 등에 대해 근본적으로 고민이 필요한 시점을 주장하고 있다. 그는 대한상공회의소 회장으로서 SK뿐만 아니라 대한민국 모든 기업들에게 ESG를 전파하고 있다.

2010년부터 SK 그룹은 비즈니스 가치 모델로 DBL Double Bottom Line 경영을 실천하고 있다. DBL은 인간 중심의 경영철학을 바탕으로 행복경영에 뿌리를 둔 사회적 가치를 추구하겠다는 것이다. 기존 경제적 가치·이윤만 추구하는 Single Bottom Line에서 벗어나 경제적 가치 Economic Value(EV)와 사회적 가치 Social Value(SV)를 동시에 추구하고 관리하는 DBL을 기업의 경영철학으로 반영하는 것이다. 이를 통해 모든 이해관계자의 행복과 기업의 지속가능한 안정과 성장을 실현하고자 한다(출처: SK 그룹사 홈페이지).

어느 한 SK 회사만이 아닌 그룹사 공통으로 ESG 핵심지표 체계를 MSCI 기준으로 시행하고 평가하고 있다. 핵심지표를 선정하고 중장기 목표를 수립하고 이행한 것이다. 그 성과로 모든 계열사가 ESG 평가에서 A등급 이상을 받았다. 이후 멈추지 않고 기초체력 개선에서 Global Top Tier를 위한 고도화를 진행하고 있다.

그 예로 자회사/손자회사 대상으로 ESG를 확대, Net Zero 실행 강화를 위한 항목 추가, 외부 환경 변화 척도 고도화, ESG 가중치 변경 반영 등을 추진하고 있다. 그리고 33개 지표 100개의 공시항목을 선별해서 ESG 지표에 의해서 이해관계자들과 함께 투명하게 공개하고 있다. 이에 SK 그룹에서 추진하고 있는 ESG 항목에 대해 알아보자.

환경(E)에서는 그룹 차원에서 Net Zero 선언과 RE100 가입, 친환경 포트폴리오 구축 등을 하였다. 특히 RE100 가입은 국내외 공급망의 재생에너지 사용이 급격히 요구되고 있음을 시사하는 것이다. 전 지구적 재생에너지 활성화는 선택이 아니라 필수가 되고 있다. 그리고 친환경 포트폴리오를 구축하여 비즈니스 모델을 전면적으로 개선하고 있다.

그룹사뿐만 아니라 협력사들과 환경 생태계를 구축하여 자원순환, 대체식품, 수소에너지, 신재생에너지, 바이오산업 등을 추진하고 있다.

사회적으로는 구성원 측면에서 다양성, 형평성, 포용성을 기업의 경쟁력과 연계하여 구성원의 행복을 지켜 주고 있다. 소수자 고용, 차별 금지, 여성의 권리 확보, 직장 내 괴롭힘, 성희롱 방지 등 포용적 기업문화를 확상 중에 있다. 협력사 측면에서는 책임 있는 공급망을 관리하고자 ESG Risk를 식별, 분석, 평가하고 있다. 이해관계자 측면에서는 책임 있는 지속가능한 사회 안전망 구축, 사회적 가치 공감대 형성, 사회 혁신 인재 육성 등 SK만이 아니라 다른 기업과 시너지 프로젝트를 진행하고 있다.

마지막 거버넌스와 관련하여서는 기업들에게 지배구조의 투명성 스토리를 수립하였다. 이는 지배구조 투명성에 대한 시장의 신뢰를 이끌어 내는 것을 골자로 하는 Governance Story를 수립, 이행하는 것이다. 이를 위해 독립성, 전문성, 다양성을 강화하고자 ESG 위원회, 거버넌스 위원회, 인사위원회, 감사위원회를 독립적으로 운영하여 중요한 의사결정을 통하여 모든 사업을 진행하고 있다.

이처럼 SK그룹은 전 지구적으로 중요해지고 있는 ESG를 적극 추진하고 기업의 모델로 반영하고 있다. 앞서 리더의 역할과 책임처럼 사회적 가치가 변화함에 따라 기업의 역할도 변화하고 있음을 시사하고 있다.

'빨리 가려면 혼자 가고 멀리 가려면 함께 가라!'는 말처럼 SK 어느 한 회사만이 아닌 여러 그룹사가 함께 ESG를 추진하고 있는 것은 칭찬할 만한 일이다. 앞으로 10년 또는 20년 후, 이 회사의 변화를 기대한다.

ISO 제도의
모든 것

ISO 개요, 정의, 목표

국제표준화 기구 ISO

다양한 각 분야에 속한 사람들일지라도 업무를 하거나 일상생활을 하면서 ISO라는 단어를 한 번 이상은 들어 봤을 것이다. 필자도 고등학교 수업 시간에 ISO라는 개념을 듣고 나중에 국제 심사원이 되고자 하는 꿈을 가진 것이 생각난다. 잠시 꾸었던 꿈이 현실로 되었지만 ISO 관련 업무를 하면서 적잖이 실망한 적도 많다. 자세한 내용은 '부실인증의 위험성'에서 다뤄 보도록 하고, 먼저 ISO 기구에 대해 알아보자.

ISO International Organization for Standardization는 국제표준화 기구이다. 표준이라는 것은 동일하여 어디에서나 쓰일 수 있다는 의미이다. 표준의 의미를 자동차의 개념으로 보면 더 쉽게 이해할 수 있다. 전 세계 어디에 가도 교통신호 체계에서 신호 등불처럼 빨강, 노랑, 초록으로 구분되어 있다. 출발해야 할 때와 멈춰야 할 때를 구분해 놓은 것이다. 특히 자동차는 수송 수단으로서 사람의 안전과 직결되는 문제이기 때문에 어디를 가든 교통체계와 운영에서도 모두 통일되어야 한다.

최근 들어 자율주행 자동차 상용화와 국제표준의 추진에서는 자동차 시스템, 도로 인프라, 통신 분야의 다양한 표준이 동시에 진행되고 있다. 자동차 모양도 제각각이지만 형태와 부품 그리고 그 사용 목적은 거의 표준화된 모양이다. 그러나 표준이라고 모두 동일한 것은 아니다. 일부 다른 점은 과거 영국의 식민지였던 국가를 비롯하여 그 영향을 받은 나라들(영국, 일본, 인도, 홍콩, 호주, 남아프리카공화국 등)은 자동차 운전석이 왼쪽이 아닌 오른쪽으로 되어 있고 도로 통행 방향이 다르다. 개인적으로 국제표준과 안전 측면에서 하나의 통일화된 제도가 필요하다고 생각된다.

또한, 표준의 종류에는 사내표준, 단체표준(업종별 표준), 국가표준, 지역 표준, 국제표준이 있으며, 소개한 순서로 발전한다. 이 중 국제표준은 국가 간의 제품 또는 서비스의 교환을 쉽게 하는 국제무역 규범 및 기업 경영의 핵심 수단으로 활용된다. 국제적으로 공인된 표준ISO으로 어느 나라에서나 통용이 가능하다.

ISO는 1946년 설립된, 여러 국가의 표준 제정 단체들의 대표들로 이루어진 국제적인 표준화 기구이다. ISO의 공식 언어는 세계 공용어인 영어, 불어, 러시아어이다. 정회원은 자신의 책임하에 ISO가 개발한 출판물 등을 각 나라의 언어로 번역하고 판매할 수 있다. 한국은 정회원으로서 ISO 규격 발간 시 한국의 KSKorea Standard로 번역하에 배포하고 있다.

중앙사무소는 스위스 제네바에 본부를 두고 있는 각 국가표준의 연합체로 세계적 표준화 및 관련 활동의 발전을 촉진하기 위해 만들어진 비정부기구이다. 설립 목적은 상품 및 서비스의 국제적 교환을 촉진하고, 지적·과학적·기술적·경제적 활동 분야에서의 협력을 증진을 위하여 세계의 표준화 및 관련 활동의 발전을 촉진하는 데 그 의미가 있다. 즉, ISO 표준을 개발·발행하고 표준 관련 연구와 교육 등을 하고 있다.

이 국제표준화 기구는 제품이나 서비스의 공급자, 사용자, 소비자, 이익단체 및 정부의 규제 등과 같은 모든 이해관계자의 의견을 반영하는 각 국가의 표준별 대표자들이 투표하여 제정된다. 이 국제표준으로 인하여 국가 간 활발하고 원활한 교역을 위해 국제적 표준의 가이드라인을 제정 및 관리하고 있다.

회원은 아래 표와 같이 정회원, 준회원, 간행물 구독회원으로 구분되며 각 ISO 표준 개발 시 투표권에 관하여 참여 멤버Participate member(이하 P 멤버)와 관망 멤버Observer member(O 멤버)로 분류된다. 한국은 1963년 가입하였고, 국가기술표준원KATS이 정회원이며 여러 국내 전문가들이 참여하여 투표권을 행사하고 있다. 현재 전 세계 총 163개국이 가입하여 활발히 활동하고 있다.

구분	특징
정회원 (Member body)	– 정회원은 각국의 표준화 분야에서 대표적인 국가 표준기관으로서, ISO 절차 규정에 의거 ISO 입회가 허용된 해당국에서 오직 하나의 국가표준기관임. – 정회원인 국가회원기관들은 기술위원회(TC) 또는 분과위원회(SC)에 회원으로 가입할 수 있으며, 이때 P(Participating) 멤버 또는 O(Observer) 멤버의 지위 중 하나를 선택하여 ISO 표준제정 투표권한을 가짐.

ESG 경영의 근간, 컴플라이언스 솔루션.ZIP

구분	특징
준회원 (Correspondent member)	– 투표권은 없으며, 일부 문서만 받아 볼 수 있음.
간행물 구독회원 (Subscriber member)	– 투표권은 없으며, 일부 문서만 받아 볼 수 있음. – 간행물 구독회원은 일정 기간 내에 통신회원으로 회원자격 전환을 하지 않을 경우 회원자격 박탈.

※ 우리나라는 현재 국가기술표준원(KATS: Korean Agency for Technology and Standards)이 정회원으로 활동 중에 있음

ISO를 언어로 살펴보았을 때, 'International Organization for Standardization'은 IOS이므로 순서대로 정렬되지 않았다는 데 의문이 들 것이다. ISO라는 명칭은 그리스어인 ἴσος(ísos)에서 가져왔으며, '동일하다'라는 단어에서 유래하였다. 영어 명칭과 프랑스어 명칭이 각각 "아이에스오"가 아닌 "아이소(영어)", "이소(프랑스어)"로 읽어야 하지만 중립적인 명칭인 ISO를 약어로 택하게 된 것이다. 북한은 '국제규격화기구'라고 한다.[8]

현재 대한민국을 비롯하여 선진국들은 기술 및 경제 활동 분야의 협력 발전이라는 관점에서 표준화 전쟁과 같은 관련 활동을 적극적으로 시행하고 있다.

---

8 출처: https://www.iso.org/about-us.html

우선 ISO 인증 및 제정체계에 앞서 정확한 용어의 정의에 대해 알아보자. 인증Certification, 검증Verification, 보증Assurance은 닮은 듯 닮지 않은 면이 있다.

인증Certification은 인정할 인認, 증거 증證이 만나 어떠한 문서나 행위가 정당한 절차로 이루어졌다는 것을 공적 기관이 증명하는 것이다. ISO 9000(ISO 9000 family of quality management systems)의 용어 정의에서는 '고객에게 제공되는 제품이나 서비스를 실현 체계가 규정된 요구사항을 만족하고 있음을 제3자 인증기관Certification Body에서 객관적으로 평가해 주는 제도'라고 하였다. 따라서 정해진 표준이나 기술 규정 등에 따라 적합하다는 평가를 받음으로써 그 사용 등이 가능하다는 것을 입증하는 제도이다.

검증Verification은 검사할 검檢, 증거 증證이 만나 검사하여 증명하는 것이다. 검증은 독립적인 검증 제공자가 특정 주제와 연관하여 어떤 사람이나 그룹에 제공하는 신뢰성 혹은 확실성이라고 할 수 있다. 인증과 비교하면 검증은 정해진 규정이 따로 없다. 따라서 합의된 검증 절차에 따라 평가 등을 통해 타당하다고 확인되면 검증이 부여되는 것이다. 유사한 용어로는 입증, 증명 등을 쓴다.

보증Assurance은 보전할 보保, 증거 증證이 만나 어떤 사물이나 사람에 관하여 책임지고 틀림이 없음을 증명한다. 즉 신뢰를 제공하는 데 중점을 두고 있다. ISO 9000(품질 경영 시스템)에서는 '어떤 실체Entity(품질)가 품질경영 시스템 요구사항을 충족하는 것에 대한 적절한 신뢰감을 주기 위하여 적절한 품질경영 시스템에서 실시되고 필요에 따라 보증되는 모든 계획적이고 체계적인 활동'을 말한다. 보증은 대표적으로 보험과 같이 손해를 물어 준다거나 일이 확실하게 이루어진 보증으로 대표적으로 보험에서 많이 쓴다. 유사한 용어로는 담보, 보장, 증명 등을 쓴다.

위처럼 인증, 검증, 보증 등을 받기 위해서는 심사 방법이 있어야 한다. 그 심사 방법에는 시스템, 공정, 제품, 서비스, 시험 성적서 등이 있으며 시기는 정기와 비정기 심사로 나뉜다. 우리는 여기서 주로 경영 시스템 인증기관Management Systems Certification Body 심사를 주로 다루고자 한다.

ISO에서는 새로운 규격이 탄생하기 위해서는 전 세계 전문가들이 적어도 약 3년 이상의 수정·투표 등을 거치게 되어 제정된다. 따라서 2022년 기준 약 802개의 기술 전문가 그룹Technical committees and subcommittees이 있다. 앞서 설명한 바와 같이 각 ISO 표준 개발 시 투표권에 관하여 P 멤버와 O 멤버가 거듭된 회의를 거쳐 본격적인 ISO 9001과 같은 규격이 탄생하는 것이다. 그렇기에 ISO는 총회와 이사회를 거쳐 각 기술위원회에서 전문가들이 일정 기간 국제회의를 거쳐 투표를 통해 제정된다.

제정 단계는 00단계부터 95단계로 이루어진다.

00 예비 단계Preliminary Work Item(PWI)

10 제안 단계New work item Proposal(NP)

20 준비 단계Working Draft(WD)

30 위원회 단계Committee Draft(CD)

40 질의 단계Draft International Standard(DIS)

50 승인 단계Final Draft International Standard(FDIS)

60 출판 단계International Standard(IS)

90 리뷰 단계Review Stage(RW)

95 취소 단계Withdraw Stage(WS)

현재 TC 309 위원회의 ISO 19600:2014(컴플라이언스 경영 시스템 가이드라인)은 95.99단계로 취소 단계이다. 이 부분을 인증하면 안 되는 것이었다. 그러나 일부 인증기관에서는 가이드라인의 ISO 19600:2014를 인증하는 사례도 있었다. 가이드라인은 요구사항이 아닌 지침서로서 기업이 컴플라이언스 경영을 실천하기 위한 참고 자료이다. 애당초 ISO 19600:2014와 ISO 37001:2016 제정 시 대한민국의 정부, 민간, 전문가 등 단 한 명도 관심 없던 글로벌 스탠더드였다.

당시 단체에서 윤리·준법 실무자로 근무하면서 이 글로벌 스탠더드가 분명 대한민국 정부에 필요한 제도이고 어느 기업에서나 여러 가지 사고를 미리 예방할 수 있다고 판단하였다. 그래서 당시 여러 정부기관과 단체의 문을 두드리고 알아봤던 것이 생각난다. 우리나라 대표 표준을 담당하는 국가기술표준원은 워낙 많은 표준들이 있고 인력이 부족하여 관리할 여력이 없다고 호소하였다.

당시 ISO 37001:2016이 개발되는 과정에서 한국은 선진국임에도 불구하고 37개국이 포함된 국가 중 ISO 규격 제정에 대한 투표에 대한 참여 P 멤버가 아닌 무관심이 있어 관망 O 멤버로 분류되어 있었다. 그러던 중 2016년 9월 28일 「부정청탁 및 금품등 수수의 금지에 관한 법률(청탁금지법)」이 본격 시행되면서 청렴 대한민국, 새로운 변화를 위한 첫걸음을 내딛게 되었다. 그 이후 2017년 대통령이 구속되는 등 여러 가지 사회적 관심도가 높아지면서 부패에 관한 관심이 고조되었다. 그 이후에도 정권이 바뀌면서 여러 가지 사건·사고를 거치면서 현재 대한민국은 TC 309라는 거버넌스 위원회의 국제적 회의에 적극 참여하고 있다.

하지만 위원회 운영과 구성에 대해 일부 안타까운 부분은 여전히 존재한다. 이제라도 윤리·준법 경영이 전 조직에 뿌리를 내려 기업이 돈을 벌어 수익을 내는 목적도 중요하지만, 돈을 어떻게 벌어야 하고 써야 하는지에 대해서도 그 중요성을 깨달았으면 하는 바람이다. 아울러 정부에서도 탁상행정이 아닌 관심 있게 윤리·준법을 글로벌 스탠더드 수준에 맞추어 추진하기를 간곡히 바란다.

가끔 기업의 홈페이지나 지속가능경영보고서, 홍보자료에 보면 "우리 조직은 ISO 9001:2015를 인증받았습니다."라는 표시를 보는 경우가 종종 있다. 이것은 그 해당 조직이 업무를 추진하기 위한 과정에서 독립성, 공평성, 전문성 등을 갖추고 있는 인증기관에 의해 심사받았고 신뢰성이 증명되었다는 것을 표시하는 것이다. 그 증명을 위하여 이용된 것이 ISO 인증제도이며, 이들을 국제적으로 인정해 주는 것이 인정기구Accreditation Body이다. 그러나 이를 사업 수익 측면에서 바라보는 인증기관과 쉽고 편하게 인증받아 홍보하려는 기업이 윤리·준법 인증의 신뢰성을 떨어트리는 행위를 하기도 한다.

ISO는 우선 세계무역기구World Trade Organization(WTO)와 국제인정기구 포럼International Accreditation Forum(IAF)간에 상호 업무협약MOU을 맺고 있다. 즉 국제무역 규범 및 기업 경영의 핵심 수단인 것이다. 지금과 같이 자유무역협정Free Trade Aggreement(FTA)에서 무역 장벽을 완화하여 상호 무역 증진을 위해 ISO는 충분히 도움이 될 수 있다. 무역상 기술 방법Technical Barriers to Trade(TBT)으로 세계무역기구 체제에서 무역에 관한 기술 장벽을 낮추고 자유무역을 활성화하기 위해 각국의 표준·기술 규정의 국제표준에 맞추도록 의무화한 협정을 맺는 것이다.

그런데 국가 간 거래에서 이를 어긴 사건이 한둘이 아니었다. 최근 2019년 7월 일본이 반도체 소재 등 3개 품목에 대해 한국 수출규제를 발표한 것을 시작으로 일본제품 불매운동을 벌인 것이 기억날 것이다. 당시 우리 정부는 일본의 수출규제에 대한 WTO에 제소와 정지 그리고 다시 WTO에 분쟁 해결 절차를 재개하였다. 이 당시 일본은 국제 상거래 간의 장벽을 해소해야 하는 무역기술장벽을 어긴 것이다. ISO 시각에서 바라본 이 협정은 One Standard, One Test, Accepted Everywhere를 어긴 것이다.

인증 절차를 간단히 소개하면 다음과 같다. 먼저, 인증을 받고자 하는 기업이 인증기관과 계약을 체결한다. 이후 인증기관은 심사 프로그램 기준에 따라 전문 심사원을 배정하고 해당 심사팀장이 심사계획서를 전달한다. 이후 서류심사와 현장심사 등을 거쳐 인증기준에 적합하면 인증서를 발급하고 전달하는 구조이다.

하지만 내면은 더 복잡한 구조로 되어 있다. 인증 신청한 내용을 근

ESG 경영의 근간, 컴플라이언스 솔루션.ZIP

거로 인증기관은 심사 범위, 인원수, 복수사업장, 지원사업장, 리스크의 범위, 기간, 일정, 목표 등 심사 프로그램에서 정한 기준을 검토한 후 해당 인증심사일수를 산정한다. 간혹 이를 모르고 인증기관을 차려 고객에게 혼돈을 주는 인증기관은 조심해야 한다.

아래 그림과 같이 인증 체계도를 참고할 수 있다. WTO, ISO, IAF 는 서로 상호 협력적 관계를 맺고 있다. 그에 따라 ISO 위원회에서는 ISO 17021-1이라는 적합성 평가 기준에 의해 인증기관이 설립된다. 특히 윤리·준법을 대표하는 인증인 ISO 37001:2016, ISO 37301:2021은 TC 309 위원회에서 제·개정을 담당하고 있다. 이에 해당하는 심사원을 평가하기 위하여 ISO 17021-9,13에 따라 심사원을 평가하는 것이다. 한국준법진흥원과 같은 윤리·준법 전문 인증기관은 이 기준에 따라 인정기구인 미국 IAS에 등록하여 인증 활동을 활발히 하고 있다.

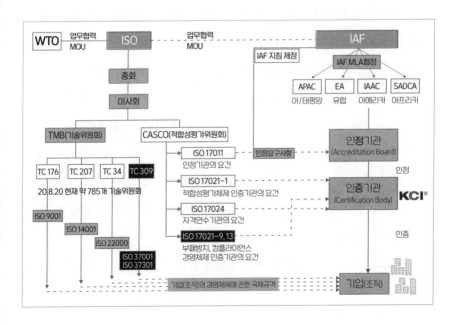

ISO 심사는 「적합성」과 「유효성」 심사로 나뉜다. 이 두 영역을 모두 중점적으로 심사하는 것이다. 경영 시스템이 표준의 요구사항에 「적합」하다는 것은 「유효」하게 가능하다는 것이기도 하다. 즉 자동차가 적합하게 만들어지고 유효하게 굴러가고 있다는 것이다. 따라서 경영 시스템의 「적합성」 평가에서는 경영 시스템의 「유효성」을 확인해야 한다. 이로써 제3자 인증을 통하여 조직이 기본 윤리·준법 장치를 갖췄음이 증명된다.

윤리·준법과 같은 인증제도는 누군가의 강요에 의한 것이 아니다. 조직이 스스로 지키고 예방할 수 있는 자발적 통제 장치를 마련해 지속 가능한 경영을 하겠다는 것이다. 대부분의 대기업과 공공기관은 이미 많은 부분에서 갖춰져 있고 때로는 과도할 정도이다. 그러나 여러 사건에서 보듯이 사건·사고는 계속해서 터져 나오고 있다. 이를 막기 위해 조직은 제3자 인증 심사 제도를 통하여 우리 조직에 대해 매년 시스템으로 정기적인 윤리·준법 건강검진을 받는 것이 좋다. 인증은 끝이 아니라 시작이다. 지속적으로 개선하고 업그레이드해야 한다. 그렇지 않으면 돈만 쓰고 직원들을 괴롭히는 장치 제도로 전락하고 만다.

이제 우리 기업들은 내부통제 차원에서 윤리·준법을 시작해야 한다. 특히 오늘은 괜찮았어도 내일부터 문제가 되는 것이 윤리·준법 문제이다. '법法'은 고정되어 있지 않고 살아서 움직인다. 새로운 입법화가 되고 개정이 되는 것이다. 부서는 그대로인데 임직원들은 계속해서 입·퇴사, 부서이동, 이직 등을 거치면서 변한다. 몰라서 못 지킬 수 있는 것이 법이다.

어느 한 부서만이 아니라 ESG 경영과 윤리·준법 경영은 글로벌 스탠더드 시스템을 활용하여 비즈니스 모델과 운영 프로세스 전반에 걸쳐 조직 내 단계적 혁신을 할 수 있다. 따라서 제3자 전문 심사원을 통하여 조직을 진단하고 문제점을 개선해 나가는 것이다. 그것이 윤리·준법 건강검진이다. 그리고 제3의 기관에 의해 인증을 받는 것은 나중의 문제이다. 절대 윤리·준법 인증이 조직의 목적이 되어서는 안 된다.

인정과 인증의 차이

이 장에서는 앞서 소개한 인증 체계도를 좀 더 구체화하여 다뤄 보고자 한다. 인정과 인증은 비슷해 보이지만 약간은 다른 개념이 있다. 인정은 적격하다는 의미가 강한 한편, 인증은 증명한다는 의미가 있다.

인정Accreditation, 認定은 적합성 평가기관이 특정 적합성 평가 업무를 수행하는 데 적격하다는 것을 평가하는 활동을 말한다. ISO 17011:2017에 의해 인정기관은 일정 요건을 갖춘 뒤 인정 활동을 수행할 수 있다. 인정의 전반적인 목적은 모든 당사자에게 경영 시스템이 규정된 요구사항을 충족한다는 신뢰성을 제공해야 한다. 인증의 가치는 제3자에 의한 공평하고 적격한 평가 때문에 이루어지는 공신력의 정도이다. 기준은 ISO 17021-1:2015를 참고할 수 있다.

인증Certification, 認證은 조직의 경영 시스템이 특정 요구사항(ISO 37001: 2016, ISO 37301:2021 등)에 적합하다는 것을 평가하는 것이다. 즉 인정기관Accreditation Body은 인증기관Certification Body의 역량과 평가라는 시각에서 인정심사가 가져야 할 제세를 고찰하고, 인증기관을 정기적으로 심사해야 한다.

한국의 경우 「적합성 평가 관리 등에 관한 법률(약칭: 적합성 평가 관리법)」에 의해 적합성 평가Conformity Assessment로 제품, 프로세스, 시스템, 사람 또는 기관과 관련된 요구사항이 충족됨을 실증한다. 즉 인증, 시험, 검사 등 모든 것을 통틀어서 "적합성 평가 제도"라고 한다. 이 법률과 같이 ISO에서도 적합성 평가위원회ISO/CASCO가 있어 적합성 평가 관련 국제표준의 제·개정 담당 위원회의 임무를 수행한다.

ISO 37001:2016과 ISO 37301:2021의 경우 ISO 17021-9:2016번과 13번에서 다뤄지며 경영체제 인증기관의 요건을 다루고 있다. 이 요건에서는 심사원이 갖춰야 할 적격성 기준을 갖추고 있어 인증 적격성 평가에 활용되기도 한다. ISO 인증은 기업의 경영 시스템을 ISO 요구사항에 따라 인정이 등록된 민간기구에서 인증하는 제도이다. 따라서 각국의 인정기구가 인증기관을 인정하고 해당 인증기관에 대한 관리·감독을 정기적으로 수행한다. 즉 역량과 신뢰성을 갖춘 인증기관이 인증 서비스를 기업에 제공해야 한다.

한국은 KAB(한국인정지원센터)가 있으며 미국은 IASInternational Accreditation Service, 영국은 UKASUnited Kingdom Accreditation Service 등이 있다. 인정기관은 국가별로 하나 또는 다수로 정할 수 있다. 인증받은 실효성이 통용될 수 있도록 각 인증기관의 협의체인 국제인정기구 포럼International Accreditation Forum(IAF, 1993년)을 만들어 회원 인정기구 간 상호인정협력 MLA을 체결하고 제품, 경영 시스템, 검증 등 인정에 대한 적용문서와 지침을 만들었다. 현재 약 55개의 인증기관이 가입하고 활동하고 있으며, 이 문서에 따라 인정기구에 등록된 인증기관은 기준을 따라 지속적인 심사를 받아야 한다.

가끔 인증기관의 난립으로 인증의 신뢰성을 잃는 경우가 있다. 이에 고객은 명확히 기관의 실체를 확인하여 인증받을 필요가 있다. 등록된 인정기관, 인증기관, 인증받은 기업은 www.iafcertsearch.org에서 검색이 가능하다.

이 적합성 평가Conformity assessment의 종류는 아래 표와 같다.

구분	제1자 평가 (First party)	제2자 평가 (Second party)	제3자 평가 (Third party)
심사원	내·외부 인원 (주로 내부 심사원)	내·외부 인원	외부(인증) 심사원
목적	조직 내 – 시스템의 이행 파악 – 유효성 평가	외주 업체 선정의 – 적합성 파악 – 유지관리	– 경영 시스템의 적합성 – 평가 및 인증등록
영향력	★	★★	★★★
심도	★	★★	★★★
장점	– 조직의 현안 사항을 강조할 수 있다. – 시간, 장소, 범위의 제약이 없다. – 조직 상황에 대한 전문지식이 높다. – 내부 인적자원의 활용으로 비용 감소가 된다. – 즉시 시정조치에 관한 확인이 가능하다.	– 공급자 선정과 사후관리의 수단으로 활용할 수 있다. – 사주를 전제로 한 강력한 조치를 요구할 수 있다.	– 심사 결과에 대한 공신력 보장이 가능하다. – 시스템에 대한 전문지식이 높다. – 객관적인 심사가 가능하다.
단점	– 독립성, 공정성, 객관성이 떨어진다.	– 공급자 모두에 대해 실시하는 경우 부담 비용이 된다.	– 시간, 장소, 범위의 제약이 든다. – 조직 상황에 대한 이해가 부족함. – 비용 부담이 든다.

위 표와 같이 평가라는 용어는 인정기구에서만 사용하고 있으나 이를 번역하여 사용하는 인증기관은 심사를 사용한다. 아울러 독자의 이해를 돕기 위하여 심사로 설명하고자 한다.

심사는 제1자 심사, 제2자 심사, 제3자 심사로 나눠지며 제1자 심사는 주로 조직 내 인원에 의해 이뤄지는 것으로 같은 동료를 심사한다. 따라서 장단점이 명확하다.

영향력과 심도 면에서 제1자 평가가 별 1개지만 사실 조직과 조직 상황은 내부 인원들이 더 많이 안다. 아는 만큼 영향력과 심도를 높일 수 있다. 그러나 조직의 같은 동료를 심사해야 하기에 쉽지 않은 것이다. 그래서 시스템을 잘 운영하는 조직에서는 내부 심사원을 임원급으로 정하여 내부심사의 영향력과 심도를 높이는 경우도 더러 있다.

제2자 심사는 협력사, 계열사, 자회사 등을 실사Due diligence하는 개념으로 사용한다. 대표적으로 대기업이 인증을 받고 그에 관련된 협력사를 실사 또는 심사하는 경우가 있으며, 공급자 선정 실사에서 사용하기도 한다.

제3자 심사는 한국준법진흥원과 같은 인정받은 인증기관이 기업을 인증하여 적합성과 효과성에 충족되고 있음을 입증하는 것이다. 그리고 공신력을 갖췄음을 외부에 표방하는 것이 제3자 인증제도의 핵심이다.

대표적인 ISO 경영 시스템은 ISO 9001:2015와 ISO 14001:2015가 있다. ISO 9001:2015(품질 경영 시스템)는 거래처나 고객의 요구에 맞는 제품 및 서비스를 안정적으로 제공할 수 있는 구조를 외부의 기관이 인증할 수 있는 제도이다. ISO 14001:2015(환경 경영 시스템)는 환경에 주는 부담을 되도록 줄여 나가기 위한 일련의 좋은 환경 시스템을 갖춘 것을 제3자가 역시 인증하는 제도이다.

최근 떠오르고 있는 ESG 인증은 없다. 간혹 고객을 기망하여 '우리는 고객에게 ESG 인증 서비스를 제공합니다.'라는 것은 국제기준과 절차도 없는 자체 인증에 불과하다. ESG가 떠오르면서 이러한 사기꾼은 조심해야 한다. 인증 제도는 양날의 칼이다. 인증을 받았다고 하여 그 조직이 문제가 없는 것이 아니라 '우리 회사는 최소한의 글로벌 스탠더드 규격에 맞춰서 매년 노력을 하겠습니다.'라는 것을 우리가 더 열심히 노력하겠다는 것을 수많은 이해관계자에게 의지 표명하는 것이다.

참고로 ESG와 관련된 인증 제도는 E(ISO 140001:2015), S(ISO 45001:2018), G(ISO 37301:2021)가 있다. 자세한 내용은 앞장을 참고해 보기 바란다.

ISO 숫자의 의미

가끔 ISO 뒤에 붙는 숫자에 관해 묻는 사람들이 있다. 숫자는 분명히 숨겨진 의미가 있다고 생각하는 것이다. 필자 역시도 왜 숫자를 어렵게 4~5자릿수로 정했는지 궁금하였다. ISO는 9001:2015, ISO 14001:2015, ISO 37001:2016, ISO 37301:2021 등 다양한 숫자들이 있다. 쉽게 얘기하면 표준의 코드로 일종의 주민등록번호와 같은 개념이다.

ISO 9000:2015는 품질 용어의 개념을 사용하고 ISO 9001:2015는 경영 시스템으로 인증이 가능한 규격/지침서이다. ISO 9001:2015는 기업의 품질 경영시스템 전반에 대한 요구사항을 규정한 규격으로, 현재도 전 세계에서 가장 널리 보급된 인증제도 중에 하나이다.

이 제도는 제2차 세계대전 후 미군의 조달부서가 군수품의 불량을 줄이기 위해 제품의 생산시스템에 관한 사항을 미군 규격으로 적용한 것이 시초가 되었다. 이후 국가 간 품질 시스템에 대한 요구사항이 각기 달라 국제적인 공통 규격으로 ISO가 미국, 영국, 캐나다의 국가규격을 근거로 ISO 9000부터 시리즈로 개발되었다.

이에 번호와 관련하여 필자도 ISO에 직접 문의해 본 경험이 있었다. 그런데 ISO의 번호에는 큰 의미가 없다고 한다. 결국, 누적 코드 번호이다. 그리고 각 위원회에서 적합한 번호를 찾는 것이다. ISO라는 국제기구가 만들어지고 초창기 처음 품질보증/품질경영 부문의 규격을 제정하면서 번호를 부여해야 하는데, 1987년 품질 분야라는 중요성을 고려해서 9000번대의 번호를 품질 분야 규격 번호로 지정한 것이다. 그 당시 ISO 규격이 대략 8000여 종을 넘어서는 것과 품질 분야의 중요성을 감안하여 번호를 매긴 것이다.

또한 ISO 14001은 환경 분야에는 14000번대의 시리즈 번호를 부여하자고 합의를 한 것이다. 결국 큰 의미는 없는 것이다. 그리고 ISO 9001:2000에서 2000은 발행연도를 의미한다. ISO가 제정되면 환경과 같이 매 6~8년 동안 개정을 거치면서 업그레이드가 된다. 따라서 공식적으로는 연도까지 함께 써야 올바른 이름이 된다. 간혹 다른 표준화 기구가 참여한 경우 ISO/IEC[9]/IEEE[10] 0000:0000 같은 형태로 참여한 모든 표준화 기구의 이름이 표준에 포함된다.

그렇다면 ISO 1번은 무엇일까? 온도에 관한 기하학적 제품사양Geo-metrical product specifications의 설명서가 ISO 1번이다. 제품의 특성 사양 및 검증을 위한 표준 온도 압력을 규정한 국제표준이다. 1931년 4월 1일 국제도량형위원회에서 채택되어 1951년에 ISO의 권고 1호가 된 것이다. 이로 인해 세계 각국의 정밀장비 제조업체들이 사용하고 있었던 온도를 0℃, 62℉, 25℃ 등의 길이 측정을 위한 다양한 기준온도들로 교체하였다. 20℃의 온도가 선택된 이유는 직장에서 편안하다고 느끼는 온도이며, 섭씨온도와 화씨온도에서 모두 정수 값을 갖기 때문이었다.

ISO는 2022년 기준 약 24,158여 종이 있으며 이 규격 모두 인증이 가능한 규격이 아니다. ISO 끝에 붙는 0과 1로 구분할 수 있다. 0은 ISO 26000:2010처럼 가이드라인Guideline으로 사회적 경영 시스템 지침서이다. 지침서는 인증할 수 없는 규격이다. 반면, 끝에 1이 붙는 ISO 37301:2021과 같은 요구사항Requirement이라고 하여 제3자가 인증할 수 있는 규격이다. 그러나 ISO 끝에 0이 붙는 지침서 형식의 ISO를 인증기관이 사업상 수단으로 인증하는 사례도 있었다. 당시 ISO 37001:2016이라는 표준 제정 시 많은 인증기관의 반대에도 불구하고 ISO 19600:2014(컴플라이언스 경영 시스템 가이드라인)를 인증하는 사례도 있었다. 현재 ISO 19600:2014는 폐지 단계를 거치면서 ISO 37301:2021 규격으로 전환하여야 한다.

---

9 국제전기표준회의

10 전기전자기술자협회

국제인정기구 포럼IAF에서도 끝에 0이 붙는 지침 표준에 대한 인증의 유효성에 대해 지속해서 논란이 되어 왔었다. 요구사항이 아닌 지침의 경우 다양한 해석과 적용을 할 수 있기 때문이다. 그래서 인증 결과의 동등성을 보장하기 위하여 인정의 부적합성을 지속해서 표명해 왔다. 다만, 미인정 자체 인증의 경우 인정기관이 이를 금지하도록 강제할 수는 없으나, 바람직하지 않음을 권고하는 취지로 논의해 왔다. 결국, 지침서는 지침서일 뿐이다. 요구되는 사항이 아니다.

덧붙여 ISO 37301:2021처럼 2021은 발행 연도/개정연도를 의미한다. 과거 ISO 9001:2008과 ISO 9001:2015가 달랐던 이유는 개정되었기 때문이다.

HLS 구조란 무엇인가?

인증할 수 있는 품질 경영 시스템 요구사항인 ISO 9001:2015은 초창기 전 세계를 거쳐 가장 많이 보급된 규격 중 하나이다. 이 규격은 매 6~7년 동안 개정을 거치면서 최근 2015년 규격으로 개정되었다. 나머지 다른 ISO 45001:2015도 변경되었는데, 기존 규격과 다른 가장 큰 변경사항 중 하나로 HLS를 꼽을 수 있다. HLS는 High Level Structure라는 것으로 번역하면 "상위 레벨 구조"이다. 경영 시스템 관점에서 보면 '표준 위의 표준'으로서 개별 표준보다 상위의 개념에서 공통되는 내용을 정리하여 따르게 하는 기본 틀Framework이다.

즉, 경영 시스템 표준을 만드는 사람들이 따라야 하는 또 하나의 내부 표준이다. 동일한 구조Identical structure로 조항의 순서와 명칭이 일치하며, 동일 핵심 본문Identical core text, 공통 용어 및 정의Common terms and definitions로 구성되어 있다. 즉, 내용과 구조상 1장(적용범위), 2장(인용표준), 3장(용어와 정의), 4장(조직 상황), 5장(리더십), 6장(기획), 7장(지원), 8장(성과평가), 10장(개선)이 모두 같은 목차와 번호 그리고 같은 용어 및 정의로 구성된 것이다.

다시 한번 쉽게 정리하면 ISO 몸통 체계의 뼈대이다. 그 뼈대의 콘텐츠(살)들이 부패(뇌물)방지, 컴플라이언스, 품질, 환경, 안전·보건 등의 성격을 다루는 것이다. 이와 마찬가지로 TC 309에서 제정한 거버넌스 측면의 부패(뇌물)방지와 컴플라이언스가 같이 묶여 통합적인 시스템을 구축 및 운영할 수 있다. 또한 기업의 기본적인 품질, 환경, 안전·보건이 묶이기 용이하다. 정보관리 차원에서는 정보보안과 개인정보 역시 통합할 수 있다.

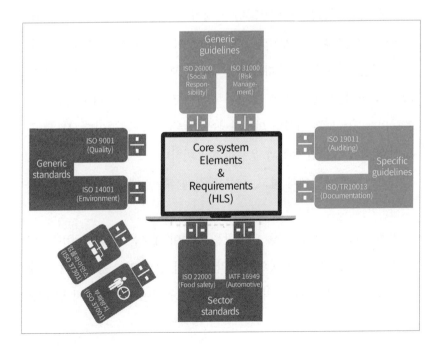

2015년을 기점으로 대부분의 경영 시스템이 HLS로 개정된 배경은 기존의 수많은 글로벌 스탠더드가 품질, 환경, 안전·보건 등이 제각각의 목차를 가지고 구성된 데 있었다. 그리고 조직의 입장에서 수립, 운용하는 데 통합 관리가 힘들다는 의견이 많았다. 또 용어가 다르게 정의와 정의가 다르게 구성된 것이다. 이를 반영하여 ISO에서 경영 시스템 표준의 제목과 구성을 어떻게 하라는 지침으로 만든 것이 바로 "ISO/IEC Directives (Part 1) Annex SL", 즉 HLS이다.

HLS로 구축하게 되면 크게 3가지 이점이 있다. 첫째는 경영 시스템 통합이 용이하여 리스크 관리 등 시스템 운영이 용이하다. 둘째는 중복 작업에 대한 노력 감소로 업무 효율성이 증대되어 여러 가지 측면에서 관리하기가 쉽다. 셋째는 경영 시스템 인증, 유지 등의 운용 비용을 최대 20%까지 줄일 수 있다는 장점이 있다.

간혹 어떤 이들은 부패(뇌물)방지 경영 시스템(ISO 37001:2016)과 컴플라이언스 경영 시스템(ISO 37301:2021)이 통합되기 힘든 표준이라고 얘기한다. 누가 맞고 다르다는 얘기가 아니다. 부패(뇌물)방지(ISO 37001:2016)는 뇌물방지에 초점이 맞추어져 있고 컴플라이언스(ISO 37301:2021)는 모든 영역의 의무사항을 다루고 있는 규격이다. HLS 구조적 관점에서 보면 통합과 운용하기 용이하다. 실제로 많은 기업에서 컴플라이언스 관점에서 넓고, 뇌물 관점에서는 깊게 조직을 관리할 수 있다.

기존 ISO 37001:2016을 인증받은 기업이 새로운 ISO 37301:2021을 별도 다른 경영 시스템으로 각각 운용할 필요 없이 통합하여 추가 적용하면 된다. 한 예로 리스크를 다루는 관점에서 기업에서 발생할 수 있는 의무식별 중 뇌물 관련 법(형법, 부정청탁 금지 및 금품 등 수수의 금지에 관한 법률, 부패방지 및 국민권익위원회와 설치에 관한 법률 등)은 모두 컴플라이언스 관점에서 다룰 수 있다. 그만큼 컴플라이언스 영역은 넓고 광범위해 포괄할 수 있다. 자세한 사항은 PART 2의 "컴플라이언스 인증제도 비교(ISO 37001:2016, ISO 37301:2021)"를 참고하기 바란다.

따라서 ISO 37001:2016은 뇌물 관점에서 깊게 리스크를 관리하고 ISO 37301:2021은 컴플라이언스 관점에서 넓고 법률 등을 식별하며 리스크를 관리할 수 있다. 통합된 경영 시스템은 같은 번호, 제목, 조항, 같은 텍스트, 용어 등으로 함께 통합·관리할 수 있다.

인증(외부)심사원이 되는 과정

지금도 생생히 기억나는 것은 어릴 적 고등학교 2학년 수업 시간에 ISO를 처음 배웠다 선생님이 말씀하신 ISO는 품질과 환경에 대한 글로벌 스탠더드로서 누군가로부터 인증 심사를 받아야 하는 것이었다. 심사를 하는 사람은 국제 인증심사원이었다. 심사원은 무언가 예의 바르고 깔끔해 보이며 많이 아는 비즈니스 전문가가 하는 것이라는 인상을 받았다. 필자와 독자가 생각하는 심사원은 그래야 한다.

그러나 과거 우리 일부 ISO 인증 심사원들은 그러하지 못했었다. 국내뿐만 아니라 전 세계적으로 널리 퍼져 있는 ISO 인증은 대부분 ISO 9001:2015(품질), ISO 14001:2015(환경)이다. 그리고 인증을 받은 기업은 대부분 중소기업이다. 이들은 정말 ISO 경영 시스템이 필요해서 인증받는 것이 아니라, 대부분 외부의 요인(대기업, 수출 등)에 의해 반강제적으로 받게 된다. 그러다 보니 심사를 쉽고 편하게 받으려 하며 가격에 대해 민감한 경우가 많다.

이해되는 것은 지금 당장 일할 사람도 없는데 ISO를 회사 시스템에 도입하여 심사받기란 쉽지 않은 일이라는 점이다. 아울러 대기업은 빨리 인증서를 받아 와야 거래를 할 수 있다는 것이다. 그리고 회사는 매출이 중요한데 심사원은 시스템을 잘 갖추라고 요구하는 것이다. 작은 회사가 운영하기 쉽지 않은 환경이다. 인증받은 모든 기업이 다 그렇지는 않지만 중소기업이 처한 환경은 녹록지 않다.

최근 인증기관의 인증 경쟁은 심해지고 심사원은 늘어나는 상황에서 초기 목적인 경영 시스템 개선은 퇴색되고 오로지 종이 인증서를 받는 것이 목적이 되는 것이다. 또 심사자의 전문성은 낮아지고 고객의 요구에 따라 심사가 운영된다. 중소기업에서 ISO 심사에 대응했던 실무자들이 향후 인증 심사원이 되는 경우가 더러 있다. 앞서 필자와 독자가 생각했던 것처럼 여러 기업을 다니다 보니 전문지식도 많을 거라는 착각과 어느 정도의 심사 일수와 수당을 받는다고 추측하여 쉽게 인증심사원이 되겠다는 것이다. 그리고 ISO 담당 실무자들은 심사자들이 의전을 받는 모습을 보고 부러웠을 것이다.

위 그림과 같이 ISO 연수기관에서 일련의 과정을 거치고 시험에 합격하면 누구나 심사원 자격을 취득할 수 있다. 그리고 일련의 참관 과정과 인증기관의 적격성 평가를 거치면 정식 심사원이 된다. 간혹 깐깐한 적격성 평가를 거치지 않은 채 제3자 심사에 투입되는 경우도 있다. 그러고는 전문가적 주의 의무와 성실성 등이 부재한 채 피심사 기업에서

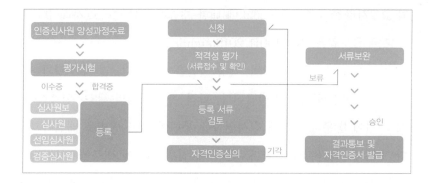

전문가라고 자부하며 심사를 한다.

마치 운전면허 학원에서 시험에 합격 후 도로 연수 등의 과정을 거쳐 초보 딱지도 떼지 않은 채 자신 있게 도로에 나와 운전을 하는 것과 같다. 그 이후로는 누군가의 안전 운전을 위해 무엇을 하겠다는 메시지나 본인 스스로 안전 운전을 해야겠다는 노력은 없다. 이처럼 심사원이 쉽게 된다는 생각은 잘못된 접근 방법이다. 심사원은 끊임없이 노력해야 하고 공부해야 하며 외교적 수완이 있는 검증된 전문가여야 한다.

그렇다면 심사원의 제도에 대해 더 자세히 알아보자. 심사원은 내부 심사원과 외부(인증) 심사원으로 나뉘며 여기서 다룰 사항은 인증 심사원이다. 인증 심사원은 외부에 심사할 수 있는 자격을 갖춘 제3자 심사원이라고 한다.

심사원은 보통 4개의 단위로 나뉜다. 인증 심사원보, 인증 심사원, 선임 심사원, 검증 심사원이 있다. 인증 심사원보는 인증 심사원 양성 과정을 수료해야 한다. 평균 4~5일 정도 경영 시스템 교육 과정에 대해 이해하고 주어진 실습과 출석을 거치면 수료증이 발급된다. 교육내용은 각 요구사항(예: ISO 37301:2021)에 대한 개념과 해설 그리고 사례이다.

모든 심사원은 ISO 19011:2018(Auditing management systems)을 거쳐 실제 심사 포인트, 기법, 각종 실습을 이해한다. 그 이후 평가 시험에 합격하면 합격증이 발급된다. 합격 이후 실제의 제3자 인증심사 시 기업에 방문하여 선배 심사원들을 통하여 심사 방법을 배워야 한다. 이것을 참관이라고 한다. 간혹 이 참관 과정에 비용을 지불하고 심사원보에서 심사원으로 만들어 주겠다는 개인과 기관은 의심해 봐야 한다.

이후 일정 참관 기간을 거치면 인증기관의 규격에 대한 까다로운 적격성 평가를 거치게 된다. 학력, 경력, 자격 등 종합적인 평가와 지식과 스킬 등을 갖췄는지 등을 관찰, 기록, 인터뷰 등으로 평가한다. 적격한 인원은 다시 인증기관의 심사원 워크숍을 통하여 제3자 심사에 배정되고 실제 심사를 진행한다.

어느 정도의 심사원 과정을 거치고 심사 경력이 쌓이면 선임 심사원이라는 적격성 평가를 다시 거친다. 이때부터는 심사팀장을 수행할 수 있는 능력을 갖추게 되는 것이다. 그리고 다시 한 단계 성장하면 검증 심사원이 된다. 검증 심사원은 다른 심사원이 수행한 심사보고서 등에 관하여 제3자로서 심사가 진행되었는지를 검증하는 과정이다.

국내에 부패방지와 컴플라이언스 심사원 과정을 동시에 진행하는 곳은 한국준법진흥원을 비롯한 약 3개의 연수기관이 있다. 연수기관은 ISO 17024(개인 자격 국제표준)에 의거 심사원 교육 및 관리기관으로서 연수기관으로 등록, 인정받아야 한다.

심사원이 되면 여러 가지 장점이 있다.

첫 번째로 필자도 위와 똑같은 과정을 거치면서 초보 심사원으로서 활동한 적이 있다. 여러 기업을 참관하고 방문하면서 많은 것을 깨닫고 배울 수 있는 계기가 되었다. 그리고 기업이 원하는 요구가 무엇인지 파악할 수 있는 좋은 학습 기회가 되었다. 심사원들은 가끔 착각한다. 반드시 전문가이자 평가자로서, 피심사 기업의 부적합을 발견하고 찾아야 한다는 것은 잘못된 접근 방법이다. 심사를 진행하면서 분명히 피심사 기업으로부터 다양한 경영기법을 배울 수 있는 계기가 된다. 경영 시스템의 요구사항의 틀 안에만 있으면 우물 안 개구리처럼 기업을 벤치마킹Benchmarking할 수 없게 된다. 오히려 심사자보다 피심사 기업이 조직과 조직 상황 그리고 이해관계자는 제일 많이 알고 있다. 이처럼 심사원은 다양한 기업을 심사하면서 많은 것을 배울 수 있는 좋은 계기를 얻는다.

두 번째로는 심사를 하면서 다른 시너지 효과를 볼 수 있다. 내가 만약 행정사, 세무사와 같은 전문성이 있다면 기업의 니즈를 파악하여 업무에 활용할 수 있는 좋은 계기가 된다. 비즈니스 관점에서 심사원 자격 하나로 생계를 꾸려 나간다는 것은 현실적으로 불가능하다. 다양한 경영 시스템 심사원 자격이 있거나 컨설팅, 강의 등 다른 전문적 능력이 있어야 한다. 실제로 심사가 주업이 아닌 부업으로 기업을 방문하여 그 산업에 속한 니즈를 파악하여 컨설팅, 강의 등 마케팅 활동을 주업으로 하는 분들도 있다. 또는 필자처럼 책을 쓸 수도 있다.

세 번째로는 조직이 갖춘 경영 시스템을 보고 배울 수 있는 점도 있지만, 글로벌 스탠더드와 매칭을 확인할 수 있다. 기업마다 상황이 다르기 때문에 이렇게 적용하여 운영할 수 있는 아이디어를 얻을 수 있게 된다. 그 아이디어를 바탕으로 우리 조직에 적용할 수 있는 롤모델을 도출할 수 있다.

이처럼 심사원이 되어 다양한 영역에서 심사 활동한 것을 바탕으로 시너지 효과를 낼 수 있다. 컴플라이언스! 이제 직장보다는 직업을 가져야 할 시대이다. 내 자신이 좋아하는 평생 할 일을 찾아야 한다.

심사원의 활동 영역은 정말 다양하다. 본인의 노력 여하에 따라 다르겠지만 여러 관점에서 본인과 기업의 역량이 높아질 것이다. 심사원 본인은 관련 기관에 대한 취업 경쟁력을 확보할 수 있을 것이다. 그리고 인증을 준비하는 조직이라면 본 시스템에 대한 정확하고 깊은 지식을 배우게 될 것이다. 그리고 제3자 심사원으로서 이해하는 것이 가능하여 시스템의 깊이를 더할 수 있을 것이다. 심사를 수행할 수 있는 자격이 주어져 제3자 심사가 가능할 것이며 심사 수당도 받을 것이다.

앞서 설명한 것처럼 필자 또한 여러 기업을 심사하면서 다양한 영역에서 많은 것들을 보고 배울 좋은 기회를 가졌다. 어느 정도 역량이 향상되면 컨설팅을 수행할 수 있는 능력이 생길 것이다. 필자 또한 강의를 준비하고 전달하면서 많이 배울 수 있었다.

심사원은 정년이 없는 직업이다. 무언가 자원을 투입할 필요가 없다. 지식 서비스 산업이다. 컴퓨터와 노트북 그리고 규격에 대한 지식만 있으면 된다. 100세 시대라는 말이 있다. 정년이 없는 직업이 심사원이다. 필자가 아는 지인은 공공기관의 감사실에서 근무하던 도중 우연히 ISO 37001:2016 심사원 자격을 취득하게 되었다. 그 이후 갑자기 명예퇴직을 통보받고 퇴사하게 되어 막막할 때쯤, 기회가 있어 심사원 활동을 하며 많은 기업을 다니면서 실무 경험과 지식을 쌓게 되었다. 이후 본인의 능력을 외부에 알리고자 후배 심사원들에게 교육과 기업과 대학의 강의 등을 하면서 영역을 확대하셨다. 그 후 컨설팅 영역을 넓히셨으며 칼럼을 쓰셨고 관련 책을 집필하게 되었다.

ISO 37001:2016과 ISO 37301:2021은 아직 미지의 영역으로 블루오션이 분명하다. 관련 전문가도 없고 개발된 자료도 많지 않다. 특히 ISO 37301:2021은 2021년도에 제정되어 많은 기업이 아직 모르고 있다. 이 부분에 대해 전문가가 되기를 추천한다.

심사원이 갖춰야 할 7가지 원칙

간혹 심사원이 부실 인증의 주범이 되기도 한다. 심사원은 기본적으로 직업윤리를 가지고 7가지 심사원칙에 근거하여 심사하여야 한다. 심사원은 운전면허를 처음 땄던 것처럼 초심을 잃지 않고 기업에게 도움이 되는 심사를 해야 한다. 필자뿐만 아니라 주변의 많은 심사원들이 심사원칙 7가지를 잊는 경우가 있어 다시 한번 소개하고자 한다.

첫째, 성실성이다. 전문가로서의 기본 원칙이다. 심사원은 정직성, 근면성, 책임감을 느끼고 심사를 수행하여야 한다. 적용 가능한 법적 요구사항에 준수하여야 하며 모든 업무 처리 시 공정하고 치우침이 없이 심사를 수행하여야 한다. 더불어 심사 판단에 영향을 미칠 수 있는 모든 사항에 민감해야 한다. 간혹 이 성실성이 부족하여 심사 시 피심사기업을 전혀 사전 준비 없이 심사하거나, 심사 시간에 늦는 경우가 있어서는 안 된다.

심사자는 짧은 시간에 많은 것을 찾아내야 한다. 미리 준비하지 않으면 안 된다. 단순히 기업에 놀러 가거나 의전을 받으려고 심사를 하는 것이 아님을 반드시 인지하여야 한다. 또한 친분 관계가 될 수 있는 이해상충이 발생하는 상황은 초기부터 배제되어야 한다. 과거의 관행적 심사는 심사원과 인증기관 그리고 고객에게 독이 될 수 있다. 모든 심사원들은 자신이 심사를 수행한 영역에서 그 책임감을 가지고 있다.

둘째, 공정한 보고이다. 진실하고 정확하게 심사팀장과 인증기관에 보고하여야 한다. 심사 발견 사항, 심사 결론 및 심사보고서는 진실하고 정확하게 심사 활동을 반영하여야 한다. 그리고 심사 시 직면한 중대한 장애를 보고하여 그 피해를 예방할 수 있어야 한다. 심사는 창과 방패가 될 수 있다. 심사팀과 피심사조직 사이에 해결되지 않는 서로 상충하는 의견을 보고하여 해결할 수 있도록 도와야 한다. 그러기 위해서는 의사소통 시 진성, 정확성, 객관성, 시의적절성, 명확성, 완전성을 가지고 임해야 한다.

실제 같은 심사팀으로 참여한 60대 심사원과 20대 피심사자가 멱살을 잡고 싸우는 상황을 피심사 기업을 통해 나중에 알게 되었다. 해당 심사원은 심사팀장과 인증기관에게 전혀 보고도 없었고 피심사자 또한 내부적으로 아무런 보고조차 하지 않았다. 심사에 목적과 원칙을 잊은 것이다. 가치부과 심사가 되어야 함에도 불구하고 조항에 근거하여 부적합의 유·무 판단에 감정싸움까지 하게 된 경우이다. 넓게 숲을 바라보지 못하고 작은 나무 한 그루에 집중한 것이다. 심사자는 의사처럼 해당 조직의 문제와 우려되는 점을 찾는 건강검진을 하여야 한다. 경찰이나 감사Audit처럼 적발하고 처벌하는 것이 목적이 아니다. 결국 인증

ESG 경영의 근간, 컴플라이언스 솔루션.ZIP

기관을 전환하는 상황까지 발생했다.

셋째, 전문가적 주의 의무Due care이다. 심사 시 근면 및 판단력을 발휘하여 심사 수행 업무의 중요성을 인지하여야 한다. 심사원에게 기대하는 신뢰에 부응하는 주의 의무를 다하여야 한다. 심사 시 갑질을 한다거나, 성희롱, 영업행위 등을 하는 몰상식한 심사원은 절대 인증기관에서 배정하면 안 된다. 간혹 쉽게 심사 자격을 취득하고 심사를 하거나, 다른 영역의 전문가가 해당 분야를 잘 알지도 못함에도 불구하고 다 아는 것처럼 심사를 진행하는 경우를 종종 본 적이 있다. 고객 앞에서 체면을 구기기 싫어하는 것이다. 선무당이 사람을 잡을 수 있다.

넷째, 기밀 유지이다. 심사원은 고객의 협조에 많은 정보를 볼 수 있는 기회가 있다. 고객의 정보는 소중하다. 무엇보다 컴플라이언스 심사는 피심사 기업의 발생 가능한 컴플라이언스 리스크를 모두 볼 수 있다. 심사 수행 시 취득한 정보의 활용 및 보호에 대하여 신중히 처리해야 함에도 일부 심사원은 고객 정보에 대해 개인적 이익을 도모하는 때도 있었다. 이 부분은 인증기관과 고객에 의한 계약 그리고 심사원과의 계약에 의해 처벌을 받을 수도 있다.

다섯째, 독립성이다. 심사의 공평성 및 심사 결론의 객관성에 기반하여야 한다. 심사원은 어느 경우에서나 심사대상이 되는 활동이 독립적이고, 모든 경우에서 편견 및 이해 상충이 되지 않도록 행동해야 한다. 그리고 심사 발견 사항 및 심사 결론이 심사증거에만 근거한다는 것을 보장하기 위하여 심사 프로세스 전반에 걸쳐 객관성을 유지해야 한다.

여섯째, 증거 기반 접근 방법이다. 체계적인 심사 프로세스에서 신뢰성 및 재현성이 있는 심사 결론에 도달하기 위한 합리적인 방법이다. 심사증거는 검증할 수 있는 기록, 사실의 진술 또는 기타 정보이다. 더불어 심사는 제한된 시간과 제한된 자원으로 수행되기 때문에 일반적으로 이용 가능한 정보의 샘플을 기반으로 수행하여야 한다. 그러나 간혹 일부 심사원 중 일부가 요구사항의 접근이 아닌 본인의 지식과 경험으로 심사할 수가 있다.

일곱째, 리스크 기반 접근법 심사이다. 심사원은 고객의 중요한 문제에 집중해야 한다. 그러기 위해서는 심사계획서, 수행 및 결과보고서에 믿을 만한 근거와 증거가 있어야 한다. 더불어 요즘처럼 COVID-19와 같은 시기에는 원격심사가 가능할 수 있다.

이러한 7가지 원칙을 어기고 심사하는 경우는 부실인증을 발생시키며 인증의 신뢰성에 악영향을 미친다. 따라서 처음 운전대를 잡는 마음으로 반드시 7가지 원칙을 가지고 심사 업무를 수행하여야 한다.

다음은 심사원의 개인적 태도를 소개하고자 한다. ISO 19011:2018의 7.2.2를 참고하면 아래와 같다.

1. 윤리적: 공정, 정직, 진실, 솔직 및 분별
2. 개방적: 대안적 방법이나 관점을 고려하려는 의지
3. 외교적: 사람을 대하는 솜씨
4. 관찰력: 물리적인 주위 상황 및 활동을 적극적으로 관찰
5. 통찰력: 상황을 인지하고 이해
6. 적응성: 다른 상황에 쉽게 적응

7. 끈기: 목표 달성에 꾸준하게 집중

8. 결단력: 논리적 이유 및 분석에 근거하여 시의적절한 결론에 도달

9. 자립적: 다른 사람들과 효과적으로 상호작용을 하면서 독립적으로 활동하고 역할 수행

10. 의연하게 행동함: 심사 활동이 인기가 없고 때때로 의견 불일치 또는 대립을 초래할지라도 책임감 있고, 윤리적으로 활동

11. 개선 수용력: 상황으로부터 배우려는 의지와 더 좋은 심사 결과를 얻으려는 노력

12. 문화적 민감성: 피심사조직의 문화에 유의하고 존중

13. 협력적: 심사팀원 및 피 심사조직을 포함한 다른 사람들과 효과적인 상호작용

심사원의 태도는 중요하다. 무엇보다 신뢰성 있는 인증심사를 하기 위해 위의 태도는 기본 중 기본일 것이다. 심사원은 무엇보다 심사 시 충분한 경청을 해야 한다. 심사는 영어로 Audit이다. Audit는 '듣다'라는 뜻의 라틴어 audire로부터 유래되었는데, 서면보고보다는 구두보고가 중심을 이루었던 고대사회에서 감사(심사)관들은 공직자의 구두보고를 듣고 그 정확도와 신뢰도를 파악했기 때문이다.

간혹 심사를 가서 강의를 하고 오는 경우가 있다. 커뮤니케이션이란 말을 잘하는 것이 아니라 잘 듣는 것이다. 심사는 입으로 하는 것이 아니라 귀로 하는 것이다. 사람의 뇌는 말을 하면서 다른 생각을 할 수 없는 구조이지만, 듣고 있을 때는 여러 가지 생각을 할 수 있다. 즉, 말을 하게 되면 단순연산밖에 못 하지만 듣고 있을 때는 다중연산을 하게

되어 피심사자의 논리의 취약성을 찾아 요구사항에 의거 발견사항을 쉽게 찾을 수 있다. 그래서 커뮤니케이션 능력이 뛰어난 사람이 심사도 잘할 수 있다.

COVID-19 영향에 따른 심사 절차

국내 COVID-19 첫 확진자가 2020년 1월 20일 발생(우한에서 입국한 중국인)하였다. 7일 후 정부는 감염병 위기 경보 수준 '주의'에서 '경계'로 상향하고 중앙사고 수습본부를 가동하였다. COVID-19로 인하여 모든 것이 멈추게 되었고 지금도 멈춰 있다. 그중 COVID-19의 영향으로 심사 또한 온라인으로 위축되고 중단되었다. 심사가 중요한 것이 아니라 사람이 죽고 사는 문제이다. 기업들은 발생 가능한 리스크와 영향을 최소화해야 한다. 그래서 피심사기업들은 물리적 대면 방식이 아닌 비대면을 선호한다.

지금도 많은 기업과 인증기관은 서로 리스크를 줄이고자 노력하고 있다. 감사와 마찬가지로 심사는 기준이 충족되는 정도를 결정하기 위하여 객관적인 증거를 수집하고 객관적으로 평가해야 한다. 즉 정보 출처Source of information를 적절한 샘플링 수단에 의해 수집해야 한다. 이러한 대체적 절차를 모색하는 것이 비대면 심사이다. 심사를 취소하지 않아도 되는 것이다. 그리고 물리적으로 심사원이 방문하지 않아도 된다.

그 기준이 ISO에서도 있다. IAF MD 4:2018이다(IAF Mandatory Document for the Use of Information and Communication Technology ICT for Auditing/Assessment Purposes). 즉, 인증심사 및 인정평가에의

정보통신 기술을 활용해야 한다는 것이다. 본 기준에 의하면 '정보통신이 지속해서 고도화되면서, 심사 프로세스의 완전성을 유지하면서도 심사의 효과성과 효율성을 최적화하기 위해서는 정보통신기술을 사용할 수 있다'는 것이다. 즉, 심사의 안전과 지속가능 시스템을 유지할 수 있다.

비대면 심사 장비로는 스마트폰, 휴대폰, 노트북, 컴퓨터, 드론, 비디오카메라, 착용기술, 인공지능 등과 같은 소프트웨어와 하드웨어가 동시에 쓰일 수 있다. COVID-19와 같은 시기에 비대면 심사에 맞는 기준이다. 그래서 이미 글로벌 기업들은 이 방법을 활용하여 다양한 심사를 하고 있다. 실제로도 드론을 이용하여 위험 지역을 심사하는 경우도 있다. 이처럼 외부 인원이 사업장 방문이 어려운 경우(위험지역, 거리 격차, 환경 영향, 재택근무자 등)에서 다양하게 사용하고 있다. 이로 인해 시간, 경비 등을 줄 일 수 있어 지속가능한 시스템 유지가 가능해진 것이다. 더불어 ESG처럼 방문을 위한 탄소 배출량을 감소할 수 있을 뿐만 아니라 전 세계 어디서든 심사의 안전성을 확보할 수 있다.

그러나 비대면 심사에 대한 단점도 있다. 서로 보안 및 기밀 유지 위반이 발생할 수 있는 요소가 다분하다. 녹화 또는 캡처 등으로 기업의 리스크가 전산 자료화될 수 있다. 필자 또한 비대면 심사를 경험한 결과, 커뮤니케이션 질적 저하가 발생하였고 심사의 정보 획득에 분명한 한계가 있었다. 더불어 기존 심사 대비 시간도 증가되었다.

여기서 심사뿐만 아니라 비대면 강의는 강사를 지치고 힘들게 한다. 처음에는 혼자 모니터를 보고 강의하는 게 익숙하지 않았으나 이제는 어느 정도 익숙해졌다. 그래도 비대면 강의를 하고 나면 지치기는 매한가지다. 마치 온라인 강의를 할 때 발가벗고 강의하는 느낌이다. 표정과 제스처 그리고 피드백을 전혀 받을 수 없는 상황이기에 그들이 무슨 생각을 하는지 전혀 읽을 수가 없다. 듣고 있는 교육생에게도 교육에 대한 질적 저하는 분명하다.

이에 비대면 심사 프로세스를 다음과 같이 소개하고자 한다. 먼저 심사 방법을 선택해야 한다. 대면과 비대면 방식 중 어떤 방법으로 심사할지를 피심사 기업과 인증기관은 결정해야 한다. 비대면 방식으로 결정되었다면 일정과 범위를 조율하고 비대면으로 인한 리스크에 대하여 안전장치로서 관련 서약과 계약서가 이뤄져야 한다. 심사원과 기업은 관련 프로그램을 설치하고 서로 연결하면 된다. 그 이전에 기업은 심사자에게 미리 이메일 등으로 관련 자료를 전자문서 형태로 보내야 한다.

인증기관은 관련 신청서를 보내고 받은 자료를 토대로 비대면 심사시 발생할 수 있는 사전 리스크 평가를 한다. 그리고 심사원은 대면심사처럼 동일하게 심사 프로그램을 수립, 실행, 체크, 조치하는 절차를 밟아야 한다.

향후 4차 산업혁명과 이러한 COVID-19 등으로 인하여 ICT를 이용한 비대면 활동은 계속될 것으로 본다. 그리고 필자의 비대면 강의처럼 우리는 이미 익숙해져 가고 있다. 최근 방역지침 완화로 일상을 회복하고 있지만 2~3년 동안 익숙한 방식을 바꾸는 데도 많은 시간이 걸릴 것이다.

미래는 홀로그램Hologram, 메타버스[11]처럼 디지털로 무장한 무한한 가상

공간에서 컨설팅, 심사, 강의, 인증이 가능해질 것이다. 그러기 위해 무엇보다 중요한 것은 보안 및 기밀 준수가 철저해야 한다는 것이다. 한 번의 실패로 가장 큰 피해를 볼 수 있는 것은 보안이기 때문이다.

---

11 '가상', '초월'을 뜻하는 'Meta'와 '우주' 또는 '현실 세계'를 의미하는 'Universe'가 결합한 것으로, '가상의 현실 세계'를 뜻한다.

인증 추진 프로세스·필요성 및 효과

인증과 컨설팅, 소요 기간과 비용

대부분 ISO 인증 제도는 뭔가 어렵고 복잡하다고 생각한다. 그래서 ISO 인증을 추진하거나 받은 기업에서조차 ISO에 대해 모르는 경우가 많다. 그렇기 때문에 대부분의 조직에서는 컨설팅을 받는다. 그러나 인증과 컨설팅은 함께하기 어려운 구조이다. 인증이라는 것은 신뢰성, 공평성을 담보해야 하기에 반드시 독립적으로 분리되고 수행돼야 한다. 자세한 내용은 부실인증에서 다루기로 한다.

부패방지 경영 시스템 구축과 같은 컨설팅과 인증 문의 시 소요기간 및 비용에 대해 물어본다. 범위(인원, 사업장, 소재지 등)에 따라 명확히 정할 수는 없지만, 평균 컨설팅의 경우 5~9개월 정도가 대부분이다. 기존에 조직에서 운영하고 있던 프로세스를 접목하여 시스템을 구축하는 경우도 있다. 하지만 시스템을 짧은 단기간에 임팩트 있게 수립하여 부패방지 프로세스의 결과물을 만들기란 쉽지 않은 일이다. 적어도 1년 이상은 시스템에 대한 문제점을 분석, 검토하고 그 결과를 보고

하는 성과 프로세스가 나와야 하기 때문이다.

특히 ISO 37301:2021은 이제 막 개발된 시스템이기 때문에 관련 전문가가 드물다. 기존 컴플라이언스 관련자들은 과도기를 거쳐야 할 것이고 시스템에 대한 전문성을 길러야 한다. 간혹 이 시스템에 대해 전문가라고 말하는 사람들이 있다. 단순히 말로 일하고 지적하는 것은 쉬우나 직접 해당 조직에 맞춤형 컴플라이언스 경영 시스템을 만들고 개선하기란 쉽지 않은 시스템이다.

시스템을 개발할 때 방법은 다양하다. 기존 ISO처럼 반드시 매뉴얼, 절차서, 지침서로 개발될 필요는 없다. 매뉴얼과 절차서 등으로 만들면 단기간에 맞춤이 가능한 반면, 다른 시스템이 생겨 중복 또는 혼선이 올 수 있다. 또 다른 방법은 기존에 가지고 있던 사내규정과 접목하거나 준법 통제기준에 이상적으로 맞추는 것이다. 하지만 사내규정을 이사회 또는 정부 등 동의 없이 고치기는 쉽지 않다. 기간과 비용이 추가 소요될 수도 있다.

시스템을 구축하는 주체에는 내부 및 외부가 있다. 우선 내부 담당자가 직접 구축하는 것이다. 조직의 담당 실무자가 교육을 받거나 직접 공부하고 시스템을 구축하는 경우가 일부 있다. 필자는 할 수 있다면 이 방식을 추천한다. 조직의 내부 상황은 해당 실무자가 제일 잘 알 것이다. 내부 상황을 잘 알기에 시스템을 무엇보다 알맞게 구축할 수 있다. 쉽게 말해 몸에 맞는 옷을 입을 수 있다. 남이 해 주면 남의 것밖에 되지 않는다. 맞는 옷을 입을 수 없다. 그리고 직접 구축하고 운영해 봤기 때문에 누구보다도 심사에 잘 대응하고 문제점을 개선할 수 있다.

하지만 실무자가 단기 교육을 받고 시스템을 구축하기란 쉽지 않다. 고유의 업무가 있을 수 있고 보고 과정에서 내부에서 신뢰의 충돌이 생길 수 있기 때문이다. 또 경영 시스템에 대한 충분한 이해와 관련 툴Tool을 개발하기란 쉽지 않은 일이다. 그래서 대부분 외부의 컨설팅 기관을 찾는다.

현재 ISO 37301:2021에 대해 전문적인 컨설팅을 할 수 있는 기관은 드물다. 시스템을 정확히 이해해야 한다. 말로 하는 컨설팅이 아니라 실무적으로 기업에 도움이 되는 컨설팅이 되어야 한다. 향후 컨설턴트가 없어도 시스템이 운영될 수 있는 컨설팅을 해야 한다. 비용 또한 저렴한 컨설팅이 아닌 정상 가격의 고급 맞춤 컨설팅이 필요하다. 컨설팅과 인증 비용은 정액제가 아니므로 정해진 기준 가격이 없다. 용역 서비스 사업이기에 상호 신뢰로 비용은 결정된다. 간혹 저렴한 컨설팅과 인증 비용을 제안한다면 의심해 봐야 한다. 특히 컴플라이언스 컨설팅은 쉽게 아무나 할 수 없다.

컨설팅에서 무엇보다 어려운 것이 컴플라이언스 의무사항과 리스크를 식별하는 일이다. 판사, 변호사와 같은 법률 지식이 높은 전문가도 리스크를 식별하기란 쉽지 않은 일이다. 컴플라이언스 법률의 범위를 해당 산업에 맞는 특정 법률로 정하여 범위를 설정하고 시스템을 구축하는 컨설턴트가 있다. 이는 컨설턴트 입장에서 어렵지 않게 시스템을 구축하고, 고객 입장에서는 쉽게 경영 시스템 인증을 받는 것이다. 그러곤 '우리 조직은 컴플라이언스 인증을 받았고 윤리·준법을 잘 지키는 기업입니다.'라고 한다.

컴플라이언스는 의무사항을 다하는 것이다. 넓은 컴플라이언스 중 법률 하나만 보더라도 어느 하나의 법法만 지켜야 하는 것이 아니다. 시스템을 설계하는 과정 중에 건물을 세운다고 생각하면 좋다. 건물을 세울 때 아무나 건설 공사에 투입하고 저렴한 자재와 짧은 공사 기간 그리고 특정 항목을 제외한 공사 등이 된다면 우리가 기억하는 사고가 기업에서 일어날 것이다.

인증의 경우 최초심사는 1단계(문서)로써 시스템의 준비상태를 점검하는 주관부서의 심사가 진행된다. 전체 투입되는 심사의 평균 20%의 심사원이 투입된다. 2단계(사무소) 심사는 시스템의 이행상태를 확인한다. 각 현업부서의 복수와 지원사업장의 전 부서를 대상으로 심사한다. 심사의 평균 80%의 심사원이 투입된다. 이 모두 당연히 부적합이 있고 문제가 있다면 인증을 받을 수 없다.

이것도 명확히 정할 수는 없지만, 평균 인증의 경우 1개월이 소요된다. 비용 또한 저렴한 경우 저렴한 심사원이 투입될 공산이 크다. 컴플라이언스와 관련된 심사는 법률Legal 마인드가 필수적이다. 그리고 추가적인 전문성이 요구되어야 한다. 인증 역시 간혹 저렴한 비용으로 쉽게 하는 곳이 있다면 의심해 보기 바란다.

간혹 오해하는 경우가 있다. 인증받은 기업에서 사고가 나는 경우이다. 기업이 부패방지 경영 시스템을 도입한 목적과 사건·사고 원인에 대한 시점의 차이다. 특히 제약회사의 경우, 과거에 발생했던 제약회사와 전문 의료인 간의 불법 리베이트 이슈 사건에 대한 재판의 결과가 최근 들어 나와 언론에 보도되면서 다시 한번 손가락질을 받는 경우이다.

부패방지 경영 시스템을 제일 많이 도입한 산업은 제약이다. 이 산업은 다른 산업과 많이 다른 점을 가지고 있다. 의사결정 과정에서 의료인이 절대적 권한을 가지고 있기 때문이다. 구조적으로 부패가 발생할 수 있는 구조이다. 조직마다 사건·사고가 없는 기업이 없겠지만 제약산업은 최근 많은 변화를 겪고 자정 노력을 하고 있다. 이에 과거 사건이 지속적 재판의 결과로 이어지고 그 와중에 해당 조직의 부패방지를 노력하고 있는 과도기인 것이다.

기업이 부패방지 시스템을 갖췄다는 것은 ISO 경영체제에 대하여 적합성 기관(인증기관)임을 확인하는 것이지, 부패가 없음을 보장하는 것이 아니다. 즉, 적합한 사람이 운전면허 학원에서 시험에 통과하였고 도로 연수 과정을 잘 마쳐서 운전면허증이 나온 것이다. 적합하게 인증받았다는 건 시스템을 국제표준에 갖추었다는 것이다.

인증을 왜 취득하느냐고 묻는다면 필자는 '기업의 스펙 쌓기'라고 말하고 싶다. 요즘 학생, 회사원 등 할 것 없이 무한경쟁과 바늘구멍보다 좁은 취업 때문에 학력, 학점, 자격증, 인턴 경험, 어학 등 다양한 스펙이 있어야 취업을 할 수 있다. 기업도 가만히 앉아 있는다고 해서 도와주지 않는다. 미리 준비하고 대응해야 기회가 주어진다. 기업도 법인法人으로서 인격체를 가지고 있다. 기업의 스펙을 높이는 데 있어 ISO가 도움을 줄 수 있다. 낮은 스펙보다는 높은 스펙이 유리할 것이다.

ISO 37001:2016의 경우 지금까지의 부패방지 솔루션 중에서 가장 잘 만들었다고 전문가들은 말한다. 전 세계 전문가들이 약 6년 이상의 기간 동안 고민 끝에 부패방지에 대한 세계적 모범기준Best practice으로 만든 국제적 표준이다. ISO 37001:2016 원문에서도 모든 부패를 예방하고 탐지할 수 있는 시스템은 불가능하다고 한다. 목적 자체가 사전 예방 차원인 것이다.

여기에 세계에서 가장 강력한 부패방지법 중 하나인 영국 뇌물방지법Bribery Act의 지침을 반영하여 만들었다. 부패방지 경영 시스템과 같은 인증을 받았다는 것은 우리 조직이 문제가 없다는 것이 아니다. 부패방지에 대해 우리 조직이 최선을 다해 앞으로 잘하겠다는 것이다. 즉, 인증을 받았다고 끝난 것이 아니다. 이제 윤리·준법을 시작하겠다는 것이다.

경영 시스템 인증의 이점을 각 이해관계자별로 구분

먼저, 컴플라이언스 프로그램CP에 관한 미국 법무부의 유권해석을 들고자 한다. 경영진은 기업의 이슈에 대비하기 위해 모든 적용 가능한 형사법, 민사법, 기타 각종 법규에 따라 부정행위를 예방, 적발 등의 '상당한 주의'의 노력하였음을 입증 및 보장하기 위해 CP를 구축해야 한다. 더불어 기업이 자체적으로 발견한 문제를 미 법무부에 자진 신고하는 것을 포함하여 자체 감찰할 것을 장려하고 있다.

이에 따라 대부분의 미국 기업 그리고 미국과 거래하는 글로벌 기업은 효과적인 CP 구축에 대한 적합성에 대한 입증이 필요하여 제3자를 통한 컴플라이언스 검증(인증)을 받을 것으로 예상된다. 특히 사후적 대응 과정에서의 CP는 법인격이 있는 조직의 제재 리스크를 최대한 최소화할 수 있고 입증 가능한 그간의 CP 이행과정을 소명함으로써 당국으로부터 정상참작을 받을 수 있도록 하고 있다.

이처럼 효과적인 컴플라이언스 경영 시스템은 조직의 리스크를 사전에 예방할 수 있는 자발적인 통제장치이다. 그리고 사정기관査定機關[12]에서는 당근과 채찍으로 컴플라이언스 중요성을 기업에게 알리고 있는 추세이며 입법화를 확대해 나가고 있다.

많은 기업에서 이슈가 발생하고 있다. 이 책을 쓰고 있는 오늘도 대규모 횡령 사건은 또 터졌다. 내부통제 장치가 없어서가 아니라 제대로 작동하지 못해서 발생하고 있다. 누군가로부터 정기적인 반부패·준법 건강검진을 받는다면 최소한의 발생 가능성은 예방할 수 있다. 이에 아래와 같이 컴플라이언스 경영 시스템 인증을 받았을 경우 각 이해관계자별 이점에 대해 소개하고자 한다.

1. 일반 소비자 또는 거래처

- 인증받은 기업이 정확한 구조에서 글로벌 스탠더드를 실행하고, 이를 통해 해당 경영 체제의 신뢰감을 얻을 수 있는 거래 관계의 투명성이 강화될 것이다.
- 소비자는 합리적인 품질과 서비스가 제공되고 있음에 대해 안심할 수 있다.
- 거래처는 공급망에 대한 안정성을 확보받을 수 있다.

---

12 어떠한 것에 대하여 조사하거나 심사하여 결정하는 기관

– 최근 화두가 되고 있는 ESG를 직극적으로 실천한 기업으로 이해하여 소비와 거래의 신뢰성에서 긍정적 효과를 얻을 수 있다.

2. 인증받은 기업

– 선진화된 시스템으로 법률 위반 리스크를 사전에 예방 또는 감소시킬 수 있다.
– 윤리적 기업으로 간주되어 자사의 브랜드 가치를 높일 수 있다.
– 인증을 받은 기업은 내·외부 실사 또는 감사를 대체될 수 있다.
– 국내외 관련 법률의 양벌규정과 양형에 참작 사유로 적용 가능성이 있다.
– 인증을 받는다는 것은 문서나 마크로 표시함으로써 일반 소비자 또는 거래에게서 조직의 신뢰성을 입증할 수 있는 것이다.
– 정기적인 인증심사를 통해 경영 시스템을 지속해서 유지할 수 있어 문제점을 사전에 찾아 개선할 수 있다.
– 조직에 신입 또는 경력사원이 입사하여 아무것도 모르는 업무들을 매뉴얼, 절차서, 지침서 등으로 기본 업무에 적용하고 익힐 수 있다.
– ESG 평가항목의 모든 부문의 우수한 평가 결과를 기대할 수 있다.
– 기업의 신뢰성 및 조직 가치를 향상시켜 외부 투자유입이 가능하다.
– 우리 조직이 준법 및 윤리경영을 실천하고 있다는 것을 간접적으로 입증 증거자료로 활용할 수 있다.
– 경영진들은 항상 불안하다. 이 불안감을 컴플라이언스 내부통제 관점에서 해소할 수 있다. 불안不安한 것보다는 불편不便한 것이 낫다고

생각하는 것이 경영진이다. 불편하다고 하더라도 보험을 들고 세이프 존으로 들어가야 한다.

- 입찰 참여 시 규정 준수 요구사항에 충족하여 적격성 근거자료로 활용할 수 있을 것이다.
- 컴플라이언스 운영은 사업 활동의 전제조건화 추세에 부응하여 지속가능한 성장에 기여하는 등 수많은 사업 기회가 확장될 것이다.
- 경쟁사에 대한 비교 우위가 될 것이다.

3. 조직원들

- 조직원들은 시스템을 통해 우리 조직의 컴플라이언스 미준수에 대한 리스크를 사전에 진단해 볼 기회가 생긴다.
- 자체 컴플라이언스 수준 진단이 가능하여 업무 투명성 제고를 높일 수 있다.
- 조직원들은 규정준수에 대한 동기부여와 인식도가 향상되어 몰라서 못 지키는 경우가 생기지 않는다.
- 우리 조직이 좋은 회사라고 대내외 공표하여 좋은 자원이 투입될 것이다.

4. 국가

- 미·중 무역전쟁과 같이 자유무역보다는 미국과 같은 보호무역주의가 더 심화될 것으로 예상하기에 ISO 인증은 필수적 요소가 될 것이다.
- 기업들에 대한 규제 비용이 절감되며 행정력 낭비를 막을 수 있다.

ESG 경영의 근간, 컴플라이언스 솔루션.ZIP

- 부패인식지수CPI와 같은 국가 반부패 신뢰도가 높아진다.
- 법위반을 감소시켜 제품 및 서비스에 대한 신뢰도가 증가하고 국가 안전망을 구축할 수 있다(국가 신용평가 우수 등급 예상).
- 수출장벽 극복으로 한국의 경쟁력이 강화될 것이다.

5. 글로벌(ESG 관점)

※출처: 유네스코한국위원회 홈페이지

- ISO는 UN SDGs(지속가능 개발목표)와 연계하여 목표를 공동 추진하고 있다. 2030년까지 지구의 지속가능한 발전을 달성하기 위해 17가지 주목표와 169개 세부 목표를 세우고 UN 회원국 모든 국가는 이를 이행하기로 합의하고 약속한 공동의 목표이다. 따라서 컴플라이언스 경영 시스템은 17가지 목표에 대부분 해당되어 이행률을 높일 수 있다. 단적인 ESG 관점에서 보면 전 세계가 반드시

해결해야 할 과제들 중 가장 중요한 환경(E) 문제에 대해 관련 법, 규정, 인허가 등을 지켜 지구 환경을 보호할 수 있다. 환경문제를 해결하지 못하면 지구는 존재할 수 없다. 단순한 예로 기후만 보더라도 엄청난 영향이 현재 미치고 있다. 사회(S)와 관련된 여러 가지 인권, 노동, 고용, 안전·보건 등을 지키고 예방할 수 있다. 마지막으로 거버넌스(G)는 부패인식지수, 기업의 윤리경영 활동, 투명한 정보공개로 지속가능한 성장을 도울 수 있다.

ESG 경영의 근간, 컴플라이언스 솔루션.ZIP

3

ISO 37301:2021 인증기관 및 절차

ISO 37301:2021을 인증할 수 있는 국내 인증기관으로는 한국준법
진흥원KCI을 비롯하여 약 6개의 기관이 있다. 그중 3개 기관이 많은 실
적을 보유하고 있고 나머지 기관은 저조한 편이다. 필자는 인증기관을
의심해 보라고 말하고 싶다. 쉽고, 편하고, 저렴하게 인증하는 기관은
종이 장사를 하는 기관이다.

인증기관은 아래의 요건을 모두 충족하고 인정기구Accreditation body로
부터 인정받아야 한다.

- ISO 37301:2021(Compliance management systems − Require-
  ments with guidance for use)
- ISO/IEC 17021−1:2015(Conformity assessment − Requirements
  for bodies providing audit and certification of management
  systems − Part 1: Requirements)

- ISO/IEC TS 17021-13:2021(Conformity assessment - Requirements for bodies providing audit and certification of management systems - Part 13: Competence requirements for auditing and certification of compliance management systems)

위 요구사항을 갖춘 인증기관은 제3자 인증을 할 수 있어 공신력 있는 인증 서비스가 제공된다. 위 ISO/IEC 17021-1:2015는 경영 시스템 인증기관이 반드시 준수해야 할 요구사항으로 원칙(4항), 일반 요구사항(5항), 조직 구조에 대한 요구사항(6항), 자원에 대한 요구사항(7항), 정보에 대한 요구사항(8항), 프로세스에 대한 요구사항(9항), 인증기관의 경영 시스템에 대한 요구사항(10항)으로 인증기관의 역할과 책임을 자세히 다루고 있다. 간혹 이 요구사항을 갖추지 않은 인증기관은 의심해 보길 바란다. 국제인정기구 포럼International Accreditation Forum(IAF) 홈페이지(www.iaf.nu)를 참고하기 바란다.

각 인정기구에 등록된 인증기관은 각 기관의 특징을 가지고 있다. 그중 미국 IASInternational Accreditation Service 인정기구에 등록된 한국준법진흥원은 윤리·준법을 중점으로 인증 서비스를 제공하고 있다. 특히 컴플라이언스 모국의 장점을 살려 미국 IAS에 등록하였으며 강력한 해외부패방지법인 FCPA 등에 대한 신뢰성 있는 인증 서비스를 제공하고 있다. 이는 기업의 효과적인 컴플라이언스 프로그램ECCP을 입증할 수 있을 뿐만 아니라 수출주도형 기업에 방향을 제시하는 것이다. 또한, 글로벌 ESG 평가기관(미국 MSCI, DJSI 등)으로부터 신뢰성을 입증 제시할 수 있다.

ESG 경영의 근간, 컴플라이언스 솔루션.ZIP

ISO 경영 시스템은 CP 등급평가와 달리 연속적인 측면이 있다. 인증에서는 최초심사 후에도 매년 1회 이상의 심사(사후심사)와 매 3년의 주기적 전면적인 심사(갱신심사)를 받아야 한다. 이로 인해 조직의 경영 시스템이 계속해서 국제표준에 적합하고 유효하고 유지되고 있음을 입증받는 것이다.

구분	최초심사	사후심사(Ⅰ)	사후심사(Ⅱ)	갱신심사
의미	요구사항 확인	지속적으로 이행되고 있음을 검증하고, 변경사항에 대해 검토하는 과정 (요구사항의 지속적 적합 여부 확인)		시스템 개선 및 유효한 운영 여부 심사
기한	–	(최초) 인증 날짜 기점 1년 이내		(최초) 인증 날짜 기점 3년 이내
절차	1단계(문서) 2단계(사무소)	2단계(사무소)	2단계(사무소)	2단계(문서, 사무소)
심사 범위	인증범위 전체	최초 1/3	최초 1/3	최초 2/3 (나머지)
심사 목적	적합성 심사	효과성 심사		지속적인 적합성 및 효과성
비고	부적합 시 인증 심사 불가	미실시시 인증정지, 반납 유지기간 중 이슈 등 발생 시 특별심사 대상 인증범위 확대심사		

최초심사는 1단계(문서심사)와 2단계(사무소 심사)로 나뉘며 시스템의 적합성과 효과성을 주로 확인한다. 심사 범위는 전체를 대상으로 심사를 진행한다. 사후심사는 최초심사의 1/3로 이뤄지며 정기적인 인증의 유효성을 심사한다. 이때 시스템이 지속적으로 이행되고 있음을 검증하고, 변경사항에 대해 검토하는 과정이다. 즉, 요구사항의 지속적 적합 여부를 확인하는 것이다. 다시 3년째 되는 갱신심사는 경영 시스템의 지속적인 적합성 및 효과성 그리고 인증범위에 대한 적절성 및 적용성을 확인한다.

부패방지와 컴플라이언스 인증은 예방 차원에서 인증을 받을 필요성이 있다. 인증받은 기업에 1년에 한 번씩 컴플라이언스, 부패방지 건강검진을 받으면서 제3자의 전문적인 기관에 의해 기업의 문제점을 찾아내고 개선하여 아픈 곳을 찾아낼 수 있는 것이다. 그리고 아픈 곳을 치료하여 건강한 지배구조 경영 시스템을 만들 수 있다. 다만 필자가 주장하는 것은 인증이 목적이 되어서는 안 된다는 것이다. 부패방지와 컴플라이언스 같은 좋은 제도를 조직의 비즈니스 운영 수단으로서 기업에 도움이 될 수 있도록 유지하여야 한다.

대략적인 인증신청 절차는 다음과 같다.

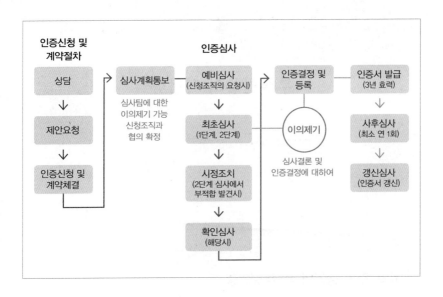

인증신청 및 계약절차	인증심사

인증신청 및 계약절차

상담
↓
제안요청
↓
인증신청 및 계약체결

인증심사

심사계획통보

심사팀에 대한
이의제기 가능
신청조직과
협의 확정

예비심사
(신청조직의 요청시)
↓
최초심사
(1단계, 2단계)
↓
시정조치
(2단계 심사에서
부적합 발견시)
↓
확인심사
(해당시)

인증결정 및 등록

이의제기

심사결론 및
인증결정에 대하여

인증서 발급
(3년 효력)
↓
사후심사
(최소 연 1회)
↓
갱신심사
(인증서 갱신)

4

부실인증의 위험성

윤리·준법 경영의 적, 부실인증

부실인증은 국제기준 및 절차를 위반하는 것이다. 무엇보다 부실인증의 가장 큰 피해자는 인증을 받은 기업이다.

우리나라는 1963년 국제표준화기구ISO 회원국에 가입한 이후 국제표준화의 기반을 확충해 나가고 있다. 다만 과거와 현재 일부 ISO 관련자들은 인증제도를 돈벌이 수단으로만 추진하여 쉽고 편한 종이 인증서로 활용한다. ISO 9001:2015를 시작으로 인증이라는 제도가 국내에 도입된 이래 ISO 인증 수요는 기업 경쟁력 수단으로 1990년대 폭발적으로 증가하였다. 대기업은 수출과 공급망 관리를 위해, 중소기업은 대기업에 제품을 납품하기 위한 거래 요구조건으로 필수 사항이 되었다.

과거 중소기업이 은행에서 대출을 받을 때 ISO 인증서가 있으면 금리감면의 혜택을 주었던 시절도 있었다고 한다. 놀라운 것은 지금 2022년 ESG도 마찬가지이다. ESG 경영을 실천하고 해당 기관에 등록

하면 대출금리와 수수료 감면 등의 혜택이 주어진다.

생각해 보면 중소기업은 인증을 취득하기 어려운 구조이다. 소규모의 인력과 생산과 서비스를 하기에도 바쁘기 때문이다. ISO 시스템을 체계적으로 구축하여 동료 직원과 이해관계자에게 용어도 어려운 ISO 교육을 하며 목표를 세우고 전략을 운운하기란 쉽지 않은 일이다. 분명 ISO는 기업이 생산하는 제품이나 품질이나 사업장의 환경을 지속해서 개선할 수 있는 글로벌 표준 경영체제임은 분명하다(ISO 9000:2015 및 ISO 14000:2015).

필자는 종종 준법(ISO 37301:2021), 부패방지(ISO 37001:2016) 경영체제에 대해 중소기업에게 설명할 기회가 종종 있다. 이를 설명할 때 필자는 경영 예술이라고 생각하는데, 그들은 그냥 종이 인증서만 요구하는 경우 안타까울 때가 있다. 인증 비용을 터무니없는 가격에 요청하거나 빠르고 쉽게 인증하는 등 부실인증을 요청할 때가 있다. 그리고 그 요구에 충족하지 못할 경우 충족하는 다른 인증기관을 선택할 때는 인증 현실에 좌절하게 된다.

물론 비용이 낮다고 하여 부실인증이라고 언급하는 것은 아니다. 비용이 낮은 만큼 인증기관에서는 비용을 줄이기 위해 심사 서비스가 제한될 수밖에 없다. 인증을 신청하는 모든 기업의 비용은 신청 기업으로부터 발생하며 그 영향력을 행사할 수 있기에 반드시 부실인증이 따른다. 그래서 인증은 공급자와 수요자 간 필요한 신뢰를 담보로 하는 매개체 역할을 한다. 이 매개체 역할을 깨뜨리는 것이 부실인증이다.

부실인증으로 발생하는 경제적 손실 효과는 만만치 않을 것이다. 인증의 범위에 있는 인적, 지리적, 사업적 등 모든 범위에서 심사를 받아야 한다. 한 예로, 아무것도 모르는 조직원들이 귀한 업무 시간에 앉아서 교육을 들어야 하고 리스크 평가와 목표를 설정하고 그에 따른 전략과 통제 방향, 실사, 모니터링 그리고 내·외부 심사를 받아야 한다.

다양한 자원을 가지고 체계적으로 경영 시스템을 수립하고 운영할 대기업과 같은 조직은 그리 많지 않다. 실제로 대한민국의 대기업은 채 1%도 되지 않는다. 대부분이 중소기업이다. 그들은 원해서 인증을 받고 시스템을 운영하는 것이 아니라 외부의 요인(대기업의 요청)에 의해서 인증을 받는다. ISO 9001:2015, ISO 14001:2015와 같은 인증은 대부분 중소기업이 취득하였다.

인증은 양날의 칼이다

모든 인증제도는 부실인증의 위험성이 반드시 따른다. 그리고 대부분의 인증제도는 기업이 자발적으로 인증을 신청한다. 그 비용은 기업으로부터 발생한다. 따라서 부실인증에 대한 본질은 자발적으로 인증 신청한 기업의 의지 없는 시스템 구축과 그것을 쉽게 돈벌이로 인증하는 인증기관의 이상적 동의가 이뤄 낸 결과물이다. 인증을 받고자 하는 기업은 편하고 쉽게 받고 싶어 하나, 동종업계는 어렵고 힘들게 받기를 희망한다. 그래야 인증받은 기업의 위상이 제고되며 인증의 신뢰도가 높아 변별력을 높일 수 있다고 생각하기 때문이다.

쉽고 편하게 받은 인증은 그 소중함의 가치는 떨어지고 부실인증 화살이 되어 인증받은 기업에 고스란히 돌아올 수 있다. 특히 인증 제도는 마치 자동차 운전면허증과 같다. 자동차 운전면허증을 취득하기 위해서는 교통안전교육, 신체검사, 학과접수, 학과시험, 기능접수, 기능시험, 연습면허 발급, 도로주행 접수, 본면허 발급을 거치게 된다.

이 모든 과정에서 운전면허 학원, 경찰서, 자동차 딜러, 정비소 등 어느 한쪽이 운전자와 결탁하여 쉽고 편하게 그리고 정상적인 비용이 아닌 다른 형태로 진행하였다면 나중에 그리고 언젠가는 반드시 사고로 이어진다. 지금 도로에서 운전하고 있는 그 어떤 누구도 운전면허증을 아무렇게나 따지 않았을 것이다. 왜냐하면 인간의 생명과 안전을 보장받아야 하므로 정부가 쉽게 발급해 주지 않고 정기적인 검사를 진행하기 때문이다.

그리고 운전면허증은 사용해야 한다. 장롱면허처럼 사용하지 않으면 쓸모없는 수단이 된다. 우리의 목적은 자동차 운전면허증을 따는 것이 아니라 자동차를 타고 이동하는 것이다. 초보 운전자 때 안전하게 운전할 것을 스스로에게 약속했을 것이다. 그러나 그 초심을 잃는다면 신호 위반, 과속, 음주운전 등 크고 작은 위반 행위가 나중에 큰 사고로 이어지게 마련이다. '이 정도는 괜찮겠지, 아무에게도 해가 되지 않는 일이야, 누구나 다 그렇게 하고 있어.'라는 생각으로 우리 인간은 초심을 잃는 경우가 종종 있다.

이렇듯 인증은 양날의 칼과 같아서, 기업에게 도움이 될 수 있지만 인증 이후 초심을 잃게 되면 결국 큰 사고로 이어진다. 윤리·준법을 한다고 적극적으로 홍보하였으나 나중에 사고가 터지게 되면 'ESG 워싱'처럼 결국 겉과 속이 다른 기업으로 이해관계자에게 인식될 수 있다.

특히 공공기관의 경우 제3의 기관으로부터 다양한 인증을 받는다. 공공기관 경영평가 등의 가점 항목이 될 수 있기 때문이다. 그러나 실제로 공식 인증제도가 아님에도 불구하고 인증(인권, ESG 등)을 받는 경우가 종종 있다. 그 어떤 기관보다 신뢰도가 중요한 공공기관에서 이러한 행위가 이루어지고 있는 것은 거창한 이름만 앞세운 제3의 민간기관과 높은 등급을 받고 싶어 하는 공공기관이 만난 합작품이다.

사실 인증이라는 것은 전문적 컨설턴트가 요구사항에 맞게 컨설팅을 정상적으로 해 주고 심사자는 기준에 맞게 기업이 운영하고 있는지 확인과 검증을 거쳐 인증을 하면 대부분 인증은 취득할 수 있다. 그러나 인증은 단번에 끝나는 제도가 아니다. 인증을 취득하는 것보다 인증을 유지하는 것이 더 중요하다. 특히 윤리·준법과 같은 인증은 눈에 보이지 않는다. 다른 제품, 환경, 보안 인증과는 다르게 사람과 기업의 문화에 밀접한 연관이 있다.

이사회와 경영진을 비롯한 모든 임직원은 초심을 잃지 말아야 한다. 종이 인증서를 받았다고 하는 목적이 아닌 우리 기업의 윤리·준법 자부심이라는 생각으로 인증 수단을 지켜 내야 한다. 경영 시스템의 지속적인 발전과 개선이 있어야 이 시스템이 단지 돈만 쓰고 직원들을 괴롭히는 시스템이 아니라 직원과 조직을 보호할 수 있는 안전장치라는 것을 알게 된다.

부실인증은 다양한 유형으로 나뉜다

ISO 부실인증의 가장 큰 원인은 고객을 유치하려는 인증기관의 과열 경쟁에서 비롯된다. 과열 경쟁이 불붙어 정상적인 가격이 아닌 비정상적인 가격으로 인증을 하는 경우가 종종 있다. 인증가격이 저렴해지는 만큼 인증심사가 제대로 이뤄지기 힘든 구조이다. 이로 인하여 정상적인 심사가 어렵고 인증을 남발하는 등 부실인증의 결과로 이어진다.

예를 들어, 기업은 인증기관에 저렴한 비용을 납부하였다. 인증기관은 대부분 저렴한 심사비를 받는 심사원을 기업 심사에 배정하거나 심사 일수를 축소하려 할 것이다. 간혹 보고서에는 심사가 진행된 것으로 보이나 실제 심사를 하지 않은 경우도 종종 있었다. 물론 인증받으려는 기업이 의지가 없으니 투입된 심사원 또한 제대로 심사할 의지가 없을 것이다. 싼 게 비지떡이라고 기업에 입맛에 맞는 심사가 진행될 것이다.

그리고 인증기관과 기업의 중간에 있는 브로커가 있다. 실제로 다른 기업 또는 해당 기업에 실무자가 그 브로커 역할을 하여 인증을 돕고 마케팅비를 받는다. 어떠한 경우에는 인증기관에 일정한 지분을 가지고 있어 지속적인 고객 유치를 하는 전문직업인을 본 적도 있다.

모든 인증이 다 그렇지는 않다. 그러나 구조상 ISO 9001:2015 인증을 희망하는 기업의 경우 대부분 중소기업이다. 앞서 설명한 것처럼 대부분 중소기업은 인증을 원해서 받는 것이 아니라 외부의 요청(대기업 등)으로 마지못해서 하는 경우가 대부분이다. 기본 인프라가 갖춰지지 않은 상태에서 인증서가 당장 필요하니 쉽고 빠르게 그리고 저렴한 곳에서 받아야 할 것이다. 그 니즈를 인증기관이 응답하여 부실인증 결과로 맺어진다.

전 세계 대부분의 인증기관Certification Body은 인정기구Accreditation Body로부터 인정을 받아 인증 서비스를 제공하는 상법에 의한 민간기구이다.

여기서 공공기관에서 발급하는 인증은 괜찮고 민간기구가 무조건 나쁘다고 오해할 수 있지만, 그렇지는 않다. 통계적으로도 공공기관에서 발급하는 부실인증의 수도 만만치 않게 발생한다.

비영리를 포함하여 대부분의 조직은 매출이 있어야 비즈니스를 할 수 있다. 인증은 신뢰성과 공평성 그리고 해당 요구사항 기준을 근거로 인증 신청 기업이 문제가 없다는 것을 담보하고 인증서를 발급한다. 인증받은 기업이 인증과 관련된 사건·사고를 일으켰다면 인증기관 또한 책임이 전혀 없지 않을 것이다. 이처럼 이윤에 눈이 멀어 기준을 무시하고 박리다매와 같은 인증 서비스를 제공하는 인증기관은 부실인증의 주범이 된다. 고급스러운 인증을 하려면 인증 비용은 절대 박리다매 형식이 되어서는 안 되며 인증 비용 또한 저렴한 서비스가 아니라 제대로 된 비용을 지급하고 제대로 된 인증 서비스를 받아야 한다.

심사원으로 다시 초점을 맞춰 보자. 심사원은 심사로 얻는 이익보다 컨설팅으로 얻는 수익이 더 크다. 심사를 수행한다는 명목으로 고객의 자료를 파일로 요청한다. 이 회사 자료를 가지고 가서 다른 기업에 그 자료를 토대로 컨설팅을 하는 경우이다. 모두 표준Standard이기에 가능하다. 이는 대부분 문서 작업Paper working 능력이 없는 초보 심사자들이며 연령대가 높은 심사원일 수 있다. 이는 페이퍼 워킹Paper working 능력이 없는 심사원이 고객의 자료를 가지고 가서 손쉽게 컨설팅을 할 수 있기 때문이다.

그러나 무엇보다 심각한 것은 부패방지와 컴플라이언스 인증제도는 시스템을 구축한 기업의 모든 법과 관련하여 발생 가능한 여러 리스크를 시스템 내에 담고 있다는 점이다. 만약 그 자료가 외부기관(수사기관, 언론, 경쟁사 등)에 노출된다면 아마 기업은 "우리 이러한 리스크가지고 있어요!"라고 외부에 훤히 보여 주는 것이나 다름없다. 상상만 해도 끔찍한 일이다.

컴플라이언스는 조직의 의무사항을 다루기에 모든 법률적 리스크를 포함하여 규정, 계약, 라이선스, 윤리 등 모든 리스크를 관리하여야 한다. 이러한 일들이 일어나는 것은 심사원의 기본적 윤리와 자질이 부족한 탓이다. 심사원은 기본적으로 윤리적 의식을 가지고 심사를 하여야 함에도 누구나 쉽게 인증 심사원이 되는 구조적 문제도 안고 있다.

앞서 소개한 바와 같이 심사원 과정에 합격하고 일련의 참관 과정을 거친 뒤 심사원이 된다. 즉 자동차 운전면허증을 취득한 사람이 도로연수 과정을 거치고 면허증을 발급받아 바로 도로에서 운전한다. 초보운전이라는 딱지를 누군가에게 공표하지도 않은 채 당당하게 심사하는 것이다. 심사받는 기업에서는 심사원에 대한 의전을 해 줄 것이고, 해당 심사원은 어깨에 힘이 들어간다. 이 심사원은 무언가 많이 아는 양 실질적 주도적인 권한을 행사한다. 선무당이 사람을 잡는 것이다. 그러다 교통사고처럼 인증에서 사고가 일어나는 것이다.

그래서 인증 심사원을 취득한 후 인증기관에서는 까다로운 적격성 검토를 거친 뒤 지속적인 심사원 모니터링이 필요하다. 또 자문한 컨설턴트가 해당 기업의 인증 심사원이 되는 것이다. 기업은 컨설팅을 도와준 사람이 편하고 심사원 또한 그 기업을 잘 알 것이다. 짜고 치는 고스톱이 되는 것이다. 과거 세월호 사건 때 동일 기관에서 컨설팅을 지도하고 동일 기관에서 인증한 것이 큰 사고로 빚어지는 결과가 되었다. 심사와 컨설팅을 동시에 진행하는 것은 인증의 가장 큰 중대한 공평성 리스크이다.

그 외에 정말 다양한 유형의 부실인증이 있다. 타깃입찰 용역이 그 예이다. 특정 인증기관을 겨냥하여 다른 인증기관이 진입하지 못하도록 경쟁 기관을 배제하는 행위이다. 그 예로 특정 인정기구에만 등록된 기관이거나 인증 실적 횟수가 일정 이상 있어야 하거나 매출액, 임직원수, 설립기간, 동종업계 인증 경험, 지인을 통한 인증 등으로 진입장벽을 높이는 것이다. 그리고 수의계약 형태로 이러한 행위가 이뤄지고 있다.

또는 인증기관 선택 시 모든 것을 가격으로 결정하려 한다. 그러면 인증기관은 이를 이용하여 최초심사에서는 비정상적인 가격으로 고객을 유인한 후 차기 사후심사에서 고비용으로 고객을 잡는 방식이다. 굳이 귀찮게 인증기관 이동을 하지 않는 실무자들의 특성을 이용한 것이다.

또한 공공기관에서는 입찰 발주 시 '컨설팅과 인증 용역'을 같이 발주하여 어느 한 인증기관이 독점하는 경우도 있다. 아울러 심각하게는 심사를 수행하지 않고서도 심사보고서가 나와 인증서를 발행하는 경우, 1명의 심사원이 하루에 두 개의 업체를 동시에 심사하는 경우, 최악의 경우는 인증 비용이 입금되면 인증서가 우편으로 발송되는 경우도 있다. 가장 큰 문제는 위와 같은 이슈로 인증기관이 인증정지와 취소 등 인정기관으로부터 제재가 있었음에도 불구하고 그 기관을 신뢰하거나 경영진에게 보고하지 않는다는 점이다.

물론 모든 인증기관이 그렇지는 않을 것이다. 위의 사례와 같이 개

중에는 비용은 저렴하지만 기업에 도움이 되는 전문성과 신뢰성 있게 심사를 하는 인증기관도 분명 있다. 따라서 인증을 신청하는 기업은 기관을 신중히 선택하여야 한다. 실질적으로 글로벌 및 대표 인증기관 이라는 곳에서도 이러한 부실인증은 끊임없이 진행되었다. 필자 또한 첫발을 인증기관에 내딛게 되었을 때 그 놀라움을 잊을 수가 없다. 여기서 모든 인증기관이 그렇지는 않다는 점을 분명히 하고 싶다. 일부 인증기관 때문에 혐오가 증오가 되면 안 되듯이 극히 일부가 그렇다는 것이다.

결론은 인증기관과 실질적으로 심사를 수행하는 심사원은 기본적인 법률과 윤리적 마인드로 심사하여야 한다. 그래서 컴플라이언스 경영 시스템(ISO 37301:2021)은 인증의 끝판왕이며 심사원들이 반드시 알아야 할 필수 규격이다. 인증을 수행하는 모든 이들은 부실인증 책임 소재에서 자유로울 수 없다. 오랜 기간 고객과 Win-Win 전략으로 인증 서비스를 제공하고자 한다면 부실인증이 있어서는 안 될 것이다.

심사원, 동원보다는 동참이 중요하다

만약 의지도 없는 기업과 쉽고 저렴한 인증을 하는 인증기관이 있다고 가정해 보자. 이에 반하여 심사원은 사명감을 가지고 기준 그대로 원리·원칙을 가지고 심사를 수행하였다. 해당 기업과 인증기관 입장에서는 해당 심사원에 대한 거부감이 들 것이다. 실제로 심사를 받은 기업에서 차기 심사에서 그 심사원을 거부하는 사례도 있었다. 비즈니스 측면에서 심사원은 심사 투입이 보장되지 않으면 생계를 유지할 수 없는 구조이기에 수용적으로 기업과 인증기관의 요구에 따를 수밖에 없는 구조이다.

외부감사인에 관한 법률에 따른 외부 회계감사도 비용은 신청한 기업으로부터 발생한다. 인증은 무엇보다 양 기관이 신뢰성에 근거하여 진행됨에도 불구하고 인증심사를 대충 받기를 희망하는 기업은 인증을 지속적으로 유지할 가능성이 적다. 요구에 응하지 않는다면 손쉬운 인증기관으로 옮기거나 포기하는 경우가 더러 있다. 이러한 이유에서 심사를 하기가 쉬운 일이 아니다. 또한 심사원은 커뮤니케이션 능력과 통찰력, 외교적 수완, 문제점 해결 능력 등 뛰어난 지식과 스킬을 갖춰야 한다. 그럼에도 불구하고 일부 전문성과 신뢰성이 부재한 그리고 기본적 자질이 부족한 심사원들이 있다.

심사원이 부실인증을 막고 신뢰성 있는 심사를 하는 방법이 있다. 그것은 동원(Mobilize)보다는 동참(Participation)을 요구하는 심사를 하는 것이다. 기업이 정말 원하고 바라는 것에 초점을 맞춰 가치부과 심사를 하면 된다. 이에 필자가 실제 경험한 것을 말하고자 한다.

부패방지와 관련하여 기업을 심사할 일이 있었다. 요구사항에 따라 최고경영자를 인터뷰하여 경영진에 대한 부패방지 리더십과 그 경영의지를 확인하여야 한다. 대부분 최고경영자는 외부 제3자 기관에서 인터뷰를 받는 것에 대해 거부하는 경향이 있다. 그럼에도 불구하고 해당 최고경영자는 차기 순위의 경영진에게 위임하지 않고 직접 받으셨다.

필자를 비롯하여 심사원들은 최고경영자의 부패방지 의지에 대해

ESG 경영의 근간, 컴플라이언스 솔루션.ZIP

충분히 인터뷰를 하였고 만족하였다. 최고경영자는 인터뷰 통과에 대해 자부심을 가지셨다. 따라서 심사한 뒤 최고경영자는 전 임직원을 대상으로 CEO 메시지를 보냈다. "우리 조직은 부패방지 심사를 받고 있습니다. 전 임직원들은 외부 심사 시 문제점이 발견된 부서는 이번 성과평가에 반영하겠습니다."라고 한 것이다. 두 가지 차원에서 보면 우선 최고경영자의 적극적인 부패방지 의지를 표명한 것과 다른 한쪽은 '나는 통과됐으니 너희가 통과되지 않으면 안 된다'는 것이 골자였다.

메시지 이후 필자는 해당 기업의 공장을 심사하러 가게 되었다. 주관부서를 비롯하여 공장은 많은 긴장을 한 것 같았다. 사전에 필자의 프로필을 요청하여 심사자의 성향, 좋아하는 음식 등을 물었다. 그리고 공장장님이 직접 심사자를 단독 마크하셨다. 정문에 도착하였을 때 신원확인 없이 게이트를 통과하였고 공장장님이 직접 차량 문까지 열어 주셨다.

공장장님이 모든 심사를 받으셨기에 필자는 부패방지 경영 시스템에 관하여 여러 가지 여쭈어봤지만, 제대로 된 답변을 하지 못하셨다. 분명 공장장님은 여러 가지 사회 경험도 많으시고 외부 심사를 받아 보셨을 것이다. 가장 기본적인 소방안전 점검, 환경안전 점검, 본사 감독 등 외부 심사와 실사實査는 능통하실 것이다. 그러나 의전에만 집중하신 나머지 정작 중요한 본질은 잊고 계신 것 같았다. 시스템에 대한 뿌리가 내리지 못하고 무사하게 이번 일이 잘 지나가기만을 바라신 것이다.

필자는 발견 사항에 대한 부적합 심사보고서를 작성하여 해당 부서에 전달하고 최고경영자에게 보고하면 된다. 그러면 아마 그 공장은 낮은 성과평가를 받을 것이고, 향후에도 이 부패방지에 대해 강제적으로 동원될 것이 뻔하였다. 그리고 공장장님의 마음속에 부패방지의 뿌리는 내리지 못할 것이다.

심사자로서 어떤 옳은 선택을 하여 공장이 부패방지에 대해 강제적 동원이 아닌 자발적 동참이 될지 고민하였다. 따라서 가치부과심사가 맞다고 생각하였다. 중요한 것은 부적합을 받아 강제적 시정조치를 하겠다는 게 아니다. 그 기업이 심사를 신청한 이유는 자발적으로 '부패방지'를 하겠다는 것이었다. 그래서 차라리 기업에 도움이 되는 심사를 하고자 공장장님에게 부패 사례(판례)와 그 필요성 그리고 중요성을 천천히 알려 드렸다. 단칼에 나뭇가지를 잘라 버린 게 아니라 뿌리가 자랄 수 있도록 물, 거름을 설명으로 드린 것밖에 없었다.

기회가 되어 다음 해에도 그 공장을 심사할 기회가 생겼다. 공장의 의전은 사라졌고 공장장님을 비롯한 임직원들은 부패방지에 대한 인식과 관심이 매우 높아진 것을 확인하였다. 단순히 본사에서 강제적으로 시켜서 하는 제도가 아닌 진심으로 부패를 막고자 하는 의지가 보였다. 물론 시스템에 부족함이 일부 보였지만, 부패방지 뿌리는 분명히 자라고 있었다. 심사를 끝마치고 돌아오는 길에 큰 뿌듯함을 느꼈다.

정말로 컴플라이언스와 부패방지를 하는 것이 그 기업의 장기적 목적이라면 가치부과 심사를 하면 된다. 경영체제의 각 요구사항을 찾아 지적하고 고치라고 강요하기보다 정말 그 기업에 도움이 되는 심사가 무엇일지를 생각해 보는 것도 중요하다.

ISO 19011:2018의 심사Audit 용어 정의에 따르면 '심사는 기준에 충족되는 정도를 결정하기 위하여 심사증거를 수집하고 평가하기 위한 체계적이고 독립적이며 문서화된 정보 프로세스이다.'라고 한다. 무언가와 닿지 않는 글귀이다. Audit를 번역한 '감사'와 '심사'로 구분하여 보다 쉽게 설명해 보자.

감사와 심사는 둘 다 영어로 Auditor라는 용어로 쓰인다. 둘 다 잘 듣고 확인하여 객관적 증거를 찾아 발견하는 기능이다. 그러나 목적 측면에서는 차이점이 있다. 감사는 문제점에 대해 마치 경찰처럼 사후 적발에 초점이 맞춰져 있다. 그리고 발견된 문제점을 찾아 처벌하는 것이다. 그러나 심사는 의사처럼 사전 예방 차원에 초점이 있다. 문제가 발생되었다면 즉시 개선하거나 다시는 발생하지 않도록 원인부터 분석하는 것이다. 그리고 심사는 기업에 1년에 한 번씩 조직의 컴플라이언스, 부패방지 건강검진을 진단하면서 기업의 문제점을 찾아내고 개선하여 인증의 유효성과 효과성을 확보하기 위함이다. 제일 중요한 것은 목적을 어디에 두느냐이다. 단기간에 쉽고 편하게 받은 인증서가 아닌 장기적으로 우리 조직을 위한 부패방지와 컴플라이언스에 둔다면 신뢰성 있는 인증서가 될 것이다.

부실인증 행위에 대하여 다양한 측면에서 관리될 수 있어야 한다. 이는 다양한 접근 방법이 있을 수 있다. 그중 가장 강력한 법적인 불이익 조치로 국가표준기본법과 공정거래위원회의 표시광고법 등에 법적 근거를 반영하는 것이 최선일 수 있다.

하지만 과거 품질경영체제 인증 및 환경경영체제 인증이 법적 인증에서 민간 자율 인증제도로 전환되었다. 법률적 근거가 폐지됨으로써 부실인증 행위에 대한 어떠한 형벌이나 행정처분을 할 수 있는 근거가 없어진 것이다. 지금처럼 민간 자율기구가 인증할 경우 부실인증 행위에 관하여 사후적 형법에 따른 사문서 위조죄로 처벌할 수밖에 없다. 부실인증의 검찰 수사 사례로 보면 다양한 죄명이 있다. "심사보고서의 위조"로 사문서위조, 사전자기록 등 위작, 사기 등이 있었다.

ISO 인증 체제의 경우 스위스 민법에 설립된 국제표준화기구라는 민간기구를 우리나라에서 법적인 조치로 두기는 만만치 않다. 현재로서는 ISO 17021-1 등(인정기준 위반 행위 조치 등) 근거에 의해 인증기준에 적합하지 않음에도 불구하고 거짓 또는 부정한 방법으로 인증하는 것으로 정해져 있다. 또한, 각 인정된 인증기관은 매년 1회 정기적 심사를 받고 있다. 부실인증이 발각되면 인증기관은 인증정지 기간 또는 취소를 받게 된다. 실제로도 이러한 인증정지 또는 취소가 된 경우가 더러 있다.

현재 관련 법 폐지에 따른 ISO 인증의 관리 공백을 최소화하고, 예방 중심의 부실 인증관리를 통한 인증시장의 자정 노력이 필요한 시점이다. 또한, 부실인증에 대한 조사 방법으로 국내외 인정기관으로부터 인정된 인증기관에 대한 접수처가 한곳으로 통일되어야 한다. 그리고 위반 접수 건에 대한 실효적인 조사가 필요하다. 결론적으로 모든 인증에 관련된 이해관계자가 노력해야 한다. 이에 기업, 인증기관 및 심사원, 인정기구, 연수기관, 컨설턴트를 나눠 그 역할과 책임을 설명하고자 한다.

인증을 신청하려고 하는 기업은 신뢰성 있고 평판이 좋은 인증기관을 선택하는 것이 중요하다. 신뢰도를 저하하는 행위를 하는 인증기관은 무조건 회피해야 한다. 선택되었다면 인증을 신청하는 기업과 인증기관이 상호 신뢰성 있는 인증이 되도록 서로 노력해야 한다. 그리고 기업은 심사를 받는 도중 심사원들을 관찰해 봐야 한다.

1. 정말 윤리적이고 보안 의식이 있는 심사원인가?
2. 심사원은 해당 경영체제에 대해 어느 정도 전문성이 있는가?
3. 우리 기업을 위해 맞춤형 심사를 하고 있는가?
4. 부실인증을 유발시키는 행동을 하고 있지 않은가?
5. 조직원은 심사 결과에 대해 만족하고 있는가? 등

결론은 윤리·준법적 사고를 가진 상식적인 사고를 가진 심사원이어야 한다는 것이다. 이것이 아니라면 인증기관 전환을 심각히 고려하여야 한다. 담당 실무자는 묵인하지 말고 보고하여 조직을 위한 심사를 받아야 한다.

인증기관은 무엇보다 고객이 인증의 매출을 올려 주는 도구로만 생각하면 절대 안 된다. 기업을 인증 한다는 것은 기업과 함께 가겠다는 것이다. 한배에 탄 동료이다. 인증을 받고 나서 기업에서 사고가 나면 그 인증기관은 신뢰도가 떨어지는 기관이기 때문이다. 그리고 신뢰받는 인증이 되도록 인증 프로그램을 운영하고 인정기관에서 철저한 관리·감독을 받아야 한다.

ISO 17021-1은 기준서이다. 기준서를 지키지 않고 앞과 뒤가 다른 인증 서비스를 제공하면 안 된다. 또한, 인증 심사원에 대한 철저한 검증과 입회 그리고 모니터링이 되어야 한다. 더불어 심사원과 철저한 법률적 계약관계가 성립해야 사후 대처가 가능하다. 인증 심사원에 대한 모니터링은 필수이다. 이를 위하여 심사를 받은 기업에 매 설문조사 및 인터뷰를 진행하는 것이다.

부실인증에 대한 책임은 인증기관에 있다. 심사원은 인증기관의 얼굴이기 때문이다. 심사원 또한 그 역할과 책임을 다하여야 한다. ISO 19011:2018과 규격 요구사항에 대해 지속적인 학습과 해당 시스템에 대한 전문성을 가져야 한다.

무엇보다 가장 기본은 윤리와 준법적 마인드를 가지고 심사에 임해야 한다는 것이다. 개인의 이득을 챙기는 심사원이 되어서는 절대 안 된다. 심사는 서로 존중하고 심사에만 집중Focusing해야 한다. 해당 조직을 위한 심사가 되어 모두가 만족하는 결과를 이끌어 내는 중간자 역할이 심사원이다.

그리고 **인정기구**에서는 부실인증 관리 범위를 확대하여 국제기준에서 요구하는 사항을 철저히 수사하여야 한다. 이를 위해 각 인정기구 협의체와 협정체결 등 국제협력 강화하여 사례 전파를 해야 한다. 부실인증에 대한 모니터링 및 총괄 관리하는 역할을 하여야 한다.

인증 심사원을 교육하는 연수기관에서는 심사원이 철저한 심사원 과정을 거쳐야 한다. 운전면허 시험장에서 무분별한 합격이 이뤄진다면 심사원은 무한대로 양성되어 도로로 쏟아져 나올 것이다.

또한, 인증을 도와주는 **컨설턴트**가 중요하다. 단순히 인증을 받기 위한 컨설팅이 아닌 기업이 실질적으로 시스템이 작동하게 하는 것이 중요하다. 인증을 받고자 하는 기업은 ISO의 복잡한 구조 때문에 컨설팅 없이 인증받기 힘든 구조다. 기업은 믿을 만한 컨설턴트와 계약을 맺고 추진하였다. 그들이 믿을 것은 컨설턴트밖에 없다. 그에 보답하는 고급진 컨설팅이 되어야 한다. 개인의 이득만 챙겨서는 안 된다. 고객의 자료를 가지고 다른 곳에서 사용해서도 안 된다. 컨설턴트들에게 정말 하고 싶은 말은 장사를 하지 말고 비즈니스 전문 컨설팅을 해야한다는 것이다. 모르면 모른다고 해야 한다.

인증은 신뢰를 바탕으로 하지 않으면 의미가 없다. 인증은 곧 사회적 신뢰이기 때문에 신뢰를 획득하기 위해서는 부실하거나 부정확한 인증에 대한 정책적이고 제도적인 장치가 필요하다. 무엇보다 부패방지와 컴플라이언스에 대한 인증은 신뢰성이 중요하기에 철저한 인증이 되어야 하기 때문이다. 앞서 수차례 설명하였지만 인증은 획득하는 것보다 유지하는 것이 더 중요하다.

컴플라이언스와 ESG는 단번에 설계하고 끝나는 제도적 절차가 아니다. 특히 컴플라이언스는 지속적인 프로세스로서 조직의 의무Obligation를 다한 결과가 되어야 한다. 그래야 조직을 둘러싼 이해관계자의 공감을 얻을 수 있다. ISO 37301:2021은 조직이 사업 활동에서 겪게 되는 법과 규정 등의 수많은 의무와 여러 가지 컴플라이언스 리스크를 예방·대응할 수 있는 청사진을 보여 준다.

기업의 성과적인 측면에서 효율성과 효과성을 참고하여 컴플라이언스를 돌아보자.

기업은 효율성Efficiency만을 추구해서는 안 된다. 효율성은 단기적 목표만을 다루며, 투입 대비 최대 산출을 기대한다. 효율성만 추구한다면 최대한 적은 시간과 비용 등을 투입하여 최대의 성과를 내려고 할 것이다. 건설 현장을 예로 들면, 기업은 인건비를 아끼려 최대한 적은 인력과 강도 높은 압박을 할 것이다. 그리고 저렴한 자재로 단시간 안에 건물을 지으려 할 것이다.

또 효율성만을 추구하는 건설 노동자라면 가장 적게 노력해서 가장 그럴듯한 결과를 내려고만 할 것이다. 그리고 안전모를 쓰라고 하면 근로 감독관 등이 왔을 때만 착용하고 그 이후는 벗을 것이다. 효율성만을 강조하면 투입 내비 보상도 없을 테니, 노동자 입장에서는 굳이 열심히 일할 필요가 없다. 대충 일하고 투입대비 큰 결과를 얻으려고만 할 것이다.

과거 우리는 결핍된 환경 속에서 급격한 성장을 겪어 왔다. 단기적 눈앞의 목표만 바라왔기에 여러 사건·사고가 끊이질 않았다. IMF, 성수대교 붕괴, 삼풍백화점 붕괴, 세월호 참사, 붕괴사고, 횡령·배임, 갑질 등이 그 대표적인 예라고 할 수 있다. 컴플라이언스는 단기적으로 운영된다고 그 결실을 볼 수 없다. 아울러 효율적 시스템을 만들 수 있으나 단기적 결과밖에 보이지 않을 것이다. 사람을 믿지 말고 시스템을 믿어야 하기에 컴플라이언스가 효율적기만 하면 안 된다.

반면 효과성Effectiveness은 장기적 목적을 다룬다. 목적에 맞는 결과를 반드시 가져와야 한다. 계획된 활동이 실현되고 계획된 결과가 달성되는 정도를 나타내야 한다. 추구하고자 하는 목적을 잊지 않고 투입을 결정할 것이다. 과감히 투입하여 큰 산출을 기대해야 한다. 그리고 효율만을 집중하는 건물 짓기가 아니라 고객에게 제공되는 가치에 집중할 것이다. 궁극적인 지속가능한 사업에 집중하여 그 집에 살고자 하는 사람의 입장을 고려하여 건설할 것이다.

주어진 일을 적은 자원으로 어떻게 빨리 성공시키느냐가 효율성이라면, 실제 성과에 직접 영향을 미치는 핵심적인 부분을 잘 해내는 것이 효과성이다. 불필요한 일을 효율적으로 해내는 것은 어리석은 것이다. 피터 드러커의 'Do the right thing'이 효과성이고, 'Do things right'가 효율성이다.

그렇다고 효율성이 반드시 나쁘다는 것은 아니다. 효율을 활용하여 최대의 효과를 내면 된다. 효과적인 컴플라이언스 경영 시스템을 만들면 된다. 효과적인 전사적 컴플라이언스 경영 시스템에 의해 조직은 관련 법규, 규제적 요구사항, 업계 규약, 조직의 기준 및 모범 지배구조, 일반적으로 받아들여지고 있는 모범 관행Best Practices, 윤리 및 커뮤니티의 기대를 준수하는 의지 표명을 실증할 수 있다.

어떠한 조직이건 지속해서 성장하고 존속하기를 바란다. 특히 기업은 더더욱 지속가능경영을 희망한다. 그래서 단순한 이윤 추구 활동 외에 기본적 윤리와 법령을 준수하고, 기업 이해관계자의 요구사항에 적절하게 대응함으로써 사회에 긍정적 영향을 미치는 책임 있는 활동을 해야 한다. 그러기 위해서는 컴플라이언스 경영이 기업에 청사진이 될 것이다.

ESG 경영의 근간, 컴플라이언스 솔루션.ZIP

상장회사 표준준법
통제기준

2019. 1.

법무부·한국상장회사협의회

ESG 경영의 근간, 컴플라이언스 솔루션.ZIP

상장회사 표준준법 통제기준

법무부·한국상장회사협의회

제정 2012. 4. 3.
개정 2019. 1. 1.

제1장 총칙

제1조(목적) ○○주식회사(이하에서 '회사'라 한다)는 법령을 준수함으로써 공정하고 투명한 업무수행을 도모하고 회사의 건전한 발전과 고객의 신뢰를 확보하기 위하여, 준법 통제기준을 제정·시행한다.

[참고]

회사는 준법 통제기준에 기업윤리에 관한 사항을 포함할지를 자율적으로 판단할 수 있다. 회사가 준법 통제 기준상에 조직원의 기업윤리에 관한 의무도 함께 규정하고자 할 때는 제1조를 「○○주식회사(이하에서 '회사'라 한다)는 법령을 준수하고 기업윤리를 구현함으로써…」라고 수정한다.

제2조(용어의 정의) 이 준법 통제기준에서 사용하는 주요 용어의 정의는 다음 각호와 같다.

1. '준법 통제'란 회사가 사업 운영상 준수해야 하는 제반 법규를 체계적으로 파악하고 조직원의 법규 준수 여부를 자체적으로 점검

하여, 위법행위를 사전적으로 예방하고 각종 법적 위험에 체계적으로 대응하기 위하여 채택하는, 일체의 정책 수립 및 통제 활동 과정을 말한다.

2. '법적 위험'이란 조직원이 법령을 준수하지 않음으로써 민사·형사·행정적 책임이 발생하거나 계약상 효력이 인정되지 않아 손해가 발생할 위험을 말한다.

3. '준법지원인'이란 준법 교육 및 훈련 프로그램을 시행하고 준법 통제기준 등의 준수 여부를 점검하여, 이에 관한 사항을 이사회에 보고하는 직무를 수행하는 상법 제542조의13에 따라 선임된 자를 말한다.

[참고]

상법 제542조의13이 적용되지 않는 회사의 경우에는 「'준법지원인'이란 준법 교육프로그램을 시행하고, 준법 통제기준의 준수 여부를 점검하여 이사회 등에 보고하는 직무를 수행하는 법률적 소양을 지닌 자를 말한다.」고 규정할 수 있다.

제3조(적용) ① 준법 통제기준은 회사의 모든 업무와 조직원들의 모든 관련 활동에 적용된다.

[참고]

자회사, 계열회사와 회사의 대리인에게 적용되는 확장된 준법 통제체제를 구축하고자 할 때는 「자회사, 계열회사와 회사의 대리인도 준법 통제기준의 적용대상이 된다.」라는 것을 명시할 수 있다.

② 준법 통제기준과 관련 있는 회사의 각종 규정은 준법 통제기준에 부합하여야 하며, 법률이나 정관에 다른 정함이 없는 한 준법 통제기준이 먼저 적용된다.

제4조(제정 및 개정) 대표이사는 이사회의 결의를 거쳐 준법 통제기준을 제정 및 개정한다.

제2장 준법통제환경

제5조(조직 구성과 업무 분담의 기본 원칙) 준법 통제를 위한 조직 구성과 업무 분담은 준법 통제 업무의 효율성과 준법지원인의 독립성이 확보되고, 관련 조직원의 역할과 책임 관계가 명확하게 설계되어야 한다.

제6조(각 기관의 역할) ① 이사회는 준법 통제기준 및 이에 관한 중요한 사항을 결정한다. 또한, 이사회는 대표이사가 이사회의 결정을 충실하게 반영하여 준법 통제체제를 정비하고 실효적으로 운용하는지를 감독한다.

[참고]

대표집행 임원을 선임한 회사의 경우에는 이하에서 대표집행 임원이 대표이사를 갈음한다.

② 대표이사는 준법 통제기준과 이사회가 정하는 바에 따라 회사의 규모나 영업의 성격에 부합하는 준법 통제체제를 구축·정비·운용하고 그 작동상황을 감독한다.

③ 준법지원인은 준법 교육 및 훈련 프로그램을 수립하여 시행하고 준법 통제기준의 준수 여부를 점검하여 이사회나 대표이사에게 보고하는 등 준법 통제업무를 실무적으로 통괄한다.

[참고]

1. 감사와 준법지원인과의 역할은 다음과 같이 구별된다.

준법지원인은 준법 통제와 관련하여 이사회를 지원하고 그 업무 결과를 보고하는 법적 지위를 가지고 있으며, 상법상 이사회와 감사는 상호 독립적인 지위를 가져야 하므로 준법지원인과 감사는 상호 겸직할 수도 없고, 준법지원인이 감사의 하부조직이 될 수도 없다. 한편 상법상 감사는 이사의 업무에 대한 감사권이 있으므로, 감사는 적정하고 유효한 준법 통제체제가 구축되고 운용되고 있는지를 감독한다. 감사는 이를 위해 준법지원인에게 일정한 사항의 보고를 요구하거나 이사회에 출석하여 점검 및 평가내용을 진술할 수 있고, 준법 통제체제가 법령 또는 정관에 위반하는 중대한 사실이 있거나 이사의 부정행위에 해당하는 경우에는 감사보고서에 기재할 수 있다.

2. 회사가 감사를 보조하는 조직 이외에 별도로 내부감사조직 (예: 특별검사팀)을 둔 경우, 그 별도 내부감사조직은 대표이사의 지시나 감사(또는 감사위원회)의 협조 요청에 따라 준법 통제체제의 운용 상태를 감독하거나 그 유효성을 평가하는 데 참여할 수 있다.

제7조(준법지원인의 임면) ① 준법지원인은 이사회의 결의를 거쳐 대표이사가 임면한다.

[참고]

회사는 준법지원인의 해임요건에 관하여는 정관과 준법 통제기준으로 통상의 이사회의 결의요건보다 강화된 요건을 정할 수 있다.

② 대표이사는 준법지원인에게 다음 각호의 어느 하나에 해당하는 사유가 있는 경우 해당 준법지원인을 해임할 수 있다.

1. 신체 또는 정신적 장애로 직무를 수행할 수 없게 된 경우

2. 직무와 관련하여 부정행위를 저지르거나 법령이나 정관에 위반한 경우

3. 고의 또는 과실로 회사에 손실이 생기게 한 경우

③ 준법지원인은 정당한 이유 없이 임기 중 해임되지 아니하며, 임기 중 해임을 하는 경우, 대표이사는 제2항 각호의 해임 사유를 입증할 수 있는 충분한 증거를 제시하여야 한다.

[참고]

준법지원인의 징계에 관하여는 별도의 규정을 두는 것이 바람직하다. 징계에 의한 해임 이외에도 「신체상 또는 정신상으로 준법지원인의 직무수행을 계속하기에 현저하게 부적합한 경우」와 같이 구체적으로 해임 사유를 정할 수도 있다. 그러나 준법지원인의 해임요건 설정과 운영은 준법지원인의 임기와 독립적 직무수행을 규정한 상법 제542조의13 제6항과 제9항의 취지에 어긋나지 않도록 하여야 한다.

④ 준법지원인은 해임에 관하여 이사회에서 자신의 의견을 진술할

수 있다.

⑤ 준법지원인이 해임되거나 임기의 만료 또는 사임으로 인하여 퇴임한 경우에는 대표이사는 신속하게 새로운 준법지원인을 선임하여 업무의 연속성을 유지하여야 한다.

제8조(준법지원인의 자격, 임기 및 지위) ① 준법지원인은 상법 제542조의13 및 같은 법 시행령 제40조의 요건을 충족한 사람 중에서 선임되어야 한다.

② 감사 또는 감사위원은 준법지원인이 될 수 없다.

③ 준법지원인은 상근으로 하며, 그 임기는 3년으로 하되, 연임할 수 있다.

제9조(준법지원인의 권한 및 의무) ① 준법지원인은 다음 각호와 같은 직무상 권한을 가진다.

1. 준법에 관한 교육과 훈련 프로그램의 시행

[참고]

회사는 준법에 관한 교육프로그램에 기업 윤리의식의 함양을 위한 프로그램을 포함하여 시행할 수 있다.

2. 준법 통제기준의 준수 여부에 대한 정기 또는 수시의 점검 및 보고

3. 준법지원인의 업무수행에 있어 필요한 정보·자료의 수집과 제출요구 및 진술의 요구

4. 조직원에 대한 준법 요구 및 위법하다고 판단한 사항에 대한

중지, 개선 또는 시정의 요구

5. 준법 통제기준 등을 위반한 조직원에 대한 제재 요청

6. 준법 통제업무와 관련하여 이루어지는 이사회 등의 출석 및 의견진술

7. 준법 업무 보조 조직의 통솔 및 관련 부서 직원의 인사 제청

8. 기타 이사회가 준법지원인의 권한으로 정하는 사항

[참고]

준법지원인은 제6호에 규정된 것처럼 준법 통제업무와 관련하여 이사회에 출석하고 의견을 진술할 수 있어야 함은 물론이나, 일반적인 준법 통제업무 이외에도 이사회가 결정하는 사항이 적법한지 아닌지에 대하여 준법지원인이 사전에 점검할 수 있는 장치를 마련하는 것이 바람직하기 때문에 준법 통제업무 이외의 사항에 관해 이사회에도 참석할 수 있도록 정하는 것도 고려해 볼 수 있다.

② 준법지원인은 필요한 경우 외부 전문가의 조언 및 조력을 구할 수 있다.

③ 준법지원인은 선량한 관리자의 주의 의무로 자신의 직무를 수행하여야 하고, 재임 시뿐만 아니라 퇴임한 후에도 직무상 알게 된 회사의 영업상 비밀을 누설하여서는 안 된다.

제10조(준법지원인의 독립적 업무수행) ① 준법지원인은 자신의 업무수행과 관련하여 이사회나 대표이사에게 직접, 적시에 보고할 수 있다.

② 준법지원인은 제1항의 보고를 위해 필요한 경우 대표이사에게

이사회의 소집을 요청할 수 있다.

③ 준법지원인은 준법 지원 및 통제업무를 독립적이고 실효적으로 수행할 수 있는 정도의 회사 내 직급을 가진다.

④ 회사는 현재 또는 과거의 준법지원인에 대하여 그 직무수행과 관련된 사유로 부당한 인사상 불이익을 주어서는 안 된다.

[참고]

준법지원인의 독립성을 보장하기 위하여 회사는 내부인사규정에 준법지원인의 징계 사유 및 절차에 관한 명확한 규정을 두는 것이 바람직하다.

제11조(준법지원인의 겸직 제한) 준법지원인은 준법 관련 업무수행에 영향을 줄 수 있는 영업 관련 업무를 담당할 수 없다.

[참고]

1. 준법지원인은 원칙적으로 회사 고유의 영업업무에 관여하지 않고 준법 통제업무만 독립적으로 담당하는 것이 바람직하다. 다만, 중소규모의 기업에서는 현실적으로 준법지원인이 준법 통제기준 업무만 담당하게 하는 것이 인력 관리상 비효율적일 수 있으므로, 준법지원인의 직무수행 독립성이 훼손되거나 과중한 업무 부담이 되지 않는 범위 내에서 준법지원과 연관된 다른 업무를 일부 겸할 수 있다.

2. 준법지원인이 이사를 겸직할 수 있는지에 대하여는 상법상 아무런 언급이 없다. 이사가 이사회의 구성원으로서 회사의 모든 중요한 의사결정에 참여한다는 점에서 때에 따라서는 이사

겸직이 준법지원인의 독립적 직무수행에 영향을 줄 경우도 발생할 수 있다는 우려도 있을 수 있다. 그러나 회사의 중요한 의사결정 시 법령을 준수하고 경영을 적정하게 하도록 준법지원인이 활동하기 위해서는 이사 겸직이 더 바람직할 수도 있다. 이 점은 각 회사의 상황에 맞추어 결정할 필요가 있다. 물론 이사 겸직할 때 준법지원인의 직무수행 독립성을 훼손하거나 과중한 업무 부담을 초래하는 다른 업무를 맡아서는 안 될 것이다. 그러나 준법지원인이 감사를 겸직할 수 없는 것과 마찬가지 이유에서 감사위원을 겸직할 수는 없다.

제3장 준법 통제 활동

제12조(법적 위험의 평가) ① 이사회는 회사 전체적인 위험관리체제 아래에서 효과적으로 작동하는 통합적인 법적 위험 평가 및 관리 체제를 위하여 준법 통제기준을 마련하고 운용한다.

　② 준법지원인은 법적 위험의 크기·발생빈도 등을 검토하여 위법의 발생 가능성 등을 판단하고 주요한 법적 위험 행위를 유형화하여야 한다. 준법지원인이 위의 유형화 작업을 위하여 협조를 요청하는 경우, 각 관련 부서 및 조직원은 이에 신속하고 성실하게 응해야 한다.

　[참고]

　1. 회사 전체적으로 법적 위험을 평가하고 관리하기 위하여, 준법 통제체제의 운용에 있어 발생하는 문제를 효율적으로 대처

하고 부서 간 원활하게 협업할 수 있도록, 법적 위험의 주요 사안을 심의하거나 의결하는 기구(예: 준법 통제위원회)를 설치할 수 있다. 이러한 준법 통제위원회는 보통 대표이사를 위원장으로 하고 준법지원인과 각 사업부서의 장이 당연직으로 참여하게 된다. 이러한 준법 통제위원회의 권한에 대하여 이사회에서 별도로 정하지 않을 때는 준법 통제위원회는 준법 통제 기준상 대표이사의 의무이행을 위한 보조기구의 성격을 가지게 된다.

2. 법적 위험 행위의 유형화 시기와 정도는 회사의 목적, 규모, 성격 및 준법 통제체제의 내용 등에 따라 회사별로 달라질 수 있으므로 회사별로 적절히 운영하면 된다.

제13조(법적 위험의 관리) ① 조직원은 업무상 법적 위험과 관련된 국내·외 법규 및 준법 통제기준, 회사의 각종 내부 규정 등을 숙지하고 준수하여야 한다.

② 조직원은 위법행위나 준법 통제기준 등의 위반 사실을 발견한 경우에 즉시 준법 통제기준이 정하는 절차에 따라 신고 또는 보고하여야 하며, 이러한 위반행위에 관여하거나 협조하여서는 안된다.

③ 각 관련 부서와 준법지원인은 법적 위험이 타 부서로 이전하거나 확대되지 않도록 하려는 조치를 마련하여야 한다.

④ 준법지원인은 법적 위험 평가를 바탕으로, 조직원이 제1항과 제2항에 따른 의무를 올바로 인식하고 이해할 수 있도록 하여야 한다.

[참고]

회사는 조직원의 컴플라이언스 의무에 관하여 아래와 같이 구체적으로 정하거나, 부서별로 컴플라이언스 의무사항을 나누어 규정할 수 있다.

〈예시〉

① 조직원은 횡령·배임 행위, 회사와의 이해충돌 행위, 내부자거래행위 등을 하거나 이에 가담하여서는 안 된다.

② 조직원은 업무를 수행하면서 불공정거래나 부당한 공동행위 등을 하여서는 안 된다.

③ 조직원은 업무와 관련하여 국내·외 공무원 및 해당 결정에 영향력 있는 사람에게 뇌물이나 부적절한 선물을 수수하여서는 안 된다.

④ 조직원은 회계 관련 법규를 준수하여 재무정보의 신뢰성과 투명성을 견지하여야 하며, 공시 관련 법규에 따라 정확한 기업정보를 투자자에게 제공하여야 한다.

⑤ 조직원은 지식재산권이나 개인정보의 보호 등에 관한 관련 법규를 철저하게 준수하여야 한다.

⑥ 조직원은 오수나 매연 배출, 무허가첨가물의 사용 등에 관한 환경 및 식품위생에 관한 법규를 준수하여야 한다.

⑦ 조직원은 고객에 대한 상품정보 및 서비스의 제공이나 사업현장의 안전 등에 관한 제반 법규를 철저하게 준수한다.

⑧ 회사와 조직원은 인종, 성별, 국적, 연령 등을 이유로 차별적 대우를 하는 행위를 하지 아니한다.

ESG 경영의 근간, 컴플라이언스 솔루션.ZIP

⑨ 회사와 조직원은 기타 국내·외 법규가 금지하거나 제한하고 있는 행위를 하지 아니한다.

제14조(준법 교육 및 훈련 프로그램의 운영) ① 준법지원인은 조직원이 취급 업무와 관련된 법적 위험을 사전에 파악하고 적절하게 대처할 수 있게 하려고, 구체적이고 체계적인 준법 교육 및 훈련 프로그램을 설계하여 시행한다.

② 준법지원인은 전 조직원을 대상으로 다음 각호의 준법 교육을 매년 일정 시간 이상 실시하여야 한다.

1. 정기 준법 교육: 전 조직원을 대상으로 정기적으로 실시하는 준법 교육

2. 채용 시 준법 교육: 신규채용 조직원을 대상으로 직무배치 전 실시하여야 하는 준법 교육

3. 특별 준법 교육: 준법지원인이 높은 법적 위험이 예상되거나 그 밖에 교육이 필요한 부서에 대해 실시하는 준법 교육

③ 준법지원인은 제2항의 준법 교육을 정보통신매체를 이용한 '인터넷 원격교육' 등의 방법으로 실시할 수 있다.

[참고]

준법 교육 및 훈련 프로그램의 방식은 회사의 규모나 영업의 성격에 따라 적절한 방법을 고안하면 된다. 회사 상황에 따라 온라인 방식이나 디지털 e-learning 도구 등을 활용할 수 있다.

④ 준법지원인은 준법 교육 및 훈련 프로그램의 효과 및 실효성에 대하여 평가하고 필요한 경우 개선사항에 관한 설문조사도 실시

한다.

⑤ 준법지원인은 교육 및 훈련 프로그램의 운영과 별도로 업무상 법적 위험에 크게 노출된 조직원들을 위한 상담제도를 운용할 수 있다.

제15조(일상적인 준법 지원) ① 준법지원인은 조직원에 대하여 상시로 법적 자문업무를 수행하며, 조직원이 계약체결 등 법적 위험과 밀접한 관련이 있는 업무수행을 할 때는 반드시 준법지원인과 사전협의하도록 할 수 있다.

② 준법지원인은 위법행위나 준법 통제기준 등을 위반한 사실을 발견한 조직원이 이를 신고 또는 보고할 수 있는 절차를 마련하여야 한다.

[참고]

준법지원인의 일상적인 준법 지원에는 다음의 내용이 포함될 수 있다.

1. 신규계약 등 중요거래의 결정 전 위법성 여부에 대한 검토
2. 법률에 따라 이사회와 주주총회 결의가 필요한 사항에 대한 사전 검토 및 검토 사항에 대한 이사회 보고
3. 업무 관련 사내규정 등의 변경에 대한 사전 검토 및 규정에 대한 해석
4. 전체 조직원 대상 정기적인 의견 수렴 제도화를 통한 위법·위반행위 점검

③ 대표이사는 조직원이 업무상 제기되는 법적 위험 또는 준법 관련

ESG 경영의 근간, 컴플라이언스 솔루션.ZIP

쟁점에 관하여 준법지원인과 원활하게 의사소통할 수 있는 체제를 구축하여야 한다.

[참고]

조직원이 업무수행을 하면서 법적 위험 또는 준법 관련 쟁점이 발생한 경우, 바로 위 상급자 이외에도 준법지원인과 직접 상의하거나 보고할 수 있어야 한다. 준법지원인 이외에 대표이사와도 상의할 수 있는 체제를 구축하고자 할 때는 "대표이사는 조직원이 업무상 제기되는 법적 위험 또는 준법 관련 쟁점에 관하여 준법지원인 및 대표이사와…."로 규정할 수 있다. 회사의 상황에 비추어 대표이사가 아닌 다른 조직원과 상의할 수 있는 체제를 구축하고자 할 때는 적절히 수정하면 된다.

제16조(조직원의 자율적인 준법 점검) ① 각 부서는 자율적으로 준법 교육을 포함한 준법 점검계획을 수립하고, 정기적으로 자율 점검 실태를 평가할 수 있다.

② 각 부서는 효과적인 자율 준법 점검을 위하여 점검사항목록을 작성하여 관리할 수 있다.

③ 준법지원인은 제1항에 따른 각 부서의 준법 점검계획 수립을 지도하고 자율점검 실태를 평가한다.

제17조(준법지원인의 준법 점검) ① 준법지원인은 모든 조직원의 준법 통제기준 준수 여부 등을 점검하는 준법 점검체제를 구축하여 운용한다.

[참고]

준법지원인의 준법 점검은 가장 중요하고 기본적인 권한이자 의무로서, 준법 점검체제는 회사 업무 전체에 대한 정기 점검체제가 되어야 하고, 연간 업무계획에 반영되는 것이 바람직하다.

② 준법지원인에 의하여 이루어지는 준법 점검은 ○년에 ○회 실시하는 정기 점검과 제기된 특정 법적 쟁점에 대하여 실시하는 수시 또는 특별점검이 있다.

[참고]

준법 점검의 방식으로 해당 업무 담당자에 대한 인터뷰, 현장 확인, IT 방법에 따른 점검 등이 가능하다.

③ 준법지원인은 효율적인 준법 점검을 위하여 부서별로 신고나 보고 사항을 구체적으로 정형화할 수 있으며, 필요한 경우 특정 사항의 신고나 보고를 의무화할 수 있다.

④ 준법지원인은 준법 점검의 결과를 이사회에 보고한다.

[참고]

「준법지원인은 준법 점검 결과를 이사회에 분기별로 보고한다.」라는 방식으로 보고의 주기를 구체적으로 명시할 수 있다.

⑤ 준법지원인은 준법 여부 점검을 하면서 필요한 경우에는 감사에게 통보하거나 협의할 수 있다.

제18조(내부제보) ① 대표이사는 조직원의 위법 또는 부당한 업무집행행위 등에 관하여, 준법지원인 등에게 직접 제보할 수 있는 내부제보장치를 설치할 수 있다.

[참고]

1. 각 회사는 '익명 제보'를 제보로 인정할 것인지 아닌지에 대하여 정할 수 있다.

2. 각 회사는 이 조항을 적절히 수정하여 제보를 받고 처리하는 담당자를 대표이사나 외부 고문변호사로 지정할 수도 있다.

3. 각 회사는 필요한 경우 「제보내용에 이사, 집행 임원 등의 고위 경영진의 위법행위에 관한 사항이 포함되어 내부제보의 실효성이 낮아질 우려가 있는 경우, 감사나 사외이사인 감사위원에게 제보할 수 있도록 할 수 있다.」라는 내용을 추가할 수 있다.

4. 회사 전체적인 차원의 내부제보장치를 채택하는 경우에는 준법에 관한 제보는 반드시 준법지원인에게 전달되어야 한다는 것을 명시적으로 규정할 필요가 있으며, 외부 전문가가 내부제보를 받는 것으로 설계한 경우에는 회사 조직원 중 내부제보 업무담당자를 지정할 필요가 있다. 이 경우 내부제보 업무담당자는 준법지원인과 같이 독립적인 지위에 있는 사람이 맡는 것이 바람직하다.

② 내부제보를 받거나 처리하는 사람은 내부제보자의 인적사항 및 제보내용에 대하여 비밀을 유지하여야 한다.

③ 내부제보자가 본인이 관련된 위법이나 부정을 제보한 경우에는 정상을 참작할 수 있고, 모든 내부제보자는 내부제보로 인하여 어떠한 인사상 불이익도 받지 않는다.

내부제보자가 본인이 관련된 위법 또는 부정을 제보한 경우 내부제보자를 포함하여 그 위법 또는 부정에 관련된 사람을 제재할 수는 있다. 그러나 내부제보하였음을 이유로 더 가중한 제재를 가하거나 별도의 인사상 불이익을 주어서는 안 된다.

제19조(위반 시의 처리) ① 준법지원인은 준법 통제기준 등의 위반행위가 발견된 경우, 이를 해당 부서 책임자에게 통보하거나 대표이사에게 보고하고 중지·개선·시정·제재 등의 적절한 조치를 요구할 수 있고, 필요한 경우 관련 부서 등과 상의하여 종합적인 대응방안을 마련하고 이를 대표이사 등에게 건의할 수 있다. 다만, 긴급한 경우 준법지원인은 위의 보고 또는 건의 전에 자신의 판단 때문에 해당 조직원에게 관련 행위의 중지·개선·시정의 요구 등 필요한 조처를 할 수 있다.

[참고]

이사회에 대하여는 준법지원인이 준법 점검에 관한 보고의무를 부담하므로 위반 사실이 당연히 보고되어야 하고, 준법지원인이 사안의 중요성에 비추어 필요하다고 판단되는 경우 이사회에 직접 보고하고 적절한 조치를 구하거나 지시를 받을 수 있음은 물론이다.

② 회사는 준법 통제기준 등을 위반행위를 한 사람에 대하여 그 중요성에 상응하는 적절한 제재한다.

③ 준법지원인은 동일 또는 유사한 위반행위의 재발방지방안을 마련하여 이사회나 대표이사에게 건의할 수 있다. 재발방지방안이

　　　　　ESG 경영의 근간, 컴플라이언스 솔루션.ZIP

결정되면 준법지원인은 이를 해당 부서 및 관련 부서에 통보하고 관련 프로그램 및 정책의 개선 시에 반영한다.

제20조(정보 및 자료의 전달과 관리) ① 준법지원인은 자신의 준법 업무 수행을 위해 필요한 정보 및 자료를 해당 부서 조직원에게 활용 가능한 형태로 제출해 달라고 요청할 수 있다. 준법지원인의 요청을 받은 조직원은 신속하고 성실하게 응하여야 한다.

② 준법지원인은 준법 통제 관련 정보 및 자료를 체계적으로 정리하고 안전하게 보관할 수 있는 통합 정보관리장치를 마련한다.

③ 준법 통제체제에서 형성된 정보나 자료는 ○년 이상 보관한다.

제4장 유효성 평가

제21조(유효성 평가의 기준 및 절차) ① 이사회는 준법 통제기준 및 관련 체제가 유효하게 설계되고 운용되었는지를 정기적으로 검토하여 보완이나 개선해야 할 사항이 발견된 경우 개선방안을 모색한다.

② 준법지원인은 자체적으로 준법 지원 및 점검 체제의 유효성에 관한 평가를 실시하여 그 결과를 이사회에 보고한다.

③ 이사회는 준법지원인의 자체 평가와는 별도로 매년 준법통제체제의 유효성 평가를 회사 전체적으로 실시할 수 있다.

[참고]

1. 이사회가 주관하는 회사 전체적 차원의 준법통제체제에 대한 유효성 평가시에는 가급적 회사내 모든 부서의 의견을 취합하

는 것이 바람직하다. 의견을 취합하는 방법으로는 서면 의견 조사, 인터뷰, 평가회의 개최 등의 방법이 있을 수 있다. 평가회를 개최하는 경우에는 상호간의 실질적인 토론이 이루어지도록 운용하는 것이 바람직하다.

2. 이사회의 유효성 평가시에는 준법통제체제의 구조적·내용적 검토와 함께, 회사의 외부환경 및 법적 위험의 변화와 회사의 이에 대한 대응능력을 함께 고려할 필요가 있다.

3. 이사회는 이사회 산하에 유효성 평가위원회를 구성할 수 있으며, 필요한 경우 외부기관에 평가를 위탁할 수도 있다.

④ 유효성을 평가함에 있어서는 준법통제기준의 내용·법적 위험의 평가 및 관리체제·준법점검 및 보고체제·준법지원인의 독립적 업무수행체제·위반행위에 대한 제재체제 등의 적정성과 실효성에 대한 실증적 검토가 이루어져야 한다.

[참고]

준법통제체제의 유효성 평가를 위한 점검기준을 설정함에 있어서는 추상적인 기준 설정도 가능하나, 「보고 범위와 빈도의 적합성, 준법통제체제의 결함이 회사 영업실적에 미친 영향 등」회사의 상황과 외부의 인식 등을 고려하여 다양한 세부기준들을 구체적으로 규정하는 것도 고려할 수 있다.

제22조(유효성 평가에 따른 후속 조치) ① 이사회는 유효성 평가 결과를 바탕으로 불비나 결함에 대한 개선방안을 수립한다. 이를 위하여 이사회는 준법지원인의 의견을 청취한다.

② 대표이사는 유효성 평가에 따른 개선조치를 실행한다.

제5장 기타

제23조(조직원의 포상) 준법지원인은 준법통제기준을 성실하게 준수하여 회사의 손해발행 예방 및 감소 등에 공로가 있다고 판단되는 자에 대하여 포상이나 승진을 건의할 수 있다.

제24조(세부사항) 준법지원인은 준법통제기준의 시행에 있어 필요한 세부사항을 정할 수 있다.

부   칙(2012.4.3.)

이 기준은 2012년 ○월 ○일부터 시행한다.

부   칙(2019.1.1.)

이 기준은 2019년 ○월 ○일부터 시행한다.

각 단체, 조직의 홈페이지와 공시자료
언론 보도자료, 뉴스칼럼
네이버 전자사전
나무위키
YouTube
Wikipedia(영문)
공정거래조정원 CP 등급평가 안내

김성용·서권식·장대현·정관영·진욱재·최희정, 『컴플라이언스 솔루션』, 한국컴플
　　라이언스아카데미, 2019.12.

김화진, 『소유와 경영』, 더벨, 2020.4.

조창훈·이근택·김종천·민병조, 『영업점 컴플라이언스 오피서(공통편)』, 한국금융
　　연수원, 2014.2.

이천현·황지태·박학모(한국형사·법무정책연구원)·조창훈·김상수, 『기업 준법윤
　　리경영 인증제도(Compliance program) 도입 및 운영 방안 연구』, 경제·인
　　문사회연구회, 2021.11.

마틴 비겔만 저, 노동래 역, 『컴플라이언스』, 연암사, 2021.

노동래, 『금융투자 회사 컴플라이언스 프로그램의 운영 현황 및 개선방안에 관한
　　연구』, 윤리경영연구 제15권 제2호(통권 제22호).

김종국, 『협력경영』, 드림디자인, 2014.12.

문성후, 『부를 부르는 ESG』, 플랜팩토리, 2021.

이형종·송양민, 『ESG 경영과 자본주의 혁신』, 21세기북스, 2021.

김정수, 『반 부패의 세계사』, 가지, 2020.

김재필, 『ESG 혁명이 온다』, 한즈미디어, 2021.

삼정 KPMG·매일경제, 『ESG 2.0 시대, 기업의 비즈니스 전환과 이행전략』, 웨비나, 2022.4.27.

배진욱, 『잇단 횡령 사고에 묘책 있을까…'3중 방어선' 쌓고 CEO·CFO 교차 확인』, 매일경제, 2022.4.6.

ISO 37301:2021(Compliance management systems: Requirement with guideline for use

ISO 37001:2016(Anti-bribery management systems: Requirement with guideline for use)

ESG 경영의 근간,
컴플라이언스 솔루션.ZIP

초판 1쇄 인쇄 2022년 08월 17일
초판 1쇄 발행 2022년 08월 25일
지은이 용석광

펴낸이 김양수
책임편집 이정은
편집디자인 권수정
교정교열 조준경

펴낸곳 도서출판 맑은샘
출판등록 제2012-000035
주소 경기도 고양시 일산서구 중앙로 1456(주엽동) 서현프라자 604호
전화 031) 906-5006
팩스 031) 906-5079
홈페이지 www.booksam.kr
블로그 http://blog.naver.com/okbook1234
이메일 okbook1234@naver.com

ISBN 979-11-5778-558-2 (03320)